轻松开展停车改革

[美] 理查德 · W · 威尔逊 著
王学勇 邵 勇 译

中国建筑工业出版社

著作权合同登记图字：01-2018-8269号

图书在版编目（CIP）数据

轻松开展停车改革 /（美）理查德 · W · 威尔逊著；王学勇，邵勇译. — 北京：中国建筑工业出版社，2019.1
ISBN 978-7-112-23093-8

Ⅰ. ①轻… Ⅱ. ①理…②王…③邵… Ⅲ. ①停车场 — 管理 — 研究 — 美国 Ⅳ. ① U491.7

中国版本图书馆CIP数据核字（2018）第291572号

责任编辑：李玲洁　姚丹宁
责任校对：芦欣甜

轻松开展停车改革
[美] 理查德 · W · 威尔逊　著
王学勇　邵　勇　译
*
中国建筑工业出版社出版、发行（北京海淀三里河路9号）
各地新华书店、建筑书店经销
北京点击世代文化传媒有限公司制版
北京君升印刷有限公司印刷
*
开本：787 × 1092 毫米　1/16　印张：14¼　字数：245 千字
2019年2月第一版　2019年2月第一次印刷
定价：58.00 元
ISBN 978-7-112-23093-8
（33064）

献给 罗宾

目　录

序：规划人员与停车标准　ix

过量的停车标准　ix

停车规划现状　x

规划人员没受过设置停车配建下限指标的训练　x

为城市的可持续发展改善停车　xi

致谢　xiii

第 1 章　引言：将停车标准理解为一种政策选择　1

停车标准是一种政策　5

怎么会走到这种地步？　8

起源和当前实践　10

停车标准是如何实施的　11

改革还是取消停车标准　13

本书导览　15

总结　17

第 2 章　支持或者反对停车标准的理由　19

支持停车配建下限指标的理由　20

反对停车配建下限指标的理由　23

影响的相互作用：协同效应和加强损害　30

支持和反对停车配建上限的理由　32

总结　34

第 3 章　精明与否：当前实践　35

与规划的关系　36

不同的政策措施　37

停车标准对比 41
总结 57

第 4 章 切勿墨守成规 59
当前实践 61
长期影响综述 63
总结 72

第 5 章 停车标准修改工具包 73
准备启动 74
工具包的元素 76
总结 101

第 6 章 多户住宅的停车标准 103
多户住宅停车标准 105
影响多户住宅停车标准的因素 106
案例研究分析 108
总结 123

第 7 章 工作场所的停车标准 125
办公停车标准 126
影响办公停车标准的因素 127
案例研究分析 129
办公区的停车管理 139
总结 141

第 8 章 混合使用、公共交通导向型开发的停车标准 143
共享停车和公共交通导向型停车的概念 144
混合使用、公共交通导向的停车标准 148
混合使用、公共交通导向的停车位利用率影响因素 150
案例研究：混合使用综合体 150
案例研究：混合使用片区 158

混合使用、公共交通导向区域的停车管理 163
总结 164

第 9 章 编制停车标准改革 165
工作范围 166
区划法的类型 167
有效的区划原则 168
区划改革对停车标准的影响 170
停车标准改革措施清单 172
形态条例中的停车规定 178
填充式开发和再开发的停车标准 179
总结 181

第 10 章 社区参与和社区政治 183
同利益相关者合作 185
停车改革的程序 191
总结 197

第 11 章 重新审视停车天堂 199
行动呼吁 201
构建选项框架 201
停车标准工具包 203
赞同渐进主义 204

参考文献 205

序：规划人员与停车标准

唐纳德·舒普 Donald Shoup

区划条例中关于停车配建下限指标的规定，是对小汽车的一种补贴，它导致了小汽车出行增加，鼓励了郊区蔓延，加剧了空气污染，变相提升了房屋价格，降低了城市品质，妨碍了步行环境，排斥了低收入者。城市规划人员不否认停车配建下限指标带来的这些不利影响，但是，他们对此所做的改善却进展缓慢。现在《轻松开展停车改革》一书，既给出了停车标准改革的理论方法，又提出了大量的实用措施，给广大规划人员提供了一个扎实的基础改革工具。理查德·威尔逊解决了规划人员长期以来无力挑战和改变停车配建下限指标的问题。

过量的停车标准

绝大多数城市要求建设项目配建大量的路外停车位，即使这个城市已经拥有庞大的公交系统。每年联邦政府和州政府投入数以亿计的资金去建设和运营大容量公共交通系统，然而每个城市的停车政策仍然基于所有人都自由驾驶小汽车出行的假设之上。例如，洛杉矶市正在沿着最繁忙的公交通道——威尔希尔大道（Wilshire Boulevard）的地下敷设“至海边的地铁”；然而，对于威尔希尔大道周围的开发项目，居住类建筑仍然被要求至少配建 2.5 车位 / 户（忽略卧室数量）。如果每个单间都有 2.5 个车位，那谁还会去乘坐公共交通呢？

洛杉矶市还要求威尔希尔大道周围的建筑免费停车，“办公和商业类建筑需要至少配建 3 车位 /1000 平方英尺，并免费向所有顾客和雇员开放”（Shoup，2004：24）。如果上班族和顾客们能够免费停车，那么几乎没有人会放弃他们的汽车而选择公共交通去威尔希尔大道上班或者购物。

在威尔希尔大道的另一段公交发达的路段上，贝弗利山庄要求餐厅每 1000 平方英尺配建 22 个停车位，这意味着停车场的面积是餐厅的 7 倍多。

在这种停车环境下，公共交通就像在丽思（Ritz）豪华酒店里摆放的吉迪恩圣经（Gideon Bible）一样是多余的。

停车规划现状

美国现在的停车规划只是一种政府责任，因此，这种政策比较狭隘。例如，零售税是地方公共收入的重要来源，于是迫于地区压力，政府不得不采取“一切必要措施”来提高零售额。城市内部不同区域为争夺潜在客户展开激烈竞争,竞相提供更多免费的停车位。这实际上是一种“零和”游戏，因为如果每个地方都提供过量的停车位，实际上也无法提高区域零售总量。

除了竞争税收收入，政府还为了其他狭隘的动机实施较高的停车配建下限指标。由于每个人都希望免费停车，因此导致民选官员们为选票实施补贴停车政策。这些停车位是有巨大成本的，但是，成本隐藏在了其他所有物品的价格提升中。

还有一些城市利用较高的停车配建下限指标来排斥它不想要的人群或用地类型。一个美国地方法院发现，在克里夫兰市的郊区帕尔马（Parma），要求多户住宅出租房配建至少 2.5 车位 / 户，“以达到严格限制低收入者入住的目的和效果……严格实施 2.5 车位 / 户的政策保证低收入群体远离帕尔马社区……没有记录表明如此高的停车配建下限指标是为了排斥少数族裔。但其效果……使低收入家庭的住房建设更加困难，从而保持了城市的纯白人性质”（Shoup，2004：166）。

当然，大多数城市并没有想通过严厉的停车标准去限制低收入者和少数族裔的居住机会。但是，好心可能办坏事，用一个法庭判例来完美地描述停车配建下限指标问题：“这种任意的轻率行为就像一种刚愎任性的计划，对私人权利和公共利益来说是一种灾难和不公平”（Shoup，2004：166）。

规划人员没受过设置停车配建下限指标的训练

停车标准是由复杂的政治和经济力量作用而成的。然而，规划专家们只是用一种肤浅的职业术语来设定停车标准。规划人员没有受过制定停车标准的专业培训，甚至大多数规划专业教科书都没有提到这方面的内容。停车规划是一种只能在工作中学习到的技能，它更像是政治而非技术。然而，尽管缺乏专业培训，每个城市的执业规划师必须给每种土地用途提出停车配建标准。简单地说，规划人员严格执行停车标准，但这些指标却只是简单修修补补的结果。

规划人员也基本上没有时间来分析停车标准。很少有城市会提供资源去做哪怕一点点用地类型的停车标准研究。由于这些限制，经常出现一个城市的区划法照搬其他城市的停车标准，完全忽视城市自身独特的停车需求。理查德·威尔逊为每个城市的当地规划人员提供了分析和改善停车标准所急需的基础工具。

为城市的可持续发展改善停车

每一个建筑师或开发商都知道停车配建下限指标是城市高密度开发的真正制约因素。停车配建下限指标迫使开发商建造超出他们需要数量的停车位，或者建设比区划法所允许开发量更小的建筑。停车标准不利于城市步行性和可持续发展，相反会导致城市小汽车出行和不可持续发展。如果城市要求到处都有充足的停车位，那么即使圣诞老人送来一个非常好的公共交通系统做礼物，人们还是会继续选择到处开车出行。

正如威尔逊所说，进步往往是朝着正确的方向迈出一小步。停车标准改革是困难的，但是城市规划人员和民选官员们应该开始讨论它。现在他们有了一套方法来制定拥有实践经验和政策基础的停车标准。现在地方规划人员面临的压力是，现行停车标准与联邦、州的发展目标不同步。例如2012年加利福尼亚州立法机构推行《议会法案904号》(Assembly Bill 904, The Sustainable Minimum Parking Requirements Act of 2012)。该法案将替代地方区划法，在公交密集区即在发车间隔15分钟以内的公交线路的0.25英里范围内，设置停车配建下限指标的上限：居住用地1车位/户，商业建筑2车位/1000平方英尺。当然AB904号法案只是限制加利福尼亚州不要建设过多的停车位，而非取消建设配建停车位；如果市场需要更多停车位，开发商可以相应增加供给。尽管加利福尼亚州立法机构推迟了一年才实施，但这个法案说明，如果地方规划人员不去改革停车标准，有人会替他们做。

停车标准改革在其他城市正在加速进行。例如伦敦，设置停车配建上限指标，并取消了停车配建下限指标。公寓类型项目如果位于良好的公共交通服务可达区内或者市镇中心10分钟步行范围内，就采用停车配建上限指标1车位/户。也就是说，伦敦的停车配建上限指标（没有下限指标）与加利福尼亚州提议的下限指标（没有上限指标）是一样的。

我希望全世界的交通规划师都能够来参与讨论停车配建下限指标是如

何影响城市、经济、环境这一论题。城市应该像伦敦那样只设停车上限指标而取消下限指标吗？或者像洛杉矶一样只有停车下限指标而不控制上限指标吗？亦或两者皆取吗？在《轻松开展停车改革》一书中，理查德·威尔逊向我们介绍了如何回答这些问题，他为城市和规划行业做出了巨大贡献！

致谢

从我在洛杉矶社区重建局（Los Angeles Community Redevelopment Agency）从事交通规划师一职开始，多年来，我一直对城市停车问题感兴趣，本书是我多年研究成果的总结。停车是联系土地利用与城市规划的关键纽带，这个认知使我 25 年来继续在加利福尼亚州理工大学波莫纳分校城市和区域规划系（Department of Urban and Regional Planning at Cal Poly Pomona）保持兴趣从事停车问题研究和教学工作。这些年来我为大量城市和开发商提供停车问题咨询服务，从而总结出一个结论：停车标准改革对于促进社区宜居性非常重要。尽管一些大城市的核心区采取了一些创新举措，但整体的停车改革进展十分缓慢。地方规划人员和政府官员在制定新的停车标准来支持社区规划和政策时，往往感到力不从心。本书旨在为他们提供工具来实施这场急需的改革。

我要感谢我以前的老师唐纳德·舒普（Donald Shoup）教授，他指导了我关于停车行为响应停车价格的博士论文，并且他在 2011 年以里程碑式的著作《高代价的免费停车》一书开启了这个方向。我也感谢我的咨询客户们采纳了我的想法并反馈给我实施效果。我还要感谢多年来鼓励和指导我的导师们：让·蒙蒂思（Jean Monteith）、埃德·康尼（Ed Cornies）、彼得·戈登（Peter Gordon）、弗朗西丝·班纳吉（Frances Banerjee）、马丁·瓦希（Martin Wachs）、玛格丽塔·麦科伊（Margarita McCoy）和保罗·尼班克（Paul Niebanck），以及我在加利福尼亚州理工大学波莫纳分校的同事和学生们。

我还要感谢我的同事们、停车研究爱好者们、朋友和家人们，他们对书稿提供了宝贵的意见和建议。这些有见地的读者包括：斯里奈·巴布米扬（Serineh Baboomian）、露丝·安·贝尔施（Ruth Ann Bertsch）、安·杜德罗（Ann Dudrow）、詹姆斯·马丁（James Martin）、帕特·摩尔（Pat Moore）、玛雅·谢尔-威尔森（Maya Scherr-Willson）、珍娜·谢尔-威尔逊（Jenna Scherr-Willson）、罗宾·谢尔（Robin Scherr）、帕米拉·斯皮策（Pamela Spitze）和威廉·威尔逊（William Willson）。

最后，我要感谢岛屿出版社（Island Press）的编辑希瑟·博耶（Heather Boyer），感谢她对停车这个话题的关注和她精辟的建议。

第1章

引言：将停车标准理解为一种政策选择

停车标准阻碍了城市的宜居性、公平性和可持续发展，因为停车非常浪费土地并且效率低下。如果将停车比喻为人的话，我们会发现他/她很难处理好多项任务。停车仅仅服务于一种交通方式——小汽车，但相对于其他交通方式它却占用了更多的用地和建筑面积，例如周末农民集市的停车位在其他时候完全闲置。停车标准通常在城市设计、土地利用开发强度、空间营造经验方面比区划法中的其他规定贯彻得更彻底。事实上，满足停车标准往往是项目可行性分析的关键因素。结果停车标准导致形成了一种能源紧张、空气污染的出行方式，且不利于那些没有车或不能开车的人。最近，一位同事提到一个地方政府正在制定发展方案，它通过建立当地区划信息系统来分析建筑开发的潜力。模型师惊讶地发现，停车标准是开发强度的主要决定因素，而不是容积率或高度限制。可见当涉及规划和开发时，停车标准经常本末导致。

这本书解释了为什么会这样，并提供了关于改革停车标准的指导。它解决了停车标准改革的技术、政策和社区参与方面的问题，向城市官员、政治家和社区成员寻求优先进行停车标准改革。本书涉及停车改革的多个方面，但把焦点放在改革停车配建下限指标上，因为这个制度迫使开发商提供特定数量的路外停车位。

尽管人们可能会倾向于认为大城市的建设已经完成，但是尼尔森的研究（2004：8）表示，2000年存在的现有建筑预计到2035年会有一半不复存在，这将产生2134亿平方英尺的新建筑面积，对现有建筑的增长和更新影响巨大。因此改革停车标准是一项非常必要的任务，必须确保美国将来新增的这一半建筑其建设模式符合更广义的社会发展目标。发展中国家的改革形势同样急迫，他们正在快速发展，城市化和机动车增长率都在迅速增长。

停车配建下限指标抬高了用于建设停车位的土地和资本用量。小汽车停放的时间要比运行的时间长很多，所以不用奇怪美国的停车位数量会比车辆还要多。就像现在，我的车停在家里的车库内，但是在公司、商场、甜食店、殡仪馆都为其预留了停车位。美国停车位总量很难估算，因为需要估算居住区车库的车位、利用道路空间停放的车位，还有地面、地上、地下的停车位。切斯特、霍、玛德纳特（Chester、Horvath and Madanat，2010）等人通过文献法估算美国有 8.2 亿~ 8.4 亿个停车位，大约 3.4 泊位 / 车——停车位比人口还要多！ 研究人员还计算了停车对各类私人小汽车车辆生命周期性能的停车影响，发现停车增加了 6 ~ 23 克 /（人・公里）的二氧化碳排放量。

如果怀疑停车配建下限指标对城市形态的影响，那么图 1.1 和图 1.2 给出了有力证明。这是位于南加利福尼亚州东部郊区的“内陆帝国”（Inland Empire），处于 I-10 和 I-215 高速公路交叉处。图 1.1 的航拍图展示了安大略（Ontario）和兰乔库卡蒙加（Rancho Cucamonga）地区的商业、休闲、办公、住宅和娱乐混合使用开发情况。这里提供了大量的停车位，从而保证居民、办公人员、购物者们的便利性和可达性，鼓励他们采用私人小汽车出行。图 1.2 是从人视角度拍摄的一个停车位照片，显示大量的停车位

图 1.1　停车对城市形态的影响
图片来源：谷歌地球

图 1.2　安大略米尔斯购物中心在工作日空置的停车位

空置，清楚地表明土地利用的浪费情况。造成此景的首要原因在于，每一种用地类型都有其高峰停车占用率，通常停车配建下限指标设置方法是每类用地都要建设足够的停车位来满足其高峰时期的停车需求，它们之间就像是一个个孤立的停车“岛屿”，不考虑与其他用地停车共享。这种停车位过量供给现象并不仅仅在郊区发生，根据西雅图市（City of Seattle，2000）对居住区停车位（路内和路外）占用情况的调查，发现高峰时期停车位占用率不足 75%。停车位过量供给产生的不良后果将在第 2 章中详细描述。

将这些郊区的照片与老城区采取的停车解决方案进行对比，图 1.3 显示了波士顿利用道路中央分隔带设置停车位（显然两个方向都能停泊）。这些停车位在周日早上（只允许此时使用）服务来教堂做礼拜的人。这个社区建设于实施停车标准之前，因此它存在停车位“历史欠账问题”。这种建在“路中央”的停车解决方案实际上违反了通常的停车设计原则，例如应该避免停车行为干扰主线交通流、防止人车冲突。然而，当地社区找到了一种灵活的停车方法来节省宝贵的用地，有效解决了这种仅在特殊时间存在的停车需求。

图1.3 波士顿“混乱”的停车

如果停车标准起决定作用，那么它将会导致建设比开发商原本想要提供数量更多的停车位；如果不是这样的话，那也就根本不需要停车配建下限指标。如果不是在区划法条例规定了路外停车供给标准，那么开发商在做决定时将会评估停车位对开发项目净收益的影响程度、考虑建设成本、对项目收入的影响、未将用地用于其他用途的机会成本等因素，开发商会考虑以租户和客户的偏好来下决定。一些投机主义开发商可能会采取占用路内停车位或者其他路外停车位的方式来避免自己建设停车位，但是这种做法很容易被停车时限、停车收费政策和停车准入管理等方法阻止。通过条例控制指标来代替开发商的具体分析，将会导致创造性方法如共享停车等很少发生。当然一些全国性零售业或办公地点、贷款机构、公共投资机构可能会需要像条例一样的相同停车数量。但是据我研究发现，停车标准是最重要的因素，也是其他组织机构在创建自己的标准时考虑的因素。开发商、贷款机构、项目设计师们以为地方区划条例“知道”正确的停车标准（Willson，

1994）。我们并不知道开发商应该建设多少停车位，因为在中心商务区（CBD）以外，开发商很少有这样自己决定数量的机会。在那些中心商务区，我们可以看到停车创新和更均衡的交通可达方式。

停车标准是一种政策

停车标准远不是交通工程师关起门来解决的技术问题，而是处于土地利用和交通规划交接处的一种政策选择。停车位是每次交通出行的终端设施，它支持为私人小汽车出行服务，因此降低了公共交通等其他交通方式的竞争力。这导致形成了私人小汽车一维交通系统，在面对能源危机或减少温室气体排放等复杂问题上缺乏弹性。停车位作为一种用地类型，它的外形设计影响了城市形态和建筑设计，降低了开发密度，扩大了郊区蔓延。停车标准不仅影响土地利用和交通运输等方面政策，它还通过影响开发成本、企业结构和企业扩张、可持续运营等影响经济政策。它通过鼓励私人小汽车出行和降低开发密度，直接（作为一种用地）和间接地决定可持续发展结果。小汽车导向的、低密度开发形成的地区，反过来增加了空气、水和其他污染以及温室气体排放。停车标准导致天平倾向于那些能够买得起能够开得起私家车的人。最后，停车标准影响空气质量、使人缺乏运动，导致形成一种有损公众健康的不良环境。

图 1.4 用 4 个叠加在一起的圈图体现了上述思想，每个圆圈代表一个政策领域，但是很少有人意识到停车标准能够将各类策略连接起来。我们必须扩大对停车标准的传统认知，它不仅是项目开发的停车缓解措施，还必须要看到它串联各项政策的作用。

为了加深理解停车标准对大城市发展的政策影响，这里列举了解决停车问题的众多可选政策。表 1.1 显示了公共部门解决停车问题的四种策略，它借鉴了巴顿等人（Patton，2013：10）提出的政策活动分类的概念。表格左列的“直接策略”显示了司法管辖区采用的传统方法，包括建立公共停车位或制定开发商必须遵守的停车规则等，例如停车配建下限或停车配建上限。“直接策略”体现了很强的管制思维，感觉像是开发商“欠”政府充足的停车位。表格右列所示的“间接策略”受到的关注度较低，它们采用市场价格调节和补贴等方式来影响停车需求，用信息系统提高停车位使用效率。我们需要知道，停车标准只是解决停车问题的一种工具而已。

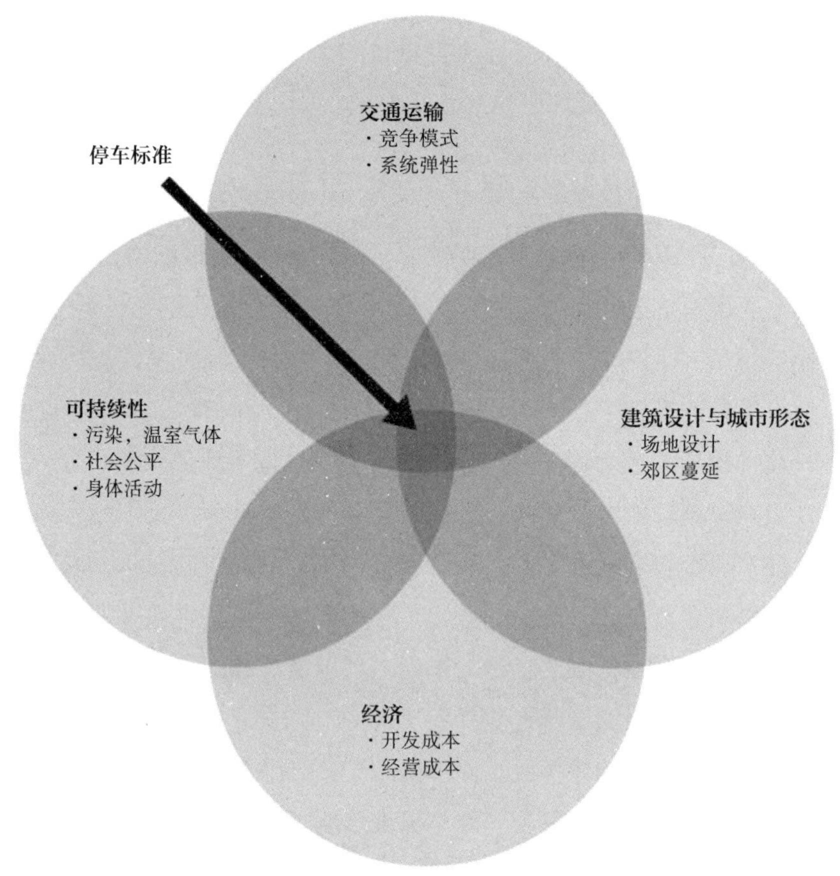

图 1.4　停车标准的政策框架图

公共部门停车可选政策　　**表 1.1**

	停车供给相关的直接策略	影响停车位使用和效率的间接策略
货币型 （资金影响结果）	供应，购买 · 建设停车位 · 停车位划线 · 停车位出租	税收、补贴 · 停车税 · 停车位收费 / 停车套现 · 将停车费从租金中拆分 · 补贴替代出行方式
非货币型 （规则、说服、代理）	标准、禁止、允许 · 停车配建下限指标 · 停车配建上限 · 停车许可，停车共享折减，等等 · 停车位尺寸和设计方法 · 停车共享	通知、恳求、组织 · 停车普查和停车可用性 / 诱导系统 · 替代出行方式的宣传 · 私人停车组织之间的共享协议代理

20 多年来，研究人员不断揭示停车标准导致的问题，指出它经常导致建设远超实际需要的停车位，并导致免费停车难以避免。他们指出停车标准采用的指标源自于停车位利用率（Parking Utilization），例如美国交通工程师协会（Institute of Transportation Engineers，ITE）编制的《停车生成率手册》（*Parking Generation*）（ITE，2010）。这些数据被不加鉴别地使用，而且这些数据本身就是在免费停车和供应充足的假设条件下得出的，这种情况下根本不需要考虑公共交通。《停车生成率手册》收集了遍及北美的停车位利用率调查结果，按照不同用地类型统计停车生成率，最后编辑成册。

一些司法管辖区改革了它们的停车标准（见第 3 章案例），但是很多地方却比较滞后。因为停车标准的改革一不小心就会掉进认知和行动之间的深渊。在研究领域，停车标准改革经常陷于土地利用规划、交通运输规划、社区发展、经济、土木工程等领域之间。在政府职责分工中，停车标准改革的责任又陷于城市规划、公共事业、工程部门之间的推诿之中。规划人员掌握编制条例的大权，但他们不得不遵从工程师制定的技术标准，例如停车配建指标。

居民、利益相关者和民选官员在停车问题上的意见冲突，也导致停车改革进展缓慢。人们往往支持混合使用开发、公共交通等理念，但是如果这些理念的实施需要改革停车标准时，他们提出反对。所有项目的影响都必须减轻到微不足道，这是一种缓解心态，通常包括停车。因此，当一个开发项目的停车位少于停车配建指标时（免费停车情况下），人们认为这将损害生活环境，而不认为这是进行停车管理和减少小汽车依赖的方法。同样，因为大多数人都开车和停车，其他“绿色出行”的利益相关者面临与停车利益相关者的冲突。停车费用提高（由于短缺供给造成需求紧张而导致的）可能会被视为一个问题，而不是一项绿色政策，尽管减少停车位带来的绿色效果要比自行车、有机食品和再生能源更有效。这些年来我遇到了许多致力于绿色发展的环保主义者，但他们都选择保留停车位。

停车标准改革需要重新认识土地利用和交通规划之间的关系。在城市的发展历史中，交通技术的进步催生了新的土地利用类型的出现。例如有轨电车的出现使得郊区开始扩张，高速公路的出现又加速了这种发展趋势。在大多数早期的交通规划实践中，土地利用开发导致了交通设施建设。换句话说，交通预测模型是以用地开发模式和增长趋势为基础的，交通规划师、工程师设计相适应的配套道路设施。后来，在增长管理和环境影响评价的时代，通行能力限制了用地开发强度。用地开发增长量需要与通行能力相匹配，现在形成了一种双向关系，新增的通行能力为土地利用扩张和填充式开发提供了支持，但是还有一些开发项目和城市改建项目受到通行能力的制约。具有改革意识的城市需要采用综合方法，考虑交通和土地利用政策，以促进所期望的社会发展目标实现。例如，城市可以选择高密度混合使用开发和投资新的公交系统，同时策略性地减少路网中小汽车的通行能力。为了支持这种发展模式，可能需要降低停车标准，按不同分区限制或减少停车供给，并且引入停车收费的市场定价方法。司法管辖区必须明确是否选择“扩充通行能力来满足土地利用增长”的模式，或者他们应该慎重地调整通行能力以谋求土地利用与通行能力互相协调的发展愿景。

理念上的挑战是艰巨的，我们对停车问题的思考方式会影响我们解决问题的方式。图 1.5 显示了停车标准处于可达性目标和其实现技术的框架结构的最底层。框架结构的最顶层是可达性——联系地理空间的能力，包括从家到工作地点的出行，从工作地点到购物地点的出行，诸如此类。实现可达性的首要方法是土地利用规划、远程通信和交通运输，其中每一个领域又有多种技术方式，而私人小汽车出行只是其中一种技术，并不是唯一的。但反过来，停车位是为私人出行服务的一个必要因素。因此停车标准是解决停车供给的一种方法，而停车供给是解决停车位可用性（Parking Availability）的一种方法。当相关利益者将框架中的层次结构颠倒时，就会产生观念上的混乱，如果将“停车标准”放到“可达性”的位置，提供停车位就成为最后的目标，而不是仅作为实现真正的可达性目标的方式之一。

怎么会走到这种地步？

发明停车标准的官员们认为他们在创造天堂般的环境，他们用这种开发规定来创建单一用地的开发模式并提高不同用地之间的机动车移动性。毫不意外，这是一个井然有序的世界，没有不协调的土地利用、没有交通拥堵，重要的是没有找不到停车位的困扰。对他们来说，停车标准是一种非常实用的方法，可以为私人小汽车的扩张提供停放空间。这种方式始于20世纪初，并在第二次世界大战后加速发展。停车标准是管辖权力的合理延伸，它构成了区划法的基础，并且很有吸引力，因为这些被要求建设的停车位并没有让司法管辖区花费任何直接费用，哪里可能会出问题呢？

这种建设大量路外停车位实现有序发展的愿景最终会产生许多意想不

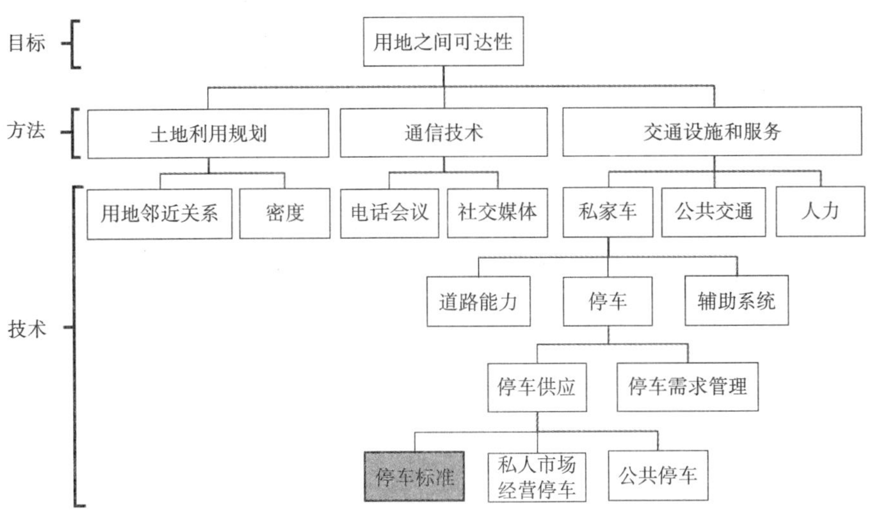

图 1.5　停车标准在可达性框架结构中的角色

到的后果。20 世纪 60 年代的社会和环境运动引起了人们对以汽车为导向的交通系统产生的资源消耗、污染和社会问题的关注，但是人们并没有把停车标准当成一个需要解决的政策问题，他们对此“保持低调”。最近，越来越多的评论家们直接触及停车标准问题，追踪它对多模式交通运输、建筑设计与城市形态、经济发展和可持续的影响。具有讽刺意味的是，停车标准的最初目的是为了避免交通拥堵，因为这样不会为了寻找停车而不断巡游。停车标准让司机寻找空置车位变得很容易，但是原本希望减少拥堵的理想并没有实现，因为停车标准已经导致形成了小汽车出行依赖。

精明增长的支持者们描述了另一种替代小汽车的美景，即宜居的地方。埃米莉・塔伦（Emily Talen，2012）提出了“良好城市主义”（Good Urbanism）概念，它拥有紧凑的城市形态、利于步行、环境可持续、社会经济和土地利用多样性、连通性好、良好的公共空间、服务公平，以及保障人类健康等特点。现在许多城市制定伟大的目标来规划创建宜居城市，人们对环境条件、生活质量和居民品味的认知发生了变化。

采纳良好城市主义理念的目标很简单，困难的是如何深入研究与改变城市形态和交通运输的制度化规定。这些规定通常与当前目标相冲突，因为它们被先例束缚，导致规划人员不能切实协调相关利益者的复杂利益关系。毫无疑问，新的美好愿景——良好城市主义——在区划法规改革之前根本不可能实现。地方政府委员会（The Local Government Commission，2003）

对此进行了准确解释："目前的挑战不是想象那些构成这种'精明增长'社区的想法，因为我们身边都有很好的例子。更确切地说，我们的任务是修改现行的区划法，这样规划人员和开发商就可以再次为我们创建美好城市生活。"（Tracy，2003：2）

在某种程度上，我们可能正身处炼狱之中，在良好城市主义的"天堂"和郊区蔓延的"地狱"之间进退维谷，我们的命运取决于区划法和停车标准改革。实现美好的公共交通导向型开发（TOD）、可步行性城市、环境可持续发展等梦想的关键在于停车标准改革，它将打破对小汽车出行依赖的恶性循环。

起源和当前实践

有趣的是，早期的区划法并没有路外停车标准。塔伦的研究（2012）追溯了区划法起源于妨害法、契约约束和其他应对 19 世纪密集城市中心混乱状况的工具。美国最早的综合性区划条例是 1916 年纽约的区划法，规定了建筑体量、用地类型、建筑间距等内容。区划法的最初职责是减少单体建筑的外部影响，例如预防一栋建筑对周围相邻建筑的火灾风险。区划法关于安全、许可使用和建筑体积的规定，使私有财产所有者承担如灭火、采光等公共物品的责任。对于地方官员来说，将停车标准纳入管辖范围内是很合理的一小步进程，能够为开车到达的顾客提供一个合适的车位，能有效缓解路内交通拥堵。

在区划法实施早期，汽车是服务于富人阶层的，还没有成为大众的通勤交通工具。随着机动车保有量的增加，停车标准逐渐成为区划法的核心内容。1923 年在俄亥俄州哥伦布市最早为多户住宅设置停车标准；1939 年加利福尼亚州弗雷斯诺市将停车标准范围扩大到非居住类用地（Weant and Levinson，1990）；停车标准的广泛应用是在第二次世界大战之后，与美国城市的郊区化和汽车拥有率增长有关。到 1947 年有 70 个城市颁布了停车标准；到 1972 年，根据伊诺基金会（Eno Foundation）的调查，216 个城市中的 214 个实施了停车标准（Weant and Levinson，1990）。今天，停车标准是区划法的通用部分。

停车标准也产生了法律争议（Denver versus Denver Buick，Inc.，1959），它被投诉将私有财产用于公共目的但却没有任何补偿。当然这个公共目的是为了减少由于司机寻找停车位、排队进入场地或在路内停车导致的场地周围的交通拥堵。因此，法院驳回了诉讼请求，判定停车标准是管辖权力的一部分，用以减轻开发项目对公共领域的外部性影响（Chen-Josephson，2007）。

与交通政策的许多因素不同，停车标准是地方政府的专属权力，塔伦（2012）称区划法是所有城市环境与质量建设管理条例的“源泉”。实际上，在塔伦的书中最先提到的案例就是关于亚利桑那州的停车标准问题，停车配建下限指标导致产生了一个低密度的、以小汽车为导向的城市形态。在这种情况下，由于没有其他规定来减轻过量停车供给的影响，例如要求共享停车或改变停车位设计标准，停车对城市的负面影响会更加严重。塔伦（2012：2）指出：“在条例中没有任何条款来避免停车位成为城市景观的主要特征。”

人们可能会认为停车标准是北美的一个独特问题，恰恰相反，停车标准问题是世界性的。在发展中国家，私人小汽车的拥有量日益增加，有限的停车位供应矛盾日益严重，停车标准在这些国家正成为一个关键性政策问题。一项对 14 个亚洲城市的研究发现，它们都设定了停车配建下限指标（Barter，2012）。在中心商务区的平均停车配建指标为 0.65 车位 /1000 平方英尺，而在非中心区的办公建筑和购物中心分别平均为 1.02 车位 /1000 平方英尺和 1.13 车位 /1000 平方英尺。

最近，《经济学人》（*Economis*）报道了北京一件引起热议的高端中产住房开发项目的居住停车标准问题（Economist，2012：46）。小区居民原本被承诺以优惠价格租赁停车位，但是后来开发商将车位拍卖给出价最高的人，一个车位约为 2.6 万美元。有人可能会想停车配建下限指标强制要求提供更高的停车供给水平，应该能够建设足够的停车位，以防止出现这么高的市场价格。但实际上停车位的建设成本很容易超过这个价格水平。真正的问题是，由于实施停车标准，人们形成了免费停车或支付较低费用的习惯和期望。

停车标准是如何实施的

停车标准的核心是要求开发商在新建和改建项目时，必须提供规定数量和类型的停车位。停车位被认为是土地开发的“附件”。停车配建下限指标包括：（1）不同的用地类型，用于提出不同的配建指标；（2）配建指标的单位，例如住宅以“户”为单位，商业以“每 1000 平方英尺建筑面积”为单位；

（3）每种类型、每种单位的停车数量指标。在美国，停车标准中的土地类型范围很广，超过500种。配建指标的单位也有数百种方式，“车位/1000平方英尺建筑面积”和“车位/户”是最常用的基础单位（Shoup，2005）。与其他详细的规定一样，配建标准可能会存在特殊单位，例如游泳池采用“每平方英尺的水域面积”，造船厂采用“每个干船坞”，高尔夫球场采用“每洞”。美国规划协会（American Planning Association）出版的一份停车标准纲要性文件记载的停车指标取值范围同样变化巨大（Davidson and Dolnick，2002）。

停车标准根据地理位置不同会发生变化。小城市可以采用通用配建指标，在市中心采取特殊配建指标；大城市可以根据不同社区和分区制定相应的配建指标。一些司法管辖区在特殊区域制定不同的配建指标，例如邻近公交站点或在有共享停车资源的地区。这些特殊配建指标在规定的地方使用，或者通过具体项目的专项研究后实施。

停车标准不仅规定了车位的数量，还规定了停车的供应方式，它们规定停车位和车道尺寸、停车设施设计、绿化要求、装卸区、特殊用户群体设施、内部连接车道的要求。停车标准还可以规定停车位的位置与建筑物的关系，以及自行车停车位标准。一些停车标准的规定试图“管控”（Tame）停车可能产生的负面影响，比如对行人不友好或街道环境缺乏活力，可以通过景观标准、车道和停车位设计规定来实现（见第3章和第9章）。一些规定允许或鼓励共享停车、允许缴纳费用代替建设停车位，还有其他如停车收费方面的规定。最后，有的停车标准规定了可以提供的停车位数量上限。

正如前面提到的，停车标准不是影响开发商提供停车位数量的唯一因素，但它是最重要的。为了满足市场需求、投资者和贷款人要求、租户和买家的需求，房地产开发商可能会超出停车配建下限指标而多供应停车位。一些开发商决定在地面上建设停车位，有的是为远期开发使用或者为了储备用地，但通常开发商仅仅建设满足下限指标的停车位。

停车标准是区划法里面冗长而又复杂的部分（见第3章）。通常它们被合并到一个章节以方便解释，但是在某些特定区域或重合区域的条例中可能会有特殊配建指标的要求。在经常修订的陈旧的区划条例中，停车标准可能会分散在整个条例中的不同章节，需要拥有融会贯通的专业技能才能恰当运用。许多停车标准没有讲清楚它们想要帮助实现的目标和对象。作为规划和策略的实施工具，它们并不想表述政策，但是由于没有讲清楚停车标准如何实现目标，暴露了停车标准和政策之间的脱节现象。

从叙事的角度来看，停车标准的控制要求和语言陈述体现了一种确定性和权威性风格，从而表现出很强的科学性和权威性。一个符合区划法停车标准的项目让开发商、贷款方、投资者和社区成员都感到放心；相反，即使有充分的理由说明可以提供更少的停车位，或以不同的方式提供停车位，但都会被认为是可疑的。在这种情形下最常见的问题是："这个开发商减少停车位是想要摆脱什么呢？"

从区划法规的陈述内容中可以看出它对停车的矛盾态度。在有的区划法规中，既有停车配建下限指标，也有上限指标。停车被认为是一件好的事情（这是下限指标的控制理由），或者是一件坏的事情（即支持上限指标的理由）。当然，这可能只是"金发姑娘原则"（Goldilocks Principle）的一种表现形式，即凡事都必须有度而不能超越极限（停车位少于下限指标是"不够"，多于上限指标是"太多"，在下限和上限之间则"正好"）。

停车标准既需要容易理解、前后统一，又需要包含特殊情况，例如特定地区和特定用地类型的配建指标，所以起草者要努力平衡统一性与特殊性。换句话说，当市场性的停车配置体系可以作为另一种选择时，这种复杂的工作是否还值得？

改革还是取消停车标准

有人提出取消配建停车位数量下限这个核心指标，而不是改革这个指标。这种观点认为停车标准的问题不在于停车配建指标大小，而是标准本身：停车标准不合理地扰乱了本该由开发商决定停车供给量的计算方式。经济理论表明，如果驾驶者为停车位的全部费用直接付费，或者在比较私人小汽车的出行成本和收益后再选择合理的运输方案，在此权衡之下，开发商将提供与实际需求大致相适应的停车供给量。恰如我们看到的那样，城市高密度开发地区的停车收费也高，当驾驶者需要支付全部费用时，停车需求就会降低。

唐纳德·舒普的巨著《高代价的免费停车》（2011）讨论了一种替代停车标准的方法：路内停车位通过收费价格调整停车位占用率，使其保持一定目标值，通常采用85%，停车费反过来用于促进所在区域的改善，如此停车配建下限指标就可以取消了。舒普认为由开发商、投资者、租户或顾客确定合理的停车位供给量比政府官员更加合适。取消停车配建下限指标，基本上不会引起停车位的过量建设，反而因为在考虑供给时将停车成本计算在内，会创新更多的停车共享措施、减少停车位建设总量。实际上，一些城市已经在核心区取消了停车标准，而采用了更为精明的停车收费政策。第 3 章提供了费城和俄勒冈州波特兰市的例子，同样在全国各地有许多未在场内配建停车位的项目也正在获得批准。

舒普(2011)指出,区划法的目的是间接地改善市场资源配置情况。例如，所需用地类型在私人市场环境下供不应求，在区划法中通过实施密度奖励可以增加供给。区划法采用放宽对建筑面积限制的方法，而不是直接增加所需用地类型。舒普指出了一系列区划法间接干预土地市场的问题，例如隐瞒真实成本。停车配建下限指标隐瞒了停车位最终使用者的停车成本——看起来公众似乎没有付出任何东西——但它阻碍了停车费以市场价格出现以及作为停车位供应过量时的预警作用。停车标准不直接控制停车收费价格，但是它实际上谋求免费停车，因为它经常要求停车供给超过需求，阻碍停车市场价格机制的出现。政府实施停车标准看起来没有任何成本地解决了一个巨大困难，但是这个成本隐藏在了商品、服务、租金中，导致丧失了发展的机会。

对于一些规划人员来说，没有停车标准的区划法意味着混乱。他们大多不相信开发商会提供正确的停车数量，担心开发商在建设项目时少配或者不配建停车位，导致停车需求外溢到相邻道路、其他停车位、周围用地内。实际上，如果路内停车没有得到有效的管制或者没有收费，开发商可能会采取上述方式，因为周围居民、雇员或顾客也习惯选择路内停车。然而，当考虑到采用表 1.1 所示的路边停车的管理方法和停车收费机制时，就可以降低对开发商不配建停车位的怀疑了。

当经济学家审视停车配建下限指标时，他们想知道规划人员和条例编制者如何确定停车的确切配建指标，因为这里没有关于不同停车收费价格对应的停车需求的经验信息。此外，规划人员对停车成本的了解是有限的，因为不同场地情况的停车费用差别很大。经济学家们反对将调查所得的停车位占用率视为“停车需求”，因为利用率水平并没有与市场价格关联起来。由于美国大多数工作场所停车都是免费提供给员工的，因此许多社区缺乏清晰的市场收费价格所对应的停车需求信息，或者考虑总体停车成本摊销下的停车需求。由于停车供给是由区划法管理规定的“供给”，因此它不是传统经济学中“供给”概念。简而言之，我们所知道的停车位统计数据大多是在慷慨提供停车位甚至免费的条件下得到的利用率。

所以应该选择哪个方向，改革还是取消配建停车标准？这应该因地制宜。在高密度混合使用的中心区域，舒普提倡的路内停车位收费与取消配建惯例效果更好，在许多城市核心区已经开始应用。在纽约曼哈顿 110 街以南，大多数住宅开发项目免除了停车配建要求；同时在市域范围的小型住宅开发或狭窄地块的开发项目，将根据所处区域不同，只配建 5 ~ 15 个车位（Been et al.，2012）。中等城市也开始取消停车标准，加利福尼亚州的圣莫尼卡允许一个混合使用的多户住宅项目不用配建停车位，因为它位于一个拟建的轻轨线路附近（Martin，2012）。

一些城市如旧金山、洛杉矶、波特兰、纽约等，它们选择部分免除停车配建标准的做法值得称赞、学习和传播，但这种做法在很多城市并没有得到推广。在 25 年的停车研究与咨询工作过程中，我没有见到任何一个城市准备在市域范围内取消停车标准。所以虽然我在理论上非常赞同舒普取消停车标准的提议，但是在那发生之前，我认为现实能做的是对其进行不断的改革。现实就是如此，要求太高反而难以成功。

本书导览

在陈旧的区划条例所规定的停车标准中饱受煎熬的日子正在结束，学者们和业界人士不断揭示停车标准的不利影响，甚至有人号召取消它。同时，停车标准仍在北美城市中广泛流行，一些改革使它比以往更加复杂。有时候，当地居民和商户要求提供更多的停车位，而不是减少停车位。规划人员、工程师、开发人员以及社区成员们在这种充满矛盾的诉求环境下该如何选择呢？本书提供了一条前进道路，展示了停车标准是如何更好地符合当地条件和政策偏好的，简而言之，如何制定精明的停车标准。

改善停车标准的工具包将在本书的核心第 5 章介绍，工具包将使停车标准更理性。所谓“理性”，即基于可靠数据得到的实际有效的配建指标，并在逻辑上保持停车政策与综合规划的一致性。我非常赞同良好城市主义的改革目标，并在工作中努力推进这些目标；然而，多年的专业实践经验告诉我，最好的规划方法是根植本地、政治响应，而不是公式化的理念；千篇一律的做法让我们在传统的郊区开发中遇到了很多麻烦。工具包并没有试图对标良好城市主义的详细理念，而是坚持停车标准是一项适合当地条件的共识性政策选择。它应该是权衡停车设施建设及运营成本、与其他交通方式进行对比的一种综合考量。即使继续选择传统的单一用地郊区发展模式，政府机构在停车标准改善方面也有很多可以做的内容。

本书中停车标准工具包包括 3 个当前较少考虑的基本要素：（1）停车位利用率的实际经验数据，尤其是本地调查数据；（2）未来发展方向，考虑建设项目全周期的未来停车位利用率情况；（3）停车标准与社区远景、目标以及规划的明确关系。这个工具包可以用于修改停车标准，可以对特定土地用途或地理区域的停车标准进行调整，或者用于确定特殊项目的停车标准。它的目的是帮助当地规划人员自己改进停车标准，协助他们设计咨询工作流程。

工具包这个词汇带有学术意味，但我并未表示改革只是一场技术权威活动。通过选举而获得任命的官员们，需要采取行动来支持改善本地现状问题。那么，相应地，停车改革同样需要一个多方利益相关者的参与过程，建立理解并寻求合作。正如第 10 章所讨论的，规划人员必须懂得利益相关者的利益所在，才能获得社区对新的停车标准的支持。

停车问题影响到了城市化的方方面面，因此需要划定一个范围进行分析。本书聚焦于停车标准问题是基于 3 个比较宽泛的议题。第一个方面是可达性管理。这个很重要，因为停车位利用率影响到其他交通方式的替代性，如果更多的出行是通过步行、自行车、公共交通、摆渡车、接送和出租车实现的，那么就只需要很少的停车位。完整全面的可达性管理方法不在本书的讨论范围之内，但是需要在综合规划中重点考虑（例如：Tumlin，2012）。第二个方面是停车管理。它指的是路内路外的停车规则、收费定价、合作协议和管理方法。一些停车管理技术，例如居住区停车许可证或者路内停车收费能够处理停车外溢现象，可以帮助当地司法管辖区找到减少停车配建的理由（例如：Litman，2006）。最后，停车标准与整体区划条例的发展趋势有关，在这方面，停车标准与条例中在其他方面的规范一样，在改进时面临同样的挑战。因为区划法的目的是减少非预期的城市发展模式，并保证支持条例所期望的政策目标。塔伦（2012）描述了区划法的改进过程，是为了找到灵活性（避免与特殊项目的意外冲突）和可预测性（向所有利益相关者提供一种可以理解的游戏规则）之间的平衡。本书通过这三个议题讨论了停车与城市化之间复杂的内在联系，但是把焦点放在停车标准上面。

在下一章本书将集中陈述关于支持与反对停车标准的观点，从而揭示出停车标准已经融入政策选择这一事实。第 3 章调查当前实施情况，对比北美和全球的停车标准和实施情况。第 4 章讨论未来的发展景象，看看长期的社会和经济发展趋势如何影响未来的停车位利用率，它能够帮助回答这个问题：当前的利用率是否适合未来？第 5 章介绍工具包，规划人员可以通过一系列步骤来确保停车标准是基于实践的、面向未来的、并支持社区目标的。第 6 章、第 7 章和第 8 章将工具包分别用于三大关键用地类型：多户住宅、工作场所、混合使用活动中心。第 9 章解决新的停车标准如何与区划条例协调的问题，提供了改进方法和一系列可行措施。最终，第 10 章提供如何在政治上和社区中完成停车标准改革的方法。第 11 章以号召开展停车标准改革行动结束全文。

总　结

一旦社区进行改革，可能会降低过量的停车标准，根据未来的公共交通和土地利用条件设置合理的停车配建指标，或者取消路外配建停车指标。现实情况是，未来很长时间内大多数城市会将停车标准作为管理城市环境的一部分内容，那么面临的挑战应该是如何让它更理性一些、少浪费一些，为更平衡的交通和可达性系统之间开辟一条道路。实际上，就是要建立精明的停车标准。

现行的停车标准是不可接受的，过量停车对社会、经济和环境造成了实质上的损害。此外，不配建足够停车位的风险也没有人们想象得那么严重，停车需求可以通过停车管理措施达到最小化，例如共享停车和路内停车管控。在处理“太多”和“不够”的平衡问题上，应该充分考虑当地环境和政策目标。规划人员需要与当地决策机构、公众和开发商合作来改革停车标准。采取行动的时候到了！

第 2 章

支持或者反对停车标准的理由

停车让人又爱又恨——第一眼你会喜欢上它，走近一看，你会讨厌它。

——詹姆斯·马丁

区划条例中的停车标准被发现是一种不相协调的规定。不相协调是因为它前后矛盾——它想通过增加路外停车供给来减少路内拥堵，但它又鼓励使用小汽车出行并增加区域的车辆行驶里程（Vehicle Miles Traveled，VMT）。甚至，它不支持多模式交通、宜居性、可持续发展等设计目标。本章探讨“停车配建指标想要实现什么”这个核心问题，焦点集中在配建下限指标和停车上限两个方面。我们讨论了设置停车配建下限指标的初衷，以及对这种常规做法的批评。从把停车配建下限指标视为政府管理进步的时代，到现在更多的批判观点，争论一直延续；即使在当代的政策辩论中，支持与反对停车标准的争论仍然同时存在。本章将探讨停车标准如何嵌入未被意识到的政策决策中。

表 2.1 介绍了支持或反对停车配建下限指标的理由，在后文中将按照交通运输、建筑设计与城市形态、经济发展、可持续发展、城市管理注意事项等方面展开叙述。

支持停车配建下限指标的理由已经发展了好几十年，伊诺基金会（Eno Foundation）、交通工程师协会（Institute of Transportation Engineers）、美国公职人员协会（American Society of Public Officials）、美国规划协会（American Planning Association）等起到了主要作用。反对停车标准的案例在近 40 年才开始出现，由唐纳德·舒普（1978，1999，2011）等人发起。在区划法中停车标准的合法性与实践性得到良好确立的同时，这些批评家明确指出它给城市和区域带来了不利影响。

支持与反对停车标准的理由 **表 2.1**

	支持	反对
交通运输	减少项目周围交通拥堵 避免停车外溢	鼓励私人小汽车出行并增加出行距离 不利于公共交通等其他方式替代小汽车
城市形态 / 设计	创建有序的城市环境 预测开发强度或用途改变	降低密度 形成不友好的城市设计形态
经济发展	在开发商之间创造公平竞争环境 提供车位促进核心区开发	阻碍发展和经济活动 使可支付住宅建设更困难 阻碍对填充式开发和适应性再利用的投资
可持续、环境、公平和健康		直接和间接破坏环境 对非小汽车出行不公平 缺乏运动，影响公共健康
城市管理	减少对业主之间停车冲突的不必要的停车管理裁决 减少公共停车位建设需求	不代表实际的停车位利用水平

支持停车配建下限指标的理由

停车标准被用来规范城市建设秩序、消除个体开发项目的外部性影响。相比在公共或私人领域为项目开发所做的工作，例如项目周围道路建设、相邻土地利用等，它与项目本身关系较弱。后文将会质疑这些观念，但首先需要着重理解最初设置停车标准的理由。开发项目在场地内建设自给自足的停车位能够减少道路拥堵、避免停车外溢、规范发展模式、预测用地开发强度、提供公平竞争环境、提高核心区竞争力、减少停车管理与冲突、减少公共停车位建设需求。下面分别论述。

减少项目周边交通拥堵

一部美国规划协会制定的导则阐明了实施停车标准的原因，“尝试通过要求开发项目建设满足自身需求的停车位，从而尽量减少停车外溢至外部路网，保证交通运行效率和安全”（Davidson and Dolnick，2002：5）。这个假设建立在开发商不会建设足够的停车位之上。该观点认为，如果确保每个项目吸引的车辆能够快速离开街道进入项目的配套停车位，那么交通阻塞和拥堵将会减少。实现新建项目配建路外停车位以避免相邻道路交通拥堵的方法包括：（1）减少路内停车对主线交通的干扰；（2）减少为寻找路内车位产生的巡游（不停绕圈）；（3）防止司机在寻找稀缺车位时造成的停车位出入口处拥堵。超出利用率的停车标准也有助于简化在路外停车设施内部寻找车位的过程，从而避免停车设施内部的交通拥堵和巡游（Weant and Levinson，1990）。

避免停车外溢

路外停车位减少了司机在到达某个开发目的时，在商业区或居住社区路内停车的可能性，从而可以将路内停车位提供给其他更需要的人，或者干脆减少路内停车数量。在居住区实施停车配建下限指标的理由是，居民们希望社区内的道路上尽量没有车辆；商业区的支持理由是，路内停车位应该给访客使用并短时停车；在其他区域，禁止路内停车也是一项支持在既有道路通行能力下增加交通流量的措施，因为它能减少停车巡游和进出停车位所带来的干扰。停车标准是为了避免停车外溢现象，这样就可能减少一条居民们反对项目开发的理由，避免新建项目影响依赖路内停车的现状商业。停车标准还能保护其他项目的路外停车位不被“盗用”，例如一个办公建筑的雇员们偷偷使用周围商业购物中心的路外停车位。有很多措施可以管理停车外溢，例如停车时间限制、停车收费和禁止停车等，但支持配建下限指标的观点是采用充足方便的路外场内停车位来遏制人们在路内停车的势头。

创造有序发展模式

一种观点认为有序的发展才是好的发展，并继续发展为需要扩大停车供给来支持发展。停车标准是“平衡停车需求和供给的方式……实现规划和社区有序发展”（Weant and Levinson，1990：35）。在这一观点下，有序发展被认为包括停车自给自足，就像道路通行能力需要匹配新建项目产生的交通量一样。停车标准确保所有开发商提供同样水平的停车设施，这样可以提供可预测性和避免停车短缺带来的不良竞争。这种“逐个场地”自给自足的想法，与区划法传统的单一用地、不考虑混合用地的理念相同。当城市条例已经对单一用地理念进行改进时，这种自给自足的停车理念还被供奉在很多的停车标准里。

预测用地强度或用途的改变

如果一个以前被批复为仓储或者轻工业的建筑后来改为了办公，那么这种更新需要一个非常高的停车位利用率。因为新的停车需求会远超原有的停车供给，导致停车外溢和交通拥堵等问题。这种批复开发模式下，当产权证书颁发后，规划人员就很难再进行调节。因此，需要预测项目全周期内可能的最高开发强度来制定停车标准，而不是当前使用性质。配建指标的目标是建筑物的停车位自给自足——永远的自给自足。

为开发商提供公平竞争环境

要求所有开发商为同类用地建设同样水平的停车位，是为了预防有人不建设停车位从而节省成本，或者提高建设密度从而获得竞争优势。停车标准能够减少停车方面的政治谈判，防止有开发商减少供应量而“用光”周围其他停车资源。当然，要求公平竞争的唯一理由是：之前的开发商已经被强迫提供路外停车位。这个理论让同一用地类型的所有开发商平均分摊建设路外停车位的经济损失，避免特定开发商获得额外的有利条件。

通过增加停车供给鼓励核心区增长

在郊区大型商业中心发展的早期，传统的市中心开始衰败。原因有很多，但是其中一条声称商业中心提供了大量的免费停车位。基于这个逻辑，停车标准用来要求市中心新的开发项目增加停车供给，并控制停车费用上涨。这个论点要求市中心在停车供给方面比“像商业中心一样”还要好，尽管这种要求会导致市中心的开发成本远高于郊区。

减少因业主之间的停车冲突而开展不必要的停车管理

区划条例是一种间接解决私人开发项目外部性影响的方式。例如，如果停车拥堵的影响通过私下裁决，那将会是一个复杂的、程序麻烦的系统过程。这样想的话，停车标准就避免了路内、路外停车的混乱冲突。如果每类用地都按照高峰需求配建停车位，那么就不太需要路内管理，也会减少路外停车位之间的冲突。如果每位驾驶者都能在建筑入口处找到停车位，那么专业设计规范、停车规定、停车执法就都不需要了。每个开发项目都有自己的停车位，不需要侵占其他路外停车资源。这种“一劳永逸”模式反映了对制度建设的渴望，这样对后续管理就可以按部就班。司法管辖区总是在颁发产权之前考虑项目最大开发可能，包括停车供给，因为之后它们通常不再拥有土地利用的开发许可权力或者让未来的业主履行停车供给义务的权力。停车管理是非常耗时和困难的，需要协调私人土地所属人、租户和相关城市管理部门。鉴于每个人都要开车和停车，停车标准的支持者们认为当地政府在开发中实施统一的停车标准是非常必要的。

减少公共停车位建设需求

当地的利益群体如社区组织或商业组织在发现停车供给不足时，就会向当地城市部门施加压力要求它们有所作为，例如建设公共停车位。规划人员利用停车标准来避免公共领域的投资，因为他们觉得停车是私人开发商的责任。

总之，这些精心准备的理由已经成功地让停车标准广泛应用并得到捍卫。它们得到规划人员和民选官员们的公认，因为就像常识一样。他们对道路拥堵、土地利用冲突、环境无序的担心是很强的，特别是那些对宜居城市存在怀疑的人。但是最近几十年来,反对常规停车配建的观点开始出现，接下来进行讨论。

反对停车配建下限指标的理由

接下来概要介绍反对常规停车标准的理由，按照交通运输、开发密度和设计、经济发展、可持续发展和城市管理等方面进行叙述。常规停车标准鼓励小汽车出行，不利于发展公共交通等替代方式，忽略了成本效益，减少城市密度，形成不友好的设计方案，阻碍发展和经济活动，使可支付住宅建设更困难，阻碍对填充式开发和适应性再利用的投资，直接和间接破坏环境，对非小汽车出行不公平，降低身体活动，不能反映实际的停车位利用率。这些不利因素接下来逐一分析。

鼓励私人小汽车出行并增加出行距离

停车标准迫使开发商投资小汽车可达性，并经常作为提高项目可达性的唯一方式。通过强迫开发商将大部分用地用于车辆停放，停车标准间接地把停车成本与驾驶员屏蔽开来，同时给他们提供了高水平的便利性。这种对小汽车的鼓励完全超过了其他交通方式,舒普（2005）将停车标准称为“小汽车的催生剂”。这种停车供给以及配套的道路系统，清晰地显示出小汽车运行和停放的优先级别远超其他交通方式。这种可达性交通的一维性在加利福尼亚州安大略市居民通勤方式中得到证实（见图 1.1），该郊区社区 91.6% 的工作出行采用驾驶或乘坐小汽车（U.S. Census Bureau, 2012a）。这充满讽刺，停车标准原本是为了减少开发项目周边的道路交通拥堵，却起到了降低可开发密度的反作用，因为在一个区域范围内，既定的人口和岗位会利用小汽车分散布局并占用更多土地。这种蔓延式布局由于地点相距甚远而增加了人均车辆行驶距离。

不利于发展公共交通等替代方式

研究表明出行者在选择交通方式时会比较出行时间、费用、便利性与安全性。停车配建下限指标让停车收费难以实施，因为它干扰了能够产生市场停车价格的供求关系。无须为停车付费增加了使用小汽车的经济性。在停车免费的情况下为什么要支付公交费用？当公寓租金已经绑定了两个车位的情况下，为什么还考虑给你的家庭配一辆车或不配车？停车标准影响了场地设计和选择小汽车以外出行方式的可能性。当建筑为了设置停车位进行大规模退线而远离路边时，导致了公交服务变得很困难，因为公交车到不了建筑门前。当开发密度下降后，公交服务就不经济；公交服务不经济，公交发车频次就会降低，这让公交系统竞争性极差。这些场地设计问题同样降低了步行和自行车到达的可能性。最终，停车标准形成一个小汽车高强度使用环境，导致宽阔的道路，形成令步行和自行车讨厌的、危险的环境。图1.1中的道路符合常规工程设计标准，但它的宽度不鼓励其他交通方式——东四街（East 4th Street）和北米利肯大道（North Milliken Avenue）的路面分别宽145英尺和165英尺。东四街限速55英里/小时，形成了一种对公交车、社区电动车、自行车和行人不支持或不允许的环境。

忽略了成本效益

停车标准与其他替代出行方式相比，忽略了成本效益。配建停车把成本强加到土地、建筑、运营维护里面。停车成本与其他可能的交通方式相比成本极少，每个地方每个场地的停车成本差异较大，下面列举了这些成本的数量级，是包含了运营维护费用后的摊销成本。❶

- 郊区地面停车成本：每天2.42美元/车位（每英亩用地20万美元，每个车位5000美元投资成本，运营维护一年200美元/车位）。
- 市区三层停车楼：每天7.44美元/车位（每英亩用地50万美元，每个车位23800美元投资成本，运营维护一年300美元/车位）。
- 中心商务区（CBD）地下停车库：每天11.16美元/车位（用地0美

❶ 案例所示的停车位350平方英尺/车位（译者注32.5平方米，包括车道和匝道），5%的资金成本，30年资本摊销（土地成本加建设成本），每年260天运营。地下停车库案例中不包含土地成本。平均每个车位成本的变化受景观要求、软性成本、建筑外立面（影响设计功效）、场地和土地条件、地方规范和其他很多因素影响。

元，每个车位 40000 美元投资成本，运营维护一年 500 美元 / 车位）。

停车标准忽视了这些停车成本可能比其他替代交通方式的成本要高很多，例如提供自行车停车、行人设施或者持续的公交补贴。以市区三层停车楼为例，开发商或业主可以提供每天每车位 7 美元来鼓励公交、自行车、步行出行，从而减少配建停车位。如果停车标准要求超量供应，那么每个车位的成本会更高。例如，一个开发项目的配建指标如果是实际停车需求的 2 倍，那么每个车位的成本也将翻一番。

减少开发密度

尽管区划法中规定了建筑退线、建筑高度、容积率等直接影响开发密度的条款，但是停车标准却对密度起到了出乎意料的影响。每个停车位平均占地 325 平方英尺（译者注：约 30 平方米），包括车道，消耗了大量的场地面积或建筑面积，导致单一的低强度开发利用。最主要的影响是在满足停车标准后确定可用于建筑面积的土地数量。在一些开发中，停车用地面积对项目密度起到的限制作用比建筑高度、容积率或者建筑退线要求更高。在城市里高昂的停车建造成本会减少建筑开发体量，因为如果建设满足配建指标的停车位是不经济的，那么就减少开发量来减少配建量；结果高昂的停车成本阻碍了填充式开发，从而限制了核心区开发密度。过量供给的停车位导致开发密度降低的现象已经在第 1 章图 1.1 中的安大略米尔斯(Ontario Mills) 购物中心案例中显示，它的配建指标采用了 11—12 月的高峰停车生成率，而不是典型工作日或周末的指标。

不友好的项目设计方案

遵照停车标准进行设计的项目通常将停车位放在建筑前面，建筑采用退线形式远离街道，这样是为了通过提高停车位的可见度来提高建筑的吸引力。但是这种做法让街道变得非常不友好，让公交车、行人、自行车的可达性更加困难。图 2.1 显示了人视角度下的市民银行运动场（Citizen's Bank Arena）。这个项目的设计师关注到了开车进入运动场的访客体验，但是要求那些步行或乘坐公交到达的乘客穿过很长距离才能到达场馆，即使开车的人也要步行穿过很多停车位。较低的场地密度和将建筑放在停车场中间，导致停车共享很困难——步行距离太远、场地联系太困难。实际上市民银行运动场和安大略米尔斯购物中心的停车位都是非常好的停车共享候选资源，但是它们分布过远导致停车共享受到限制。再次以图 1.1 为例，按适度的步行速度从一个多户住宅居住开发项目走到安大略米尔斯购物中心需要 15 分

图 2.1　在“停车优先”环境中的行人感受

钟，期间要穿过 2 条非常宽的交通干道。这种情况下，那个城市的居民难道不会被引导开车去购物中心吗？这难道不会提高停车位利用率吗？

阻碍发展和经济活动

虽然停车位可能会增加一个开发项目的总价值，但它通常是对发展形式的沉重负担。正如前文所述，停车增加了土地、建设、运营维护成本，但是受益微乎其微。公平地说，如果租户或业主愿意为提供大量停车位的项目支付更高的租金或者费用，才会有经济价值。但停车标准经常比开发商考虑市场和财务可行性后的停车需求还要高。满足停车标准的相关成本可能导致投资回报过低，无法继续开发，从而阻碍了其他方面的投资和经济发展。

商业建筑的停车标准为 4 车位 /1000 平方英尺，要求每 1000 平方英尺建筑面积配套建设 1300 ~ 1400 平方英尺的停车面积。很明显，停车位和建筑能够一起设计在多层结构中，但只有土地成本、建造成本与租金估算合在一起的时候才有可能。当土地价格决定停车位需要按同等水平提供时，停车标准限定了给定建筑物规模所需的场地规模，或者限定了给定场地规模的建筑物规模。这些成本影响投资回报率，可能通过项目成本直接影响，也可能通过可达到的密度及其预计收入间接影响。

停车标准及其相关成本的通常结果是形成停车面积大于建筑面积、土地经济生产率较低的城市形态。此外，它还因建设低税收开发项目而降低了土地价值。低密度、低价值开发导致低的房地产、零售、酒店的税收收入和营业收入。

增加可支付住宅的建设困难

停车标准增加房屋开发成本，也因为降低建筑密度而增加每户土地成本。二者影响叠加导致房价难以负担。在大型、高端住宅里面，停车只占总建筑面积和总成本的很小部分，但它对可支付住宅有很大的相关影响（Jai and Wachs，1998；Litman，2011；Manville and Shoup，2010）。此外，停车标准阻碍家庭选择没有停车位的低成本房屋。通过阻碍可支付住宅的建造和提高房租，停车标准间接起到了排斥性区划法的作用，这个问题将会在第 6 章探讨。

阻碍对填充式开发和适应性再利用的投资

停车标准减少对建成区、小型场地、城市棕地、不利场地条件的投资建设。首先，大多数建成区没有建设停车位的用地。其次，小型场地或不规则场地难以有效布置停车位，会占用更多的单位停车面积。这些场地可能处在亟须投资、修补、提供给小型商业服务的地方。这表明当创业者想要重新利用空置建筑时，却没有空间用于停车位，而大多数具备重新利用机会的是历史建筑。由于郊区土地价格较低，满足停车标准的停车成本也低于城市填充区，所以导致一个畸形的经济发展。最终，停车标准会扭曲零售区的业态结构，妨碍没有停车空间的场地的新型业态发展。对餐饮来说就是这样，餐饮很具备经济可行性但无法满足过高的配建指标。停车配建对业态组合的影响会妨碍一个需要餐厅的传统零售商业区，最终选择开设服装店，因为只有它能满足配建指标。

直接破坏环境

停车标准增加硬铺装面积，导致城市热岛效应，增加雨水径流系数，减少了地下水补充。停车位地面收集的漏油和其他燃料会污染雨水径流。硬铺装的停车位减少了场地内地下水滞留和开放空间、树木种植、游乐场和其他便利设施等建设机会。在某种程度上停车位和停车通道共同导致了污染和景观破坏，它们通过影响邻近的野生动物地区、本地物种、水资源等，对居民、植物和动物群产生不利影响。私人小汽车交通系统经常造成噪声污染，特别是在主要设施周围。停车位和交通基础设施周围都有高浓度的细颗粒物之类的污染物。最后，在停车位建设过程中也有污染和温室气体排放。

间接破坏环境

停车标准对小汽车出行的鼓励超过公交、步行和自行车，因此造成更多的车辆行驶里程（VMT）和交通拥堵。私人小汽车出行通常涉及更多的能源消耗、更多的空气污染、更高的温室气体排放、更多的车辆相关交通事故，为交通系统提供动力的化石燃料能源和建造车辆以及交通设施的能源与材料的开采也会带来不良环境后果。

对非小汽车出行不公平

停车标准抑制市场价格的出现，因为对停车供给的管制取代了通过供求曲线交点来确定停车数量和停车费用的市场经济程序。因此，停车成本在消费者面前隐藏起来。然而，它转嫁在更高的商品价格、更昂贵的住房、更少的商业机会和更低的工作薪酬方面。有些人以为免费停车是对低收入驾驶者的福利，他们能节省一部分钱从而获益。这是事实，但是那些乘坐公交、步行、骑自行车的人，却支付了更多的租金、购买了更贵的商品和服务、获得更少的工作收入，为他们不使用的停车供给支付了费用。一种不公平的社会交叉补贴被创造出来，向那些对环境影响最小的群体（不开车的人）收取费用，再分配给那些对环境影响最大的有车一族。甚至这些没有车或者不能开车的人，他们的出行可达性是处于不便的，这包括糟糕的通勤交通，特别是从中心城市到郊区的工作，以及购买新鲜食品、儿童护理、医疗保健、教育机会和其他有助于社会流动性的出行。拥有平衡的多模式交通系统的城市，对不使用私人小汽车的人来说影响比较小。区划法最初是作为进步事物而倡导的，讽刺的是，停车标准让不停车的人分担停车人的成本，例如那些选择公交、步行、自行车方式出行的人。

降低身体活动

在停车标准有利于小汽车使用的情况下，某种程度上加重了某些公共卫生健康疾病，例如空气污染对哮喘的影响，身体缺乏运动导致肥胖等。弗兰克等人（Frank，2004）发现，每天每增加 1 小时的开车时间与肥胖（测量的体重指数）之间呈正相关关系，每天每增加 1 英里的步行距离与肥胖之间呈负相关关系。研究还表明混合用地与肥胖水平有关。

不能准确反映实际的停车位利用率

停车配建指标通常不符合当地实际经验，也不适合地方背景和项目特征。当地司法管辖区经常会问：“社区现状用地实际使用了多少停车位？”

不准确体现在两个方面。第一，配建指标并未充分考虑当地因素，如土地利用、交通条件、停车收费、收入、经济目标等。第二，忽略了同一用地类型的项目具有自身特点和不同的停车位利用率，而用平均值来代表这类用地类型的需求。换句话说，有考虑过使用这一用地或这类用地的人有什么不同吗？例如不同雇员密度的办公楼或者不同收入水平的居民。

有时候用全国平均数据作为配建指标，但即使在最常用的数据来源——交通工程师协会（ITE）编制的 2010 版《停车生成率手册》中，也提醒说它所提供的数据不是停车标准的建议值，忠告数据使用者要“认识到具体场地特征会影响停车需求”（2010：ix）。ITE 的作者（2010：2）指出“现有的大部分数据来自郊区孤立的、单一用地性质的、免费停车的项目”。ITE 的大部分数据都偏重郊区，如果不加鉴别地使用，会使停车供给过量。舒普（2003：1）进一步指责使用全国平均指标是“错误地用精确数据来统计报告无关紧要的估值”，因为有些用地类型的样本体量非常小。

《停车生成率手册》（2010）提供的数据提供了一个与本地环境相关的可变性案例。医疗办公大楼（在 ITE 的用地类型里编号为 720）似乎是一个标准的用地类型，在很多调查地点和不同区域都有一致的停车位利用率。手册里高峰停车生成率是 3.2 车位 /1000 平方英尺总建筑面积（Gross Floor Area，GFA），这是通过计算 1963—2009 年遍及全美的 86 个医院办公案例得到的平均值。问题是调查数据的值域为 0.96 ~ 5.65 车位 /1000 平方英尺，标准差为 1.22。如此大的变化表明用于计算平均值的数据之间存在巨大差异，可能是土地利用和交通背景不同，或者项目自身特点差异。

另一个停车位利用率变化较大的案例是居住类型。2012 年美国人口普查局美国社区调查部（The U.S.Census American Community Survey，ACS）调查了家庭车辆可用率（U.S. Census Bureau，2012b）。这个年度调查结果表明不同的地理区域和房屋类型的数据存在差异。车辆可用率（Vehicle Availability）与停车位利用率（Parking Utilization）不一样，但它能预测停车位利用率，当所有家庭车辆同时停下来时能够计算出最大停车数量（未计算访客）。图 2.2 显示了美国全国平均值和纽约州 5 个县包括自有住房与租赁住房的入住房屋平均每户可用车辆。调查的纽约县和周围的几个县包含了从高密度市区到郊区的一系列背景环境。调查结果的变化范围很明显，从纽约县每个租户 1/4 个车位到拿骚（Nassau）的独户住宅自有住房每户 2 个车位多一点。

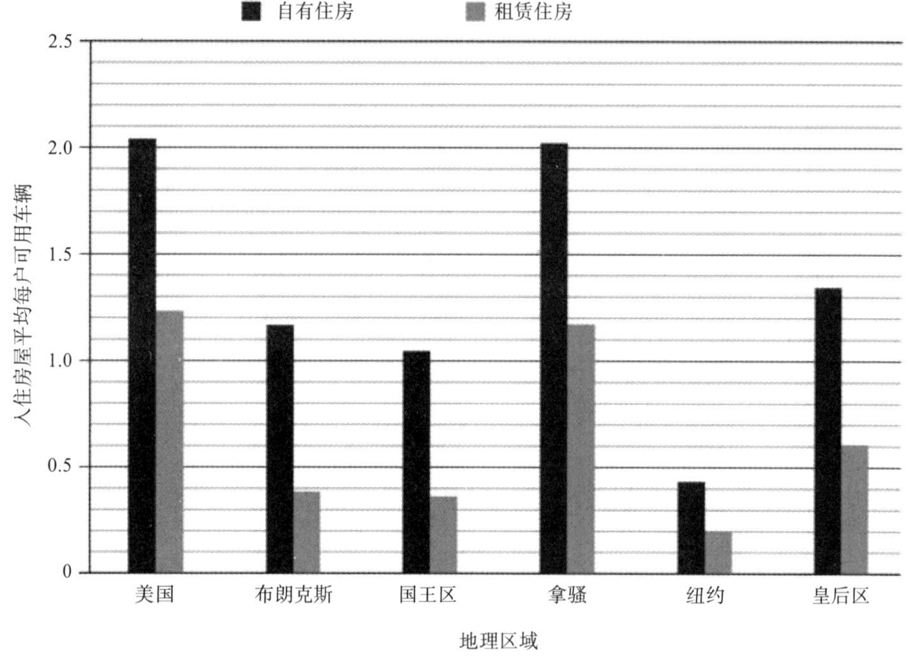

图 2.2 美国平均和纽约都市区家庭车辆可用率

资料来源：美国人口普查数据。

ITE 的《停车生成率手册》提供了 5 种房屋类型的停车位利用率，并根据都市和郊区分别给出不同指标。这些指标比人口普查数据所显示的要更统一，指标范围 1.03 ~ 1.83 车位 / 户。明显看出，当地城市密度变化、土地利用混合、交通系统方式、交通费用等都影响了家庭车辆可用率，继而影响停车位利用率。第 6 章提供了更多案例来解释这些数据如何用于设置居住区停车标准。正如前面提到的，停车位利用率也根据持有者的特点发生变化，例如办公楼内的员工类型，或者住宅单元内居民的特征。图 2.3 为不同家庭收入的车辆可用率变化曲线，显示出高收入家庭拥有高车辆可用率。全国家庭交通调查（National Household Transportation Survey）数据显示（US Department of Transportation，2009），家庭收入低于 1 万美元的车辆可用率小于 1 辆 / 户。如果停车标准按统一标准对待不同住房类型、忽视家庭收入，那么服务低收入家庭的住宅项目就会被强迫提供比实际需要更多的停车位，这会增加项目成本并损害成本敏感家庭的可支付能力。

影响的相互作用：协同效应和加强损害

很多停车标准的负面影响是无形的。它在非中心商务区太普遍了，看

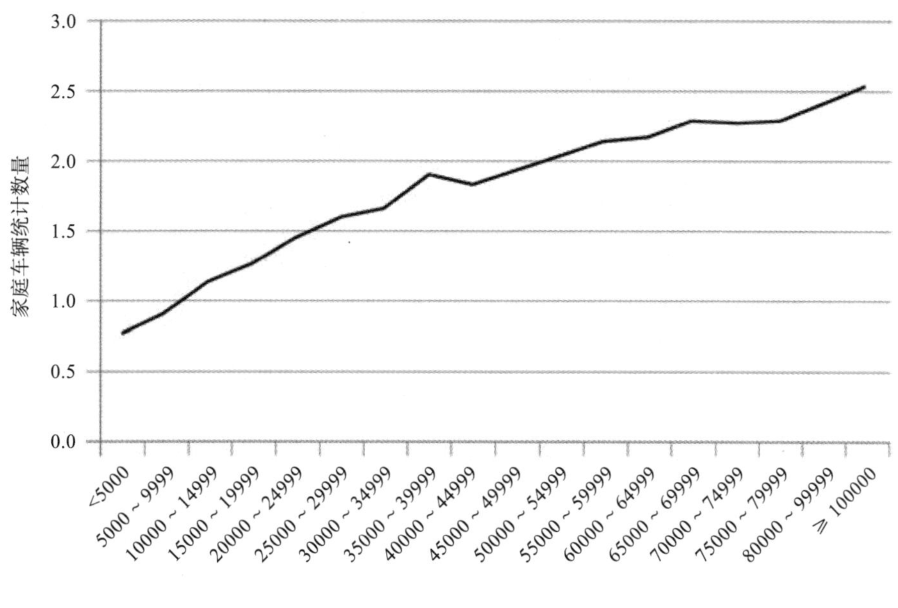

图 2.3　美国家庭车辆可用率与家庭收入对比
数据来源：2009 年全国个人交通调查。

起来没有明显的受害者，这种违反事实的现象不容易被发现。违反的事实是本来应该要求少量停车位或者根本不需要配建停车位。因此我们不能回答开发商在考虑市场经济和租户与顾客需求的条件下原本应该建设多少停车位。在中心商务区停车配建被取消后，我们才看到一丝曙光——开发商寻求共享和区域停车资源平衡，根据租户愿意支付的意愿，来决定提供或多或少的停车位。停车者面临诸多停车选择，项目本身或者附近的停车位、专用停车位或者“狩猎许可证”（寻找车位），按偏好支付费用。停车设施允许诸多使用者共享，车位占用率比单一用途的效率高很多。

很多规划都具备协同效应——它们不仅对自己有利而且有助于其他目标实现。例如非小汽车交通方式的增加有利于减少交通拥堵和环境污染、改善社区卫生、提高城市宜居性。就停车来说，如果一个社区的目标是限制开发密度，停车标准的协同效应效果就是限制原本可以用于建筑的那部分场地面积。停车标准的问题就是它们的负面影响某种程度上加强了小汽车出行的行为和期望，使低密度、分散式的土地利用模式更普遍。图 2.4 给出了这些效果的可视化概要内容，它们是传统停车标准的遗产。

图 2.4 表明当停车标准过大时导致场地倾向于小汽车出行，并妨碍替代

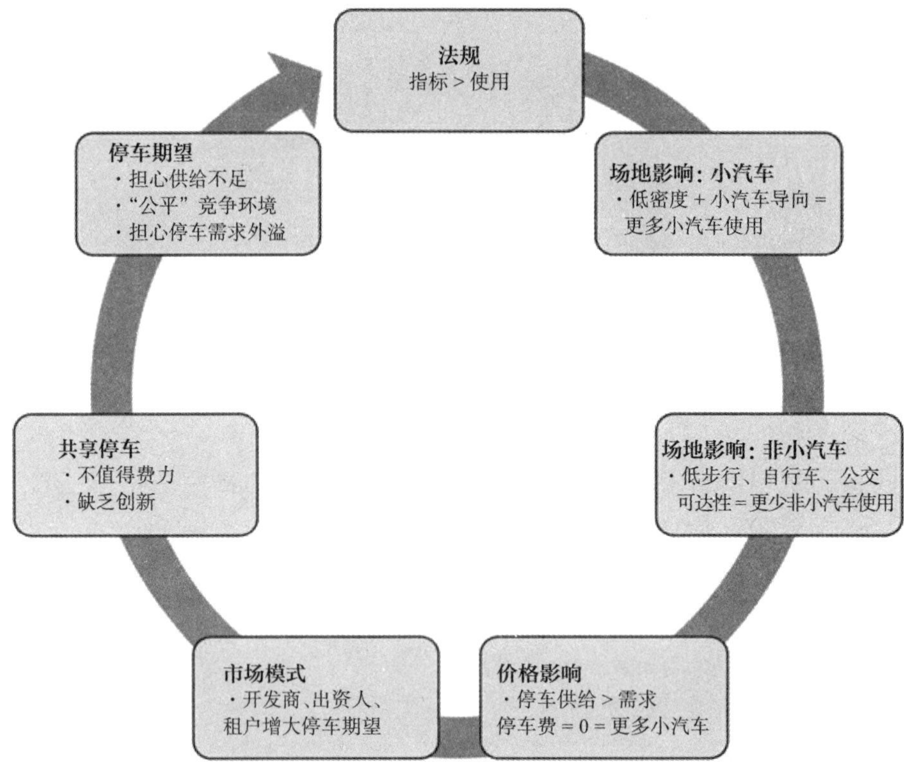

图 2.4　停车指标扩大的循环影响

式交通方式发展。过量供给导致停车市场价格为零、鼓励小汽车使用，这种情形在开发行业中已经很"正常"。过量供给还导致根本不需要共享停车，因为每个场地都是自给自足的孤立岛屿。所有这些因素增加了需要大量停车的期望，感觉供给少于"正常"要求会存在大量风险。

这些加剧损害的因素经常被忽略的一个原因是，负面影响没有被认为是停车标准带来的结果，例如较差的社区可步行性。举个例子，社区成员还没有见到过不用在停车方面过多浪费的宜居社区被建立出来，商会成员也不一定知道那些因为受停车标准限制而不能营业的企业会是什么样子。鉴于大多数社区居民开车和停车，他们体会到了大量停车供给带来的个人利益，但是他们不知道在替代交通方式和生活质量方面可能会怎样。总之，停车标准的好处已经广为人知，坏处在很大程度上是看不见的。

支持和反对停车配建上限的理由

通常停车标准制定下限指标，允许开发商只要符合其他规划、区划法、环境条件的要求，就可以建设尽可能多的停车位。现在，停车上限标准吸引了更多目光并被一些司法管辖区采用，它们限定了开发商建设停车位的数量，可能是一个定义的上限指标，或者是下限指标的超出比例。从过量的下限标准一下跳到上限或者禁止停车的严格管制，这也可能是一个错误。

一个开发商可能选择超过配建下限指标建设停车位，如果特定开发项目有较高的停车需求（例如，一个办公建筑如果用来做信用卡处理办公室，它会有很高的员工密度）。开发商也会反馈投资者、出资者或潜在租户的要求或偏好。最后，提供超过指标的停车位是土地储备的一种方式，因为土地一直以较少的资本投资方式在使用（地面停车形式），直到未来合适的时候再开发。

许多城市将停车上限标准限制于某些特定用途或特定区域。他们可能不担心过量建设停车位问题，而将过量部分视为项目收益。支持停车配建上限的理由如下：

- 保持总的交通出行生成量与区域内规划目标一致。例如，一个多模式可达性发展策略会受到大型停车位的损害，因其鼓励开车、增加车行道、产生大量车辆转向和行驶里程。简单地说，如果一个混合用地区域的开发项目采取了出行生成量限制，那么可以将停车上限与出行限制结合在一起。
- 限制地面停车面积达成城市设计目标。限制开发商将过量土地用于停车，能够减少建筑和街道之间的距离，避免形成行人无法使用的“死地”。当然，这可以通过设计控制实现而不采用停车上限。
- 支持还没有被开发商、潜在租户、项目设计师和出资人认可的多模式可达性规划。从本质上说，如果开发商低估了未来出行方式对改变停车位利用率影响的话，这一理由将从开发商错误的认知中“拯救”他们自己。
- 避免任何一个开发商比那些配合地方发展目标而减少停车供给的人更有竞争优势。例如，如果潜在的购房者实际上需要更多的停车位，那么高层住宅开发商可能用更高的停车供给作为市场优势，来超过其他少建停车位的项目。这经常被描述为“保持公平竞争”。

反对停车上限的理由围绕在过度管理和无法预测影响方面，包括以下内容：

- 交通规划的发展轨迹是从公共部门专门条款和公共交通基础设施的管理，转向包括基于市场定价方案的混合系统，例如道路收费或高承载率收费车道（High-occupancy Toll Lanes，HOT）。在这种观点中，停车供给应该基于停车者的支付意愿（包括分摊土地和建设成本、运营费用）。建立停车配建上限制度替代了开发商根据市场力量进行停车水平评估，反而由政府人员来决定。

- 设置低于市场需求的停车上限标准存在风险，可能会阻碍所需的投资和发展。开发商、投资者和贷款人可能考虑的停车上限如此之低，或许会引入市场风险，反映在他们吸引租户的能力（那些租户有自己的停车标准）、实现与竞争项目有比较优势的租金、维持物业的转售价值方面。
- 过高的停车建设成本自然而然地约束了停车过量供给，不需要引入公共管理。停车位的土地、建造、运营费用并没有通过停车收费来回收，因此导致项目投资回报较低。这通常阻碍开发商建造多余的停车位。郭（Guo）和任（Ren）研究了（2012）伦敦在取消停车配建下限指标、实施停车上限后的居住区停车供给变化，发现停车供给如期下降 40%，但是他们认为取消停车配建下限比设置上限的作用更重要。
- 区划法规应该注意停车过量供应和管理这种影响，例如，拓宽车道容量对行人和自行车的安全影响。更基于绩效的方法是允许开发商按意愿建设停车位，只要保证交通拥堵、人行环境和地区用地平衡的公共目标能够实现。

对停车上限的极大热情揭示了一些规划人员想要过度监管的热情，如果认为停车配建下限指标有缺陷，那么停车上限逻辑上同样如此。这是一种以规则开始和结束的思维方式。在怀特（T. H. White）的《曾经和未来的国王》（*The Once and Future King*）一书中写到，蚁群的标志是“任何未规定的事情都是被禁止的”。严格地将配建下限和配建上限一起实施是这个说法的变异，也就是说“几乎所有没被强制的事情都是被禁止的”。亚利桑那州的弗拉格斯塔夫（Flagstaff）就是一个实施如此严格监管制度的例子。它在新的区划法中对停车上限如此规定：“开发……不应超过停车配建下限指标的 5%”（City of Flagstaff 2011，Section 10–50.80.040）。5%？考虑到前面章节中描述的停车位利用率的变化，弗拉格斯塔夫的规划人员该怎么确定这么严格的区间范围？多少是必需的（下限值）？多少会造成过量损害（超过上限）？

总 结

支持停车配建下限指标和上限标准的理由已经解释了，现在我们将注意力转向现状实施情况。第 3 章将讨论停车标准的实施情况，评估现行停车标准在本章所提出的理由之下被公平评价的程度，识别值得考虑的改革措施。

第 3 章

精明与否：当前实践

一切都处于变化之中，包括现状。

——罗伯特·伯恩

自从停车标准纳入当地政府权限范围之后，现在美国有成千上万的停车标准，各不相同。本章研究当前实践，用北美和其他地区的案例作为考虑改革的基础和背景。我们从检查停车标准的政策措施范围开始，为评估条例做好准备。

这里有个“不太精明”的案例，在南加利福尼亚州当地司法管辖区的调查中，规划人员指出在制定停车标准时信息的主要来源是照抄相邻城市的指标（Willson,2000）。这种“复制你的邻居”的方法经常在技术分析（无论好坏）和借鉴其他城市的政策选择时使用。部分规划人员复制其他城市停车标准的动机是避免与这些城市相比显得“没有竞争力”，因为大量停车位是保障经济成功的一个因素。此外，先例比其他形式的管理规定更有说服力，如果相邻城市有确定的配建指标，那么本地城市采用类似配建指标看起来就很合理。当然，从相邻城市条例中找到配建指标要比通过实际调查和政策研究来制定适合本地的配建指标更容易。

复制配建指标的做法并不仅限于司法管辖区复制它们邻居的指标这一种形式；实际上，美国规划协会规划咨询服务部（American Planning Association’s Planning Advisory Service）出版了一本总结全国各地配建指标的纲要报告（Davidson and Dolnick，2002）。这个报告包括了 700 种以上用地类型的停车生成率，范围从宠物墓地到危机中心。对于每一个用地类型的条例标准都有多个样本，列出了所在的司法管辖区及其人口。以医疗办公用地类型为例，报告中的停车配建下限指标范围为 3.3 ~ 5.5 车位 /1000 平方英尺。有些指标单位用“医生数量”（5 ~ 6 车位 / 医生），还有一些采用“检查室”

数量（2.5～4车位/间）。每个指标都嵌入了可能适合或不适合特定社区的隐性或显性的政策选择，规划人员大概会从一个背景类似的城市中选择配建指标。在报告（2002：7）中戴维森和多尔尼克（Davidson and Dolnick）写道："如果认为从其他城市借用标准——至少对现行的一系列标准有一个认识——是一种不可接受的方法，那么美国规划协会将不会发布该报告"。认识不同城市的配建指标是好的，但在我看来，借用配建指标是错误的。

评估当前实践首先从考虑停车标准和规划的关系开始，从中可以看出政策性规划如何影响停车标准；接下来本章描述替代停车配建下限指标的措施，显示当地司法管辖区在强制实施停车规定时的不同政策立场；然后，评估5个司法管辖区的停车管理规定，其中大多都是精明的停车标准案例。鉴于之前的论述，这些评估不是鼓励复制配建指标或条文，而是展示能够促进停车标准改善的选项范围。第5章设计了一套程序用来开发符合当地特征、实际有效、响应政策的停车标准。总的来说，这些评估显示了停车标准改革的很多措施，但仍有许多工作要做。

与规划的关系

规划人员和决策者们经常没有认识到社区规划目标与停车标准之间的内在关系。换句话说，规划中确定了促进可持续发展和创建宜居社区的目标，但是区划法中坚持的停车标准却没有改变。我们需要考虑两个层面的政策一致性：横向和纵向。横向政策一致性是指停车标准与当地规划和倡议目标同步，例如当地土地利用规划或者公交发展方案；竖向一致性是指停车标准支持地区、州、联邦的规划目标和投资机制。

为阐释横向一致性问题，表3.1展示了一套"成功标准"，它是2011年俄勒冈州波特兰市在编制《波特兰规划》中定义的（City of Portland，2011a）。这张表阐述了每一条成功标准对停车标准的影响。鉴于本章后面会讲到波特兰停车标准的进步性，这个评估不是一个评论，而是显示规划意图如何与停车标准的选择相联系的例证。事实证明12条成功标准中有9条已经影响了停车标准。波特兰的停车标准最大限度地支持其城市规划，但是在其他城市，停车标准和规划目标是不同步的，落后于规划愿景。

竖向一致性关注更宏观的市县、地区或州级规划。最明显的高等级规划类型是交通规划，当然环境规划、可支付住宅规划和经济发展规划也与之相关。竖向一致性的案例是区域性规划要求投资公共交通，因此当地司法管

《波特兰规划》对停车标准的影响　　表 3.1

成功标准	对停车标准的影响
公平和包容	停车标准要求投资停车设施，却没有同样资金投资公交、摆渡车、出租车、行人和自行车设施。这对没有车和没法开车的人不利，较高的停车标准阻碍可支付住宅建设
居民满意度	不充足的停车标准往往被视为社区问题的根源，停车标准应与停车管理和替代可达性技术相结合
企业发展	停车标准可能是小型企业创业和 / 或扩张难以承受的负担，特别是那些只有少量停车资源的建成区
创造就业机会	停车标准超出停车位利用率，占用了原本可以用于扩大业务的用地，降低了企业密度，限制了单位用地面积的岗位数量
公交和主动交通	停车标准导致低密度和难以用公交与主动交通方式服务的场地设计
减少碳排放	停车标准支持温室气体排放能力比公交和主动交通方式更强的小汽车使用
完整的社区	停车标准占用本来可以用作多种用途形成完整社区的土地，例如公园和社区设施
健康人口	停车标准支持小汽车使用胜过主动交通方式。低密度、机动化水平高的地区其健康结果低于高密度混合用地地区
健康的雨水分区	停车标准大量采用地面停车，地面停车增加雨水径流，而且雨水径流被污染

辖区修改地方停车标准，以反映伴随公共交通的实施，停车位利用率的期望水平也会下降。在波特兰的案例中，停车标准确实在支持区域性规划——波特兰地铁的区域土地利用规划愿景和区域交通规划。竖向不一致的案例在其他地区很普遍，加利福尼亚州现在问题迫在眉睫，有议案提出推翻在特定公交服务区域降低停车配建下限指标这一规定（已修订的 AB 904 议案，Skinner. 地方政府：停车位：下限标准，2011）。这个提案没有成功，但它让人们认识到州级政策与地方停车标准的竖向不一致性。

不同的政策措施

正如第 1 章所讨论的，停车标准是更宏观的停车管理和可达性系统的一部分。例如，采取降低停车配建下限指标、共享停车或者取消路外停车标准等措施，需要积极的路内停车管理措施来管理停车外溢影响。联系不同措施的策略包可以在一个连续统一体中看到，该连续统一体协调停车标准、定价机制、管理方法、出行方式政策和方案等措施。表 3.2 显示了连续统一体的 3 个城市空间位置所包含的不同停车标准和其他相关停车政策及方案的政策包。例如，传统方法中“一劳永逸”式的停车标准不需要多少停车管理措施。在那种情况下，简单地加强路内停车管理就足够了。如果想要减少过量的停车供给，就需要更多的停车管理措施，并需要公共部门和私营部门在协调项目方面发挥积极作用，例如共享停车、停车收费等。

停车方法的连续统一体 **表 3.2**

停车事宜	郊区	过渡区	城市
配建指标	所有用途都超出高峰需求	配建指标根据每类用途的准确预测设置	没有下限指标，可能设置上限指标
停车收费	停车免费	适当的停车价格，随时间调整	市场价格，价格水平控制 85% 停车位占用率
可达性替代方式	没有强调；假设大多数人开车	可达性替代方式用于减少停车需求	步行、巴士、公共交通、摆渡车、自行车、出租车作为主要可达方式和优先投资方式
停车管理	强调基本规则；没有战略性管理	设立时间限制、收费、合作项目，积极的停车管理协议	广泛的多主体合作，使用联合管理机制
公共部门角色	路外停车设置下限标准，路内停车经常被禁止	在公共、私有和非营利性实体之间做中间人，可能将停车建设和管理私有化	管理路内停车并收费，路外停车由私人部门负责，除非需要土地整理
共享停车	不允许；每种用地提供自己车位	有选择地进行片区停车共享，与非居住型用地共享	路内路外整体停车普查形成共享停车资源池

如表 3.2 所示，城市过渡区为了提高开发强度、增加混合用地、设置更平衡的交通方式，需要采用合适的停车收费价格、确定共享停车安排并积极管理停车协议。这个中间地带需要更多的管理能力，包括地方司法管辖区以及商业和社区团体；经常需要公私合作。在整体城市环境中，大部分的停车供给都留给了私人市场，地方司法管辖区管理路内停车位及停车收费，私人开发商负责居民和租户的停车需求。在这个领域,共享停车是广泛与多方面的。这意味着司法管辖区不能只考虑区划条例改革，还应该更积极地进行停车管理。实践表明利益相关者的合作是至关重要的。其实，这三列不同的“意愿”条件能够让当地司法管辖区决定是取消停车标准还是改革它们。

为了说明与不同政策方法相关的实际停车配建下限指标的差异程度，下面以一个标准的办公楼来进行示意。图 3.1 采用了表 3.2 中所列的用于设置停车配建下限指标的各种政策方法，并进一步说明了不同政策制度下停车配建下限指标选项。这个示意图可以帮助解释后文所讨论的停车标准规定问题。

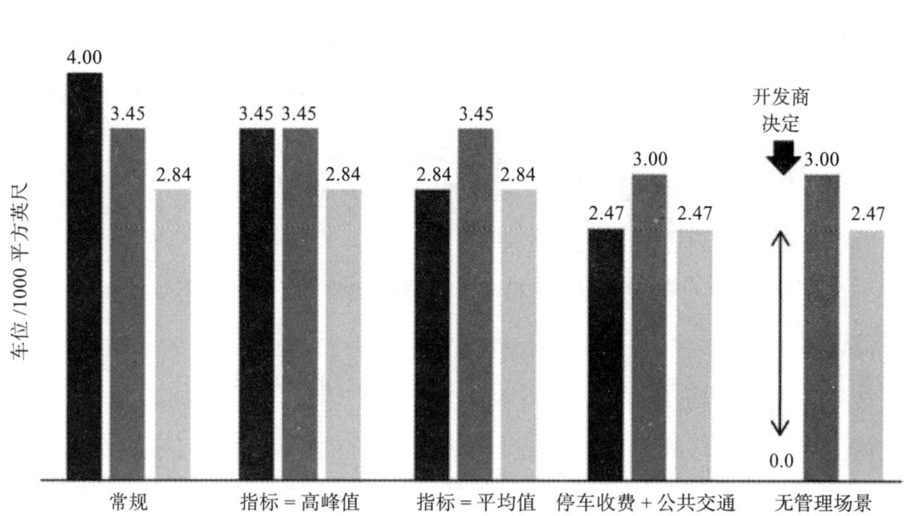

图 3.1　不同标准的数据示意

在图 3.1 最左侧，“常规”柱列图表示停车配建下限指标超过高峰需求的情况。在这个例子中，停车位利用率的数据来自于 ITE 的《停车生成率》手册（用地类型 701- 办公建筑）。这些指标不是鼓励用 ITE 数据替代当地数据，而是提供一种简单的方式来说明不同的指标设置方法。在常规方法中，办公类型的配建指标是 4 车位 /1000 平方英尺，比 ITE 中平均利用率 2.84 超出 41%，即 4 车位 /1000 平方英尺的配建指标过量供应 1.16 车位 /1000 平方英尺，在一个 10 万平方英尺的办公建筑中，将过量提供 116 个车位。按此指标建设的项目将会有很多用不上的车位。具备高停车位利用率的项目在停车方面完全自给自足（ITE 中记录的最高配建指标是 5.58 车位 /1000 平方英尺）。

在“常规”系列中位于中间的是期望值，采用 ITE 数据中的第 85 百分位数（这个数值处于调查数据排序的 85% 位置）。同样，4 车位 /1000 平方英尺的配建指标超出了这个数值的 16% 或者 55 个车位。这个对比显示出了 4 车位 /1000 平方英尺这个配建指标的浪费程度，它迫使开发商将土地浪费在不产生收益的地方，并阻碍实现更多宜居性目标。没有人要求通勤者从小汽车转移到其他方式，也没有人意识到 4 车位 /1000 平方英尺的停车标准需要改革，虽然这是一个很简单的浪费问题。

相邻的柱列图显示了对 4 车位 /1000 平方英尺配建指标的改进，但其社区背景环境仍将停车短缺视为较重的风险。“指标 = 高峰值”柱图显示，区划法中的配建指标采用的是 ITE 中的第 85 百分位值，即 3.45 车位 /1000 平方英尺。请记住，这对低于第 85 百分位值停车需求的项目来说是一种浪费，但它比 4 车位 /1000 平方英尺减少了用地浪费。

对于维持现状目标的城市来说，“指标 = 平均值”柱列显示了一种明智的做法。配建指标采用 ITE 中的平均值即 2.84 车位 /1000 平方英尺。那些停车位利用率超过平均值的项目可能因此导致车位不够使用。请注意，除非设置停车上限，否则开发商和居住者会决定建设超过条例标准的停车位。但是如果他们建多了，就会由开发商承担提供错误停车位数量的风险，因此他们会更加关注所期望的居住者特征。简单的停车管理工具如停车时长限制、价格机制，或居住区停车许可证等可以解决潜在的停车外溢问题，例如拥有密集员工的企业进驻一个实施 2.84 车位 /1000 平方英尺配建指标的地区，可能导致停车外溢。如果城市能够合理地管理路内停车位，将可能很好地回应高停车需求用户，让开发商和 / 或用户与邻近物业协商共享停车协议，并引入减少停车需求的交通需求管理措施。

“停车收费 + 公共交通”柱列图反映了未来实施公交规划和停车收费方案的情景。为了表示这个关系，采用 ITE 中“市区”位置用地类型的停车位利用率，即 2.47 车位 /1000 平方英尺。这个数据并不代表这些地区公共交通水平很高或存在停车收费，而是它们主要在市区范围出现。高质量的公交系统和收费机制其效果可能比图中显示的还要大。注意，市区范围的平均值和第 85 百分位数本身也较低。

最后，在图 3.1 最右边的柱列图显示了无管理情景，即停车位数量由开发商决定，在区划法里将不设停车配建下限指标。伴随着开发商期望的最有经济效率的场地可达性方法，一系列可能的场地停车供给数量可能在此情景下发生。未来的用户可能会决定供给量。如果未来用户不确定，就像投机性开发一样，开发商可以选择传统供应方式，以增大可能被吸引的潜在用户的范围。最可能的应对方法是开发商建设低于 4 车位 /1000 平方英尺标准的车位，并采取停车管理措施、支持其他可达方式、与周围开发项目停车共享等。在没有停车上限（开发商可以建设的最大停车数量）的情况下，一些开发商依据传统经验可能按 4 车位 /1000 平方英尺水平建设，但是随着时间推移，他们与采取停车和可达性创新方法的开发商相比，将缺乏竞争力。现状 4 车位 /1000 平方英尺配建指标最大的一个问题是，它让开发商失去创新的动力。如果条例迫使开发商提供超出需求的停车位，理性的回应就是建设尽可能多的停车位。在这种情形下，免费停车和充足停车是一个非常好的营销功能。这就无怪乎公交和共乘激励措施经常会失败。

这些情景显示了不同情况下的可能停车标准，它试图复制“标准惯例”，分别匹配高峰利用率、平均利用率、停车收费和公交发展政策下的需求，或者取消配建指标。设置停车标准还涉及许多其他因素，如考虑“流通”因素而提供额外的停车位，这些将在第 5 章中的停车标准工具包中详细论述。图 3.1 的目的是为了表明，不同的指标选择强烈影响了停车供给、土地消耗、开发强度以及替代出行方式的可行性。当然，问题的关键在于停车标准是一种政策选择，而不仅仅是技术上的考量。每一个选项都是一种政策选择，它可能支持综合规划的愿景和目标，或与之冲突。

停车标准对比

本节主要讨论三个北美司法管辖区的停车标准，它们是：宾夕法尼亚州的费城、俄勒冈州的波特兰和加拿大的温哥华。加拿大的停车标准体系与美国类似，一个小的区别是，它们被称为章程（bylaws），而不是条例（ordinances）。下面对这些城市在各方面进行比较，包括总体城市特征、停车配建下限指标、根据当地环境矫正标准的技术、减少每个停车位占用土地面积的措施，以及出行需求和城市设计特征等。

对这些条例细节的评价将会贯穿在本书中，然而本节的评估着眼于代表性指标、减少停车影响的方法 [称为“管控”（taming）停车] 和实现策略。同时为了将视野扩大到小型城市，本节对加利福尼亚州的中等城市安大略市（Ontario）和弗吉尼亚州的小城镇维也纳（Vienna）的配建下限指标也进行了总结。第二种评估方法综合叙述北美实践中的创新方法，突出强调前面案例中没有提到的技术。本章还进一步介绍了国际上其他城市的运用情况。

通过比较不同司法管辖区的停车标准能够揭示出基本相似的方法：几乎所有司法管辖区都至少为部分地区的广泛土地用途规定了配建下限指标。有一些配建下限指标很类似，例如，办公用途的停车配建指标集中在 3.3 ~ 5 车位 /1000 平方英尺范围内，主要区别在于指标的数值差异和执行的细节。配建指标的变化表明它们实际上与当地情况密切相关。然而，当地实际的停车位占用率数据的普遍缺乏表明这些差异虽然是基于实证经验的，但却是不同寻常的。停车标准的其他差异包括是否拥有让停车数量限制在一定比例之下的停车上限、特殊区域或特殊用途的例外情况，以及提供停车方式的细节要求等。许多独特的差异是因为当地为解决具体停车问题或冲突所导致的结果。

大多数停车标准的执行日期表明它们起草于几十年前，并且经常修改。这是一个普遍情况，一些司法管辖区在停车标准改革方面已经很积极，例如费城，它们可能采取逐渐变更、综合修订停车标准章节或者作为综合修订区划法的一个较大调整部分。

三个大城市

表3.3显示了代表新旧北美地理区域的3个大城市，人口在50万~150万之间。选择它们的原因是它们足够大，在城市边界内有广泛变化的建筑形式类型。此外，它们还有开发内部停车专业知识的规模经济效益。每个城市也都以规划方面的创新闻名。较小的城市可以检验停车标准的部分内容对社区土地利用和交通条件的适用情况。大城市通常根据不同片区变化停车标准，因此可以检验符合片区特征的特定社区案例。

城市特征如密度、年龄结构等指标影响城市形态和交通方式选择，因

城市特点比较（采用2010年数据，除非另有说明） **表3.3**

	费城	波特兰	温哥华
概述	新的停车标准是综合区划法的一部分； 2011年采用； 2007年投票中，80%的选民投票通过	以创新的土地利用和交通规划著称； 2011年最新修订； 响应区域目标，20年内将人均停车位减少10%	以土地利用/运输一体化著称； 2009年最新修订； 在城市交通规划中，私人车辆的优先级最低，在行人、自行车、公共交通和货物运输之后
城市人口（人）	1526006	583776	603502
密度（人/平方英里）	11380	4375	13598（2011）
多户住宅建筑比例	32.80%	37.30%	50.8%（2006）
建筑年代在1939年及以前	40.00% （94.9%早于1990年）	32.40% （81.9%早于1990年）	无 （65.6%早于1986年）
16岁以上单人驾车通勤比例	76.40%	60.40%	46.2%（2006，估值）

此与停车标准相关。表 3.3 显示了人口密度变化，从低于 5000 人 / 平方英里的波特兰到超过 13000 人 / 平方英里的温哥华。不同密度显示了城市形态和建设水平的集中程度，高密度地区一般有紧张的停车供求比例、更多的替代交通方式和更贵的停车费用。第二个城市形态指标是多户住宅建筑的比例，温哥华在这三个城市中拥有最多的多户住宅比例。

城市建筑形式的年代是一个相关的衡量指标，因为老城市有更多的建筑形式是在停车标准实施以前建成的，并保有大比例的方格网式路网。费城有最古老的建筑形式。老城主要的开发方式可能是填充式开发或再开发，这与待开发地区（greenfield）开发不同。最后，单人驾车的通勤比例能够表明工作场所可能的停车需求，从而显示出费城是最明显的以汽车为中心的城市；温哥华有最低的单人驾车通勤比例，这并不奇怪，因为它的开发密度更高并拥有更大比例的多户住宅。

- 条例采用的《波特兰停车和装卸规定》（Portland’s Parking and Loading Provisions，章节 33.266）于 1991 年采用并随后修改 30 次，最新修订于 2011 年。它代表了一种响应城市政令的渐进式停车标准改进方法，用来支持公共交通发展和混合使用开发。波特兰的区划条例规定停车配建下限指标的目的是“为场地内一系列开发用途随时间发展所产生的大量交通提供足够的场地内停车位”（City of Portland，2011b：266–2）。它在规定中规定拥有公共交通、良好街道连通性、良好行人设施的场地允许减少配建停车位或不用配建。

《费城停车和装卸规定》属于综合停车标准修订的一部分，与区划条例停车标准的整体修订结合在一起。它于 2011 年被采用。区划条例中的一个章节确定了停车标准的各种目的，包括在避免影响社区的情况下满足停车需求，提供停车场内车辆与行人组织，鼓励高效利用土地，改善走廊的外观视觉效果，提供替代交通方式与步行运动，支持均衡交通系统，并允许具有弹性（City of Philadelphia，2011：14–801，8–1）。人们可以看到在这些目的下更强调停车管控。

温哥华的《路外停车位规定》属于第 6059 号停车章程的部分内容。该停车章程于 1979 年被采用并多次修改。《路外停车位规定》部分内容的最近修改是在 2009 年（City of Vancouver，2009）。跟波特兰一样，它表明了一个渐进式改进过程。章程中没有直接规定目标，但是在《温哥华交通规划》中设定了交通方式的优先级别依次为：（1）行人；（2）自行车；（3）公共交通；（4）货物运输；（5）小汽车（City of Vancouver，1997a）。为此目标温哥华最近 20 年来一直不断更新停车章程，包括限制小汽车出行和建立片区停车上限值。

- 停车配建下限指标。对每个城市区划法规中的停车配建下限指标的综述显示了设定停车配建指标方法的多样性和指标本身的差异。表 3.4 总结了居住、办公和商业零售类型的配建下限指标。这些城市设定了非常多的土地利用分类以及特定地区或重叠地区的特殊要求，因此配建指标需要根据土地利用和交通背景变化。为了体现差异性，表中包含了高密度（一般是中心商务区）、中等密度和低密度地区的配建指标。但是这里只展示了一般地区的配建指标，任何特定项目的停车标准都会根据区划用地分类和例外情况的详细条件而产生差异。

停车配建下限指标 **表 3.4**

	费城	波特兰	温哥华
居住（车位 / 户）			
高密度地区（多户）	0 ~ 0.3	无下限	0.5 ~ 1.0；有例外
中密度地区（多户）	0 ~ 0.3	无下限至 1.0	0.5 ~ 1.5
低密度地区（单户）	1.0	1.0	1.0（后侧用地退线大于 47.6 英尺时 2.0）
办公（车位 /1000 平方英尺建筑面积）			
高密度地区	无	无下限	0.64
中密度地区	无	无下限至 2.0	低于 3229 建筑面积用 0.93；高出用 1.86
低密度地区	前 10 万净租售面积 4.0，之后每 10 万 3.5，20 万以上 3.0（CA-1，CA-2）	2.0	与中密度地区一致
商业零售（车位 /1000 平方建筑面积）			
高密度地区	无	无下限	0.64
中密度地区	无	无下限至 2.0	1.3
低密度地区	前 10 万净租售面积 4.0，之后每 10 万 3.5，20 万以上 3.0（CA-1，CA-2）	2.75	低于 3229 建筑面积用 0.93；高出用 1.86

资料来源：City of Portland 2011b，City of Vancouver 2009，City of Philadelphia 2011。

表 3.4 中的停车配建下限指标不再是支持法规要求建设远超可能利用率停车位的刻板印象。在高密度地区，这些城市通常不设下限指标，反映了更好的交通可替代性以及可用土地的缺乏。这些指标意识到了停车楼或地下停车库的高昂成本压力。在低密度地区，独户住宅 1 车位 / 户的指标也低于常规配建指标。只有费城在低密度地区将办公和商业的配建指标按市场方式定为 4 车位 /1000 平方英尺，即使采用这个指标，它也会随着项目规模的增加而下降。

停车标准的降低同时反映了背景环境和发展目标的差异。这三个城市都有高于其他美国城市平均水平的公交使用率，这意味着停车需求相对较少。它们都支持了精明增长（Smart Growth）的地方发展愿景。在核心区降低停车标准意味着这些城市通过制定比大量免费停车情况下的可能利用率更低的指标，向取消停车指标管理已经迈出了一步。这些城市虽然还在坚持让开发商为很多开发类型提供停车位，但是它们开始让开发商自己决定是否因市场因素建设超过下限指标的停车位。当然，例外情况是在哪里需要实施停车上限，下面进行讨论。

- 停车标准根据利用率水平校正。停车标准需要考虑大范围用地类型，并对多种社区和地区的建设形态和交通条件进行反馈。一方面，需要一套用地细分表以方便理解；另一方面，需要将配建下限指标与期望的使用模式协调一致（如果实际上政策需要配建下限指标）。表 3.5 显示了三个城市的停车标准如何寻求一致性。它展示了配建标准的结构以及如何根据地区特征进行调整。它还记录了共享停车使用条件、特殊群体折减因素、特定指标自由裁量条件以及停车配建下限指标正当减少相关规定等内容。

城市采用多种措施来校正不同用途与位置条件下的停车标准。三个城市都有市域范围的停车配建下限指标，费城和波特兰有正当因素支持自行车停车或靠近公共交通片区降低配建指标。正当折减因素使开发商和房地产投资商很容易地理解停车标准，不需要专业的解释或自由裁量决定。所有法规都根据不同分区来调整配建指标或覆盖区域，以适应城市不同片区特征。配建指标还区分用地内的不同用户群体，例如为低收入家庭设置低指标。最后，一些停车标准通过专项研究进行确定，例如《温哥华章程》里的大学或学校配建指标，从而确保停车标准适应用途的特点及其环境。这样的方法被用于校园这样的大型用途，对其开展个例研究是合理的。

不同城市标准之间的明显区别是它们如何对待共享停车。费城有正当调整因素，其他城市则要求研究共享停车。费城的方法具备透明性和可预

根据环境背景校正停车标准的技术　　表 3.5

	费城	波特兰	温哥华
指标主要单位	户、建筑面积、其他	户、建筑面积、其他	户、场地宽度（房屋）、建筑面积、其他
标准是否全市通用?	是	是	是
正当折减因素?	有，公交和自行车停车	有，例如公交服务区域、树木保护、提供自行车停车、公交枢纽、摩托车停车	
某些用途专项研究?		有，例如荒地，许多机构共用	有，例如农贸市场、运输和仓储，大学和学院（由规划主管决定）
适合地区特征的标准?	有，根据三个不同地区分别设置指标，特定分区和用途的远期变化	有，覆盖分区和地区的不同指标	有，市区、遗产区和地区发展规划的指标各不相同
特定人群折减因素?	有，例如集体生活；靠近公共交通	有，例如集体生活，单个房间占用率	有，例如合租，低收入家庭，高级家庭
允许共享停车?	可以，通过正当形式；法规中特殊折减因素	可以，根据研究自由裁量	没有特殊规定

数据来源：City of Portland 2011b，City of Vancouver 2009，City of Philadelphia 2011。

测性的优点，但是需要通过一个一个案例的研究，来费力地检查用地特征，波特兰同样如此。基于研究的共享停车调整能提供更高的精度，但是需要花费时间和费用，而且在完成这些研究之前场地的扩建潜力无法得知。

虽然这些条例的调整程序反映了合乎逻辑的期望，例如人们意识到公交站附近区域的停车需求会降低，但是这些条例无法获得支持调整的任何经验数据。研究每个调整因素背后的确切原因超出了工作范围，但我的经验是这些因素混合了数据、常识、理论与本地实践结合、试验和容错，政治接受度等内容。总之，让停车标准更加适应当地环境需要权衡两个方面，是使用额外的规范从而导致增加复杂性，还是通过特例研究或共享停车模型来获得更多自由裁量权，这样又减少了可预测性。

- 通过减少每个车位的用地面积来管控停车。如第 2 章讨论的那样，停车规定会有负面影响，例如降低街道景观品质和行人环境。因此，大多数停车标准都有限制这些负面影响的措施——其实就是要管控它们需要的停车位。表 3.6 总结概述了三个的城市管控措施，解决问题的方法包括停车上限、替代费用选项、设计标准、内部车道影响、车道缩窄、压缩车位、子母车位、停车楼或地下车库标准和机械停车等措施。

减少单位停车位面积的措施 **表 3.6**

	宾夕法尼亚州 费城	俄勒冈州 波特兰	不列颠哥伦比亚省温哥华
停车上限?	有，大多数但不是全部	有，大多数有详细规定，商业和部分居住使用	有，特别是在市中心和特殊片区
	有时采用下限指标的比例（例如 125%）	存在特定例外，例如要求 75% 停车位建设在同一设施内	市中心停车总量控制
	有时是确定数量（例如零售 5 车位 /1000 平方英尺）	在停车上限内可以转让停车资格	
	居住不设置		
替代费选项?	没有	没有	有，特定区域（20200 美元 / 车位）
特殊尺寸，90° 停车	正规：8.5 英尺 x18 英尺	正规：8.6 英尺 x16 英尺	正规：8.2 英尺 x18 英尺
	压缩：8 英尺 x16 英尺	不允许压缩，但车位尺寸小于平均值	压缩：7.5 英尺 x15 英尺
	25 个车位以上允许压缩车位占 25%		根据用地类型压缩 25% ~ 40%
堆叠或子母车位数量要求	未指定	不计入配建指标，除非配备永久停车服务人员	没有明确
允许异地、路外建设?	不可以，除非指定	可以，非居住项目 300 英尺内	可以，非居住项目 150 英尺内
要求停车楼或地下车库?	在某些区域的表面或车库有例外要求	不直接，但必须遵守临街面限制，具有同样效果	特定分区需要地下停车位
允许机械停车?	地面不允许；允许空间足够的车库	未提及	必须得到城市工程师的批准
其他注意的特性	居住用地共享汽车车位	自行车停放、公交支持型广场和摩托车停放等替代因素	
	1 个共享汽车车位减少 4 个停车位	保护树木的例外规定：每保存一棵 12 英寸以上树木可以减少 1 个车位	
	最多减少 40%		

数据来源：City of Portland 2011b，City of Vancouver 2009，City of Philadelphia 2011。

城市采用包括停车上限在内等多种工具避免将过多的土地用于建设停车位。停车上限禁止开发商超过规定限定的停车位。在费城的例子中，上限指标经常根据下限指标一定比例来确定；而在其他案例中它是一个定义的指标值。在波特兰和温哥华的例子中，停车上限是确定的指标。此外，温哥华在市中心设定停车位总量上限。

配建停车位的替代费规定给开发商提供了一种选择，通过一次性或者逐年付费来替代条例要求的场地停车位。城市反过来用这笔资金建设将来需要的停车位，通常与其他用途的停车位进行共享，除非条例中明确了其他用途。在拥有共享停车潜力的混合使用地区，以及场地大小或条件限制场地提供良好停车供给的地方，采用替代费这种方式可能会特别有效。虽然替代费提供了显著的效率收益，但它们并不总是受到开发商的欢迎，开发商认为城市应该具备及时提供停车位的能力并有效地管理它们。温哥华在特定区域提供 20200 美元 / 车位的替代费选项。当然，如果没有停车配建下限指标，替代费就没有实际意义，就像很多大城市的中心商务区那样。

费城和温哥华允许将一定比例的停车位设计为压缩车位，采用更小标准的车位尺寸和通道宽度。压缩车位规定很有吸引力，因为可以在每平方英尺的停车面积上设计更多的停车位。压缩车位的缺点是大型车辆停放时会出现问题，例如车门剐蹭、进出车位操作困难、占用两个车位等。这些问题导致一些城市已经不再允许设置压缩车位。尽管如此，可以通过停车标志和执法管理来促进人们遵守压缩车位停车政策，这些措施包括礼貌告知、罚款或拖走停在压缩车位的违章车辆；除此以外，小型车辆在汽车市场上越来越有优势，这预示着压缩车位在未来很有潜力。

堆叠车位或者子母车位是允许在车位后面直接停放另一辆车的停放形式。它在商业环境中应用时，一般将外面车辆的钥匙留给停车服务人员；在多户住宅居住区应用时，子母车位应该分配给同一户家庭，由家庭内部来协调车辆出入。堆叠或子母车位的效率来自于它减少了每个车位的通道面积。波特兰允许这种停车位类型，但是不允许将其计入配建指标，这可能是因为它不像传统停车位那样好用，里面的停车位进出会受到影响，如果将它算作配建车位可能导致配建数量不足。

最后，某些特定停车位的类型可能与土地利用和城市设计策略不协调。如果城市发展目标是采用高密度土地利用来支持公共交通系统发展，那么建设一系列的地面停车位将会降低密度，并破坏公共交通系统的可行性。通常情况下发展经济学将否定这种做法，因为在密集地区提供地面停车位的成本很高，一些城市通过要求提供某种形式的停车位来确保所需的土地利用结果。在这三个被研究的城市中，只有温哥华有这样的要求，要求在特定地区提供地下停车设施。

- 停车管理。停车标准还包括与停车管理相关的措施，例如寻求交通系统模式平衡的措施。表 3.7 列出了三个城市的停车标准中关于出行需求管理和城市设计要求的措施。

交通需求管理与城市设计　　表 3.7

	费城	波特兰	温哥华
优先停车要求?	对于特定用途；超过 30 个车位的停车位需要 5% 以上用于拼车、班车、混合动力 / 替代燃料汽车；位置优先	对于特定用途，5 个或 5% 的车位用于拼车；位置优先；具有长时、短时标准	没有要求
自行车停车	有，除了小型居住都设置指标	有，大多数用地类型有指标，或者缴纳自行车停车基金	有，用地类型有指标，一些需要电源，20% 必须采用柜式；具有长时、短时标准
路缘坡限制	有	有	未定义
地面层用途、外立面、临街面限制	在一些分区，顶棚的高度满足地面层使用	公交通道两侧的临街面用于停放车辆的面积小于 50%	未定义

表 3.7 列举了用于鼓励替代方式的多种方法。当然，一种鼓励替代出行方式的方法就是取消停车标准规定，通过市场停车价格机制来鼓励人们采用替代方式；而在其他出行方式中，自费成本、时间与便利性之间的平衡也会发生改变。这三个城市的一些地区就是这样。当项目被强制要求提供车位时，经常会采用这些额外的条件，例如在费城和波特兰的标准中为拼车、班车和 / 或替代燃料车辆等优先设置停车位。这些车位必须从一般车位中分离出来，放在有利位置，靠近建筑出入口。这些要求鼓励更有效率和 / 或减少污染的交通方式。这种做法的缺点是很难达到精确匹配每个专用车位的程度，这可能导致可用车位的使用效率降低，例如，替代燃料汽车车位大部分时间都是空置的。对于那些在几乎停满的停车设施中寻找车位的司机来说最懊恼的是，明明有空置的车位却不能使用，因为那是专用用户的车位。

三个城市都要求配建自行车停车位。自行车停车比小汽车停车的土地利用效率更高。对于自行车出行比例大的项目，自行车停车是场地规划的重要因素。一些自行车停车标准分为居民和雇员的长时停车位、顾客或访客的短时停车位；其他事项包括停车类型，例如停车架与停车柜、电动自行车的充电桩，还有一些辅助设施如淋浴等（City of Vancouver，1997b）。

区划条例中对路缘坡（Curb Cuts）有限制，例如费城的法规，如限制内部路穿越人行道的数量，这些设计规范避免过多的内部路出入口，它们会产生频繁的车辆与非机动交通的冲突点，从而影响行人和自行车安全，并降低了沿街每英尺停车位生成量。至于停车楼对视觉和活力的不利影响，可以采用积极的地面层包装设计方法，例如作为商店或其他创新型设计，来减少停车楼不良的城市设计品质影响。没有区划法规对停车场包装方面提出要求,但是费城条例规定停车楼一层顶棚的高度需要满足使用要求。最后，对建筑前区停车比例的限制能够避免停车对原本理想的人行连续空间的拆分，即避免街道“豁牙漏齿”（Missing Tooth）。在这方面，波特兰规定公交通道两侧的建筑前区停车比例要低于 50%。

这些停车管控方法促进了替代交通方式使用前景的发展，更重要的是它们让人认识到，停车配建下限指标之所以能让小汽车出行方式成为更有吸引力的交通方式——是因为这些管控规定的不协调。抛开这些不谈，这些条例提供了许多可能有用的措施来影响停车管控，例如在公共交通导向地区防止停车位占用太多建筑前区、鼓励停车楼地面层进行开发利用。除了表中提到的规定，停车标准同时强调诸如装卸区域、免下车服务和车辆存储、停车位景观设计、停车检查、停车库的安全标准、车库的室内外设计、照明、排水等内容。

美国的停车标准同时写着要遵守《美国残疾人法和建筑障碍法无障碍设计指南》（*Americans with Disabilities Act and Architectural Barriers Act Accessibility Guidelines*，2004），并据此来设定停车配建下限指标总量中的无障碍停车位比例：每 25 个车位至少提供 1 个无障碍停车位，76 ~ 100 个车位提高到 4 个无障碍停车位，超出部分按总量的 2% 配置。在加拿大的温哥华，大部分地区的无障碍停车位配建指标采用每 10763 平方英尺建筑面积配建 0.4 个残疾人停车位。

中等城镇

费城、波特兰和温哥华因为足够大，从而能制定多种背景环境下的停车标准，例如考虑不同密度、交通方式和城市结构特征条件。小一点的社区在建筑形式和年代方面可能更单一，它们通常也没有多少资源可以用来开发停车标准。为了让研究更完整，本节讨论了一个中型城市和一个城镇的停车标准，重点研究它们的停车配建下限指标。中等城市以加利福尼亚州的安大略市（Ontario）为样本进行仔细研究，该市人口163924人、收入中位数为57771美元，50%的住宅单元建于1970—1989年之间，反映了其郊区化特征，它位于南加利福尼亚州圣贝纳迪诺县（San Bernardino County）的快速发展地区。城镇案例采用弗吉尼亚州的维也纳（Vienna），它位于华盛顿特区地铁的边缘地区，是华盛顿地铁橙色线的终点站；它有15687人、收入中位数为116470美元。维也纳的增长高峰时期是1960—1979年，61%的房屋建于那个时代。

这两个社区都处于它们各自大城市的郊区，表3.8总结了它们的停车配建下限指标，并将其与ITE的《停车生成率手册》（2010）的平均值进行比较。配建指标与停车位利用率不是一回事，因为城市经常增加空置率和额外要求来满足非常高的停车需求，但它确实提供了一个角度来观察停车标准是否与全国范围内测量的停车位利用率存在逻辑关系。像前面提过的一样，ITE的指标存在限制，因为它们是通过几十年时间和不同地理区域观测的平均值。本地数据更适合设定配建指标,因为ITE指标是建立在免费停车、缺乏公共交通和充足停车供给的假设条件下的。然而在本例中，这些条件在安大略和维也纳都大量存在，因此可以进行比较，以评估配建指标和平均利用率之间的差异。

表3.8显示两个社区的多户住宅停车配建指标都高于ITE测量的停车位利用率。如果这些社区的利用率水平与全国郊区停车位利用率的平均值相似，那这些条例标准将迫使房屋成本上升。至于独户住宅，安大略的配建指标有些高于ITE平均值（City of Ontario,2003）,但是维也纳以卧室为单位，所以抬高了配建指标，其明显高于全国平均值（Town of Vienna，2012）。请记住内部车道面积和路内停车位是由最小街道宽度产生的，这意味着平均每个独户住宅的停车总供给非常大。

至于办公用地停车配建指标，安大略的4车位/1000平方英尺总建筑面积（Gross Floor Area，GFA）和维也纳的5车位/1000平方英尺GFA都明显超过ITE平均高峰利用率2.8车位/1000平方英尺GFA。如此高的配建指标降低了此类项目的可开发密度，浪费了土地和/或资本。考虑到这些指标已经存在了一段时间，很可能现有办公大楼会有大量未使用的停车位，这倒是一个与其他用地开展共享停车的机会。

这两个城市的零售类配建指标都与办公类相同。零售停车位利用率与其他用地性质相比存在更多变化性。一周中每天都不同（周五和周六开始

中等城市和城镇停车标准与 ITE[a] 手册停车率对比 **表 3.8**

	南加利福尼亚州，安大略	弗吉尼亚州，维也纳	ITE 平均高峰停车生成率
多户住宅居住用地（每单元）	根据单元数量 1.5 ~ 2.5 车位（单间 -3+ 卧室）	2 车位 +1 附加车位 / 卧室（每户 3 个卧室以上部分）	1.23 占用车位 / 户（用地类型 221：郊区）
	访客车辆 = 每 4 个单元 1 个（3 ~ 50 单元），大型居住区减少数量	最大 4 车位	
独户住宅居住用地（每户）	2 车位	2+1 附加车位 / 卧室（每户 3 个卧室以上部分）	1.83 占用车位 / 户（用地类型 210）
		最大 4 车位	
办公	4 车位 /1000 平方英尺 GFA[b]，至少 6 个车位	5 车位 /1000 平方英尺 GFA	2.84 车位 /1000 平方英尺 GFA（用地类型 701：郊区办公建筑）
普通零售	4 车位 /1000 平方英尺 GFA，至少 6 个车位	5 车位 /1000 平方英尺 GFA	每 1000 平方英尺 GLA[c]
			3.76（12 月非周五工作日）
			4.67（12 月周六）
			2.55（非 12 月非周五工作日）（用地类型 820：商业中心）

数据来源：City of Ontario 2003，Town of Vienna 2012，Institute of Transportation Engineers（ITE）2010。
a：ITE（Institute of Transportation Engineers），美国交通工程师协会。
b：GFA（Gross Floor Area），总建筑面积。
c：GLA（Gross Leasable Area），总出租面积。

升高）、一年中每个月都不同（12 月是高峰月）。传统的停车标准是满足 11 月和 12 月中的高峰购物日，同时意味着全年其他时间内停车位是过度供给的。安大略市的配建指标超过了 12 月购物高峰非周五工作日的平均停车生成率，而威尼斯的配建指标也超出了 12 月购物高峰周六的平均水平。威尼斯采用的 5 车位 /1000 平方英尺可出售面积的指标，几乎是 ITE 的非 12 月非周五工作日停车生成率的 2 倍。这意味着按此指标建设的购物中心，在大多数工作日提供差不多是全天高峰停车需求 2 倍的停车位。这再次表明停车共享可以解决全天高峰停车需求。

不像费城、波特兰和温哥华等大城市，这两个社区的停车标准超出了国内平均利用率。正如前文所讨论的，这种做法形成了以私人小汽车为基础的交通系统和第 2 章所描述的那些影响。这些社区的多数居民可能不认同这种批评，因为他们选择了郊区生活，认为这种交通方式和城市形态适合他们。对他们来说，更高的停车标准有助于保持低密度，并确保免费停车和便利性。问题是在更大的区域背景下，这些社区是不可持续的。在安大略的案例中，新的综合规划寻求向更可持续规划方向转变。

其他北美城市实践

前面对不同司法管辖区的评估让我们对全国停车标准实践情况有了深刻了解，三个大城市的评估中展示了相当多的创新性，但是很明显不是所有城市都这样。本节通过仔细查阅文献和各种最佳实践报告，增加对停车管理方法的评估。表 3.9 列出了超出前文所述内容的、非常值得注意的一系列措施，以及一个应用实例。停车创新包括将路内停车位计入配建数量、使用共享停车模式、混合停车生成率、提供工作人员自由裁量权、忽略停车标准、异地建设配建车位、停车建筑面积控制、停车套现、停车预留等措施。

管理实践讨论 **表 3.9**

策略	应用案例	具体实施方法
路内停车或其他公共停车位满足法规标准	加利福尼亚州，洛杉矶，伊格尔罗克	路内停车位计入配建停车数量，有助于在建设地区开发餐饮并鼓励其他想要的用地类型。通常以车位占用率为基础进行预测
用 ULI《共享停车》模型代替固定配建指标	加利福尼亚州，埃尔蒙特，《公交社区详细规划》	用指定的美国城市土地协会（Urban Land Institute，ULI）出版的《共享停车》模型代替固定指标和共享比例，项目申请者使用模型来确定他们的标准
混合停车标准	加利福尼亚州，圣克鲁斯	用一个混合指标代表所有用地类型的平均停车位利用率。鼓励高停车需求用地类型，例如餐厅
工作人员调整标准的自由裁量权	加利福尼亚州，惠蒂尔上城	为支持区域振兴放弃场地停车配建要求，需要明确的指导方针和透明度
忽略停车标准	匿名，保护提供消息者	规划人员非正式地建议申请人忽略停车标准，直到社区投诉出现时再考虑，例如，启动一个 30 座位的非营利剧院
异地建设配建停车	加利福尼亚州，洛杉矶市中心	允许距离场地在一定范围内，与附近相邻项目签订停车契约以满足配建停车位
限制用于停车的建筑面积比例	加利福尼亚州，旧金山	在特定区域不能超过总建筑面积的 7%。另一个例子通过计算项目允许的停车面积来限制停车
停车标准变现	加利福尼亚州，旧金山	要求开发商用现金替代停车配建指标，向建筑内的车位分别收费
停车位预留	马林县	开发商可预留部分停车位用地，临时它用，直至规划委员会确定需要时再保证提供

这些措施多数用来应对特殊问题和挑战。例如把路内停车位计入路外停车配建下限指标，该措施的出现是为了支持核心区的餐饮业开发。在核心区，很多历史街区的建筑都没有停车位，由于餐馆的配建指标经常高达 10 车位 /1000 平方英尺或更多，这些规定会使得新的餐饮业务不具备可行性，因此这是经济发展促进停车标准改革的典型案例。然而，为此问题调整管理程序可能造成公平问题，因为第一家餐馆可能被允许在没有提供路外停车的情况下营业，但是一旦这个地区流行这种做法，道路可能就没有太多的通行能力。后来营业的商家可能会声称他们受到不公平对待，因为他们需要提供停车位而之前的商家没有提供。换句话说，这种做法只会吸引早期投资者，路内停车收费能够作为开发开始时的停车需求管理工具。

像前面阐述的那样，条例编制者面临平衡标准的挑战，既要让标准适合项目情况，又要让标准易懂和透明。在管理文件中使用共享停车模型，例如美国城市土地协会（Urban Land Institute，ULI）《共享停车》里的模型（Smith，2005），就要求前者为后者做出一些牺牲。与费城那样生成一个共享停车调整指标不同，一个共享模型用来分析各种实施阶段和替代方式。在提供的案例中，一份特定规划（Specific Plan）（符合加利福尼亚州法律的一份影响区划法的管理文件）授权使用该模型。该特定规划介绍如何应用模型，并提供详细的选择方式和调整因素，以适应在该特定规划区域实施。这种免费分析工具是加利福尼亚州都市区交通委员会（Metropolitan Transportation Commission in California）智慧停车行动提供的，可以在以下网址链接中获取 http：//www.mtc.ca.gov/planning/smart_growth/parking/parking_seminar.htm。它是一个模型，分析者输入土地利用、停车标准、调整因素等情况，获得共享停车计算结果（见第 8 章）。

混合配建指标是在混合用地类型的项目中为所有类型设定一个简单的指标。它与形态区划思想产生共鸣，关注不同分区的停车需求总量，假设通过共享停车可以平衡不同个体用地停车利用模式的差异。例如，如果一个商业区零售业态的整体停车位利用率采用 2 车位 /1000 平方英尺，那么将采用混合指标 2 车位 /1000 平方英尺来适用于所有非居住类型。这种策略对通常停车标准非常高的用地十分有利，例如餐饮业态。

有时候工作人员通过自由裁量权对条例标准做一些小的调整，同时他们在没人投诉的情况下也会私下建议忽略停车标准。关于前者的一个案例是将共享停车安排的批准权委托给规划人员，而不需要规划委员会来批准；

后者的案例是允许一栋30座的社区剧院在没有配建停车位的情况下投入运营。与以前一样，调整和“寻找另一种方式”有可能使停车标准与现场环境一致，但这种做法的缺点是不透明，不适用于所有申请者。另一种自由裁量策略是允许在其他场外停车设施中提供一部分停车位，以满足条例标准，这可以帮助建设停车位困难的场地在附近可步行范围内找到停车位。例如，洛杉矶市允许开发商从附近750英尺内的业主那里购买多余的停车位。另一项防止停车供给超出道路通行能力的策略是旧金山限制可用于建设停车位的建筑面积比例。

配建拆分是将配建停车位从主要用途的租赁或购买交易中拆分出来。例如，多户住宅的居民不再按一个单元整体出租或购买停车位，相反居民们可以单独租用或购买所想要数量的停车位。这样就减少了传统的配建停车位捆绑安排形式所代表的停车补贴，车辆少的家庭少花钱，车辆多的家庭多花钱。高层住宅实施配建拆分，允许在房屋单元出售时通过单独交易来租用或购买停车位；办公车位的配建拆分是指租户租用办公配建车位，工作人员获得等价于停车费的通勤补贴，可以用来停车或选择其他交通方式。想开车的员工不会变得更糟，同时这种方法会诱发不开车的动机，因为停车费让通勤者发现机会成本。

相比研究停车位数量，停车配建拆分更注重研究停车费该如何支付，这与停车位利用率相关，因为它减少了非小汽车出行对小汽车出行的交叉补贴，并影响停车位利用水平和可能的供应量。一些城市开始实施这种做法，例如，旧金山最开始要求在一些社区以多户住宅为试点实施配建拆分政策，现在已经扩大到全市范围。

一些条例允许开发商在一些停车区域延迟建设停车标准中要求的停车位,它们被允许建设为一个景观区。例如,加利福尼亚州的科提马德拉（Corte Madera）允许将原本用作停车位的部分用地作为其他临时用途，例如开放空间。如果未来的停车位利用率要求增加停车位，开发商有义务将用地铺装好，改建回停车位（Transportation Authority of Marin，2012）。这条规定不能减少停车配建下限指标过大所带来的蔓延诱导影响，但是它确实引入了一个基于绩效的停车概念。场地设计因此能够得到很大改善。如果监测结果表明，随着时间发展这些停车用地不需要全部建成停车位，那它可能会导致司法管辖区降低停车配建下限指标。

最后一点是,区划条例并不是唯一可以看到创新停车理念的地方。企业、零售商、综合住宅管理人员和大学正在开发新的停车方式，为土地利用提供更高的效率。应观察这些策略，并评估其是否纳入停车标准条例。例如购物中心最早使用了实时停车信息系统。图 3.2 显示了另一个例子，展示了南加利福尼亚州波莫纳大学的露天停车位施工中的太阳能板。这个行动是为了实现无停车的目标，一个气候行动计划（Climate Action Plan）和一个州立项目来帮助大学建设这些太阳能板，它让一个现状停车位产生更多价值。停车设施双重用途应该在停车标准中考虑，无论是减少对双重用途的管理障碍，还是要求在地面停车位使用太阳能板之类功能的要求。

图 3.2　停车位双重使用——修建中的太阳能板

全球背景

停车标准是全球性做法。如在第 1 章提到的，一份关于亚洲 14 个城市停车标准的研究显示了一系列实践应用；所有的城市都强制配建下限要求（Barter，2011），包括办公、零售和居住用地类型。研究表明富裕的城市如东京或首尔的停车标准比中等收入城市要低。停车标准与机动车保有量水平也没有必然关系——吉隆坡和曼谷的商业停车标准跟悉尼一样，在 2.8 车位 /1000 平方英尺左右，并接近美国常规水平。巴特（Barter）以典型的郊区位置进行比较，所有的城市都有居住公寓类型的停车配建要求，尽管总体上比北美水平低。

许多亚洲城市都有相对较低的停车配建下限指标，但没有试图采用停车上限指标或区域上限来限制总停车量。相反，他们假设与任何特定建筑物相关的停车位将被安置在私人提供的共享停车设施中。有些城市免除小型建筑配建停车，这在不同地方可能存在差异（有时会采用替代费）。

一份关于欧洲停车标准的报告显示，受到汽车对城市空间的影响以及欧盟采取措施保护空气质量和降低温室气体排放的影响，那里发生了一场停车变革。科准斯基与赫尔曼研究发现（Kodransky and Hermann，2011）大多数欧洲城市施行停车配建下限指标，只有少数城市采用停车配建上限。现在有一股取消城市中心区停车配建下限指标的趋势，并在一些地区设置新建停车总量上限。瑞士苏黎世与德国汉堡冻结了它们市中心的现状停车供给量，如果一个开发项目需要建设新的路外停车位，那么就需要移除相应数量的路内停车位，从而保证不突破停车总量上限，即停车帽（cap）。减少的路内停车位所提供的道路空间可以用作其他交通方式，例如行人或自行车设施。此外，苏黎世还限制了中心区以外的停车位发展，使当地街道能够巧妙处理获得合理的拥堵水平和空气质量结果。还有一种创新发生在荷兰的城市，国家政府结合公交和小汽车可达性水平创立了 A、B、C 三个等级方案，想要根据不同交通环境制定停车标准，每个等级中都设置了停车配建下限和上限指标。这种做法反映了与美国不同的政府体制，当地政府坚决捍卫他们对于停车标准管理的权威性。还应该指出，欧洲城市使用了许多其他支持性的停车管理方法，如基于尾气排放的停车收费措施和电子停车诱导系统。

总　结

本章对停车实践的评估告诉我们停车标准在创新型城市中并没有故步自封，费城、波特兰和温哥华正在努力促进停车条例支持宜居性发展。这种创新的重点往往是市区内和中心城市，这是有道理的，因为这些地方有最好的公交替代方式，建设停车位的成本最高，并对停车供给过剩最敏感。北美绝大多数城市和郊区依据传统的停车配建下限指标建设，正如安大略和维也纳案例中显示的那样，这些停车标准通常超出实际利用率。

图 3.3 显示了加利福尼亚州郊区安大略市典型的街道环境。这里的基础

图 3.3 小汽车优先的法规要求所形成的街道环境

设施质量是很高的，拥有平坦的街道、路灯、现代交叉口控制设备，在公共和私人领域有丰富的景观环境；人行道条件很好但是非常窄，看起来像是事后考虑的；步行在这个区域是可能的，但是却很不愉快，因为街道明显的关注重点是车辆移动。停车标准没有直接产生这种小汽车优先的环境，但是由其产生的交通出行导致要求道路拓宽，区划法中如建筑退线和景观要求等其他要求也促成了小汽车优先的环境。问题的关键是，如果一个司法管辖区想要改变私人小汽车出行优先于其他出行方式的环境，那么其他区划、工程和开发的方式也应该被仔细审查。

在目前的实践中，有许多经验教训可以让那些具有改革意识的城市借鉴，特别是那些减少停车负面影响和减少停车标准与最终利用水平之间严重不匹配的措施。为了支持停车标准改革，我们需要更好地了解当地的停车位利用情况，预测未来的停车位利用率，以及更好地与政策目标联系在一起，这将在下一章介绍。

第4章

切勿墨守成规

预测非常困难，特别是关于未来。

——尼尔斯·玻尔

很明显，停车标准应该有长远的考虑，它已经融入建筑全生命周期的设计和土地利用特征中，在逻辑上应该根据人口结构、经济和社会结构、技术、环境问题和消费者偏好等条件引起的变化进行预测。例如，大多数区域性交通规划都会预测未来的基准情况，描述缺乏规划干预情况下的期望形势；在土地利用层面、综合社区规划、情景规划和其他地方政策文件也有长远的考虑。而且，规划是一种面向未来的职业，致力于预测长期趋势，制定战略对策，并创造令人信服的长期愿景。

然而，停车标准的未来前景基本上是未知的。为什么呢？显然，停车标准是为保障项目在开业时有足够的停车位，但如果开业5年或10年后条件发生了变化，那么刚开业时的配建目标可能不代表建筑全周期的停车需求，反而是一个特异值。如果分析后发现未来停车位利用率下降，那么基于开业时的需求条件而设置的配建指标将会导致过量建设停车位。对该问题的一个应对方法是，根据当前条件配建停车位并将过剩的停车位重新分配到附近其他未来开发项目中。另一种应对方法是按远期需求配建停车位，而在开业时与周围业主一起共享停车位来满足近期停车位利用率需求。选择任何一种方法都需要对当前和未来的停车位利用率进行良好的评估。

缺乏远期思考的一个原因是区域性交通规划没有把停车标准作为交通规划整体的一部分。对它们来说，停车标准属于地方土地利用管理范畴，甚至大多数区域性交通规划人员都没有区划法和实施方面的专业知识。这些停车任务是当地土地利用规划人员、工程师、审批人员、城市事务律师的职责范围。相反，编写本地停车标准的工作人员在设置停车标准时也通常不关心区域的数据和区域性交通规划。因此不幸的是，长期以来交通规划和停车标准分别隶属不同的概念类别和行政部门。然而，正如第 2 章所解释的那样，停车标准与交通运输、土地利用、经济和可持续发展有着千丝万缕的联系。

由于缺乏区域与地方协调、土地利用与交通运输一体化，在停车标准中很少能够以未来为导向。实际上更不幸的是，停车标准甚至可能都不是依据现状调查编制的，许多配建下限指标都是几十年前起草的。当指标更新时，它们回顾往年数据诸如由 ITE 编制的报告，因此这种更新通常是各种调整、更替、例外情况的拼凑。修订通常基于历史数据，例如 ITE 的《停车生成率手册》(2010)，其中包含了远至 20 世纪 60 年代的调查数据。这些历史数据可能与现在已经没有关系，更不用说应对未来的土地利用、交通和社会状况了。停车标准很少采用动态标准来顺应趋势和条件的变化,例如，随着公交出行量的增加可以顺势相应地降低停车标准。

当然，如果一个司法管辖区取消了路外停车标准，就不需要这种长期发展导向，可以效仿舒普（ 2011 ）提出的路内停车收费、路外停车位由开发商决定的停车供给模式。在这个案例中，由停车需求的价格信号来决定是否增加停车位。当停车价格足以摊销资本成本并支付运营成本时，或当市场状况证明开发商在补贴停车时，就可以建造新的停车设施。这种“按需建设”的停车发展模式减少了预测配建指标的必要性。在此观点中，市场驱动的创新反映了用户、土地利用和交通的发展趋势，事实上，这就是在大城市核心区域的停车方式。然而，许多规划人员对这种方法持怀疑态度，因为土地市场并不总是如预期的那样发挥作用。例如，如果业主不将土地流入市场、如果土地整理困难，或者投资者和开发商没有响应停车需求的价格信号，那么将会在及时提供停车位方面出问题。由于这些原因和其他一些原因，北美大部分地区不太可能普遍取消停车标准；不过，如果司法管辖区要管理停车配建下限指标事务，那它们也必须管理未来事务。

停车标准能预测多久的需求？一种考虑方法是评估建筑的平均年龄。奥康纳（ O’ Conner，2004 ）评估了多种来源的数据，提出北美的住宅和非居住建筑的年龄范围在 18 ~ 42 年。平均年龄容易被新建筑的建造速度影响,所以更好的方法是用建筑拆除时的年龄。在对 227 栋拆除建筑的研究中，奥康纳发现它们大多数的年龄在 76 ~ 100 年 (85 栋),其次是 25 ~ 50 年 (53 栋)，接下来是 51 ~ 75 年 (43 栋)。有趣的是，拆除的前三个原因中有两个不是因为建筑的物理条件，而是经济动态原因如当前使用空间的适宜性。拆除的最普遍原因依次是地区重新开发（35%）、由于缺乏维护而导致的建筑质量问题（24%）和建筑不再满足需求（22%）（O' Connor，2004:6、8）。

公平地说，如果建筑可以重新开发或改造，将减轻其配建车位数量远超未来需求的风险。如果一个建筑有多余的地面停车位，而且区划法允许其提高开发强度，那么这些未使用的地面停车位未来可以进行开发。相反，停车楼是一项巨大的资本投资，也不太可能被拆除；而地下停车库也通常伴随开发项目的全生命过程。在停车楼和地下停车库设施的案例中，可以采用人行道将场地与周边场地联系后共享停车位。虽然这些应对措施是可行的，但通过观察北美任何一个城市的航拍图，将会发现许多建造过度、空无一物的停车场例子，它们没有采取任何相适应的策略。

当列举影响每单位土地开发的停车位利用率因素列表时，会发现“增加”因素与“减少”因素相比实在是太少了。这些增加因素需要对能源、温室气体和土地约束问题的技术颠覆，这些将在下面章节讨论。虽然历史上有许多案例说明技术创新是如何克服资源限制的，但很难想象未来的停车标准与现在相同或更高的情景。改革停车标准的实际问题是评估未来的停车位利用率会降低多少。当然，考虑减少停车位利用率的并非只有规划人员，随着越来越多的开发采用填充式开发和高密度形式，开发商会面临建设停车楼和地下停车库的高额成本，他们开始产生与规划人员合作的动机，以确保停车标准不会迫使他们建造更多的停车位。

北美的城市正处于交通系统与土地利用关系的系统变化时期。基于开发项目的漫长生命周期，许多城市应该考虑 25 ~ 50 年的时间来设置当前的停车标准。那些感觉为长期未来发展设置的停车标准存在较大短缺风险的城市，至少应该考虑到近期发展趋势，并减少对历史数据的使用。本章探讨了停车标准需要考虑的广泛未来发展趋势，并制定应对这些趋势进行调整的程序。

当前实践

如前文所述，ITE 的《停车生成率手册》（2010）收集了几十年的停车位利用率数据。以多户住宅居住用途为例（用地类型 221，低 / 中等公寓），它的平均利用率（1.23 占用车位 / 户）是基于 1964—2009 年间的数据进行研究（ITE，2010：52）。这不是印刷错误，平均值里确实包含了 1964 年的调查数据。

诚然，停车位利用率模式具有短期稳定性，因为它们与城市形态模式、车辆购买决策和基础设施发展密切相关，但是在较长的时间框架内它可能发生重大变化。在计算 ITE 平均值时所采用数据范围很广，这意味着停车位利用率是在很多不同条件下测算出来的。20 世纪 60 年代的户均车辆可用率低于现在，因为郊区的机动车导向开发模式还在扩张中，家庭收入正处于增长期。1960 年户均车辆可用率为 1.0 辆 / 户，到 1990 年迅速增长到 1.66 辆 / 户，到现在达到 1.77 辆 / 户（McGuckin and Srinivasan，2003；U.S. Census，2012）。20 世纪 60 年代进入高速公路的大规模建设时代，联邦政府、州政府与当地规划和投资机构共同促进了汽车导向型发展模式。汽油价格非常便宜，1964 年的油价按 2005 年通胀调整计算每加仑 1.55 美元（USEIA，2012a）。此外，重视环境的影响还没有反映到州和国家立法中，也没有社区团体来倡导。

第二种检查停车需求稳定性的方法，是从美国人口普查的通勤方式选择数据中查看隐含其中的停车位利用率发展趋势。这些数据是从长期人口普查（1990 and 2000）和美国社区调查（American Community Survey）21 年的跟踪中得出的（U.S. Census，2012c；U.S. Census，2012d）。一项“每 100 名工作员的停车数量”的统计项计算一个工作场地的停放车辆，每 1 名单人驾驶员工算为 1 个车位、每 2.3 个拼车员工算为 1 个车位。这个分析揭示了 1990 年以来调查中停车数据稳定性，1990 年数据为 79 辆车 /100 员工，2000 年为 81.0 辆车 /100 员工、2011 年为 80.6 辆车 /100 员工。甚至，在这些统计中会发现更久远的数据，例如使用通勤小汽车、卡车或箱式货车的比例，可以看到其统计值从 1960 年的 69.5% 上升到 1980 年的 85.9%（McGuckin and Srinivasan，2003：1-2）。

家庭车辆可用率和通勤方式比例表明，1960—1980 年，每单位开发的停车位利用率不断上升，自那之后保持一个常规的上升或下降水平。与此对应的是车辆行驶里程（VMT）在 20 世纪 80 年代之前一直增加，那时 VMT 增加的速度比人口增加还快。显然，停车位利用率提高的趋势已经趋于平稳。未来的问题是停车位利用率是否会再次上升、保持稳定或下降。在过去几年中，VMT 出现了小幅下降，这可能与经济问题有关，但目前还不清楚这些下降是否会继续。

虽然很难预测长期未来发展趋势，但这并不是停车规划的独有问题。20

年或 30 年是区域性交通规划和地方综合规划所采用的标准规划时间。这些规划大多制定不同情景方案，并根据规划成果的定期更新来确保长期目标发展正确。

长期影响综述

未来停车位利用率受到许多经济和社会因素影响。人口和岗位的整体增长将促进一些地区停车位数量的增长，其中停车标准结构中的重要指标是：每单位新开发项目的新停车位利用率。表 4.1 总结了影响停车位利用率的关键因素，其中大多数因素表明未来的停车标准应该比现在低，这样能够节省开发成本并提高土地资源的利用效率。后文将详细论述这些影响因素，注意到发展趋势的影响以及对可能存在的相反趋势的评估。

影响未来停车位利用率的因素　　表 4.1

因素	对每单位开发的停车位利用率可能产生的影响（+ 或者 -）	注释
当地或区域土地利用和交通规划	-	大多数规划要求提高密度、混合用地和发展公共交通
人口结构变化，人口老龄化	-	人口老龄化可能减少停车位利用率
密度、混合使用开发	-	大多数区域规划要求提高密度和混合使用开发
入住率的变化	+	预计每平方英尺办公人员增加或家庭规模增加
公共交通和慢行交通发展	-	铁路和公共汽车的区域规划；区域自行车系统等
能源价格	-	预计未来 20 年能源价格上升；滞后效应
拥堵抑制交通出行	-	预计大多数大都市地区交通拥堵增加
私家车和共享汽车（短时租赁）的改变	-	取决于市场对替代汽车和共享汽车的门槛高低
远程通信替代出行	-	替代与互补效应会因出行类型而异
文化偏好	-	年轻人喜欢无车或减少小汽车使用的生活方式
停车管理、共享停车和停车收费	-	巨大的削减潜力，但需要公共与私人良好合作

回答特定项目未来的停车位利用率会有多少改变，需要依托社区背景。例如，一些城郊地区已经建立了稳健的建设模式和交通系统，这使得在 20 年的时间里，停车需求减少的可能性不大。这些地方对能源或环境约束的技术响应更有动力，因为出行行为在这些方面会受到更大的限制，但是，从长期来看，那些郊区将会大幅度地重建和提高开发密度。而在市区里面，伴随着支持公共交通、步行、自行车发展的策略，巨大的变革正在发生。这些市区更加支持构建替代私人小汽车的交通方式。

当地和区域土地利用及交通规划

当地政府编制大范围的综合规划，期限通常为 20 年或者更多，用来处理土地利用、综合交通、住房、基础设施和其他问题。区域政府采用同样的长期视角来编制区域综合交通规划。这些规划文件与其他详细规划一道，指明了城市和区域的发展愿景、政策方向和规划变更，它们是未来停车发展的重要起点。如果所有的规划都朝着精明增长目标发展，那么未来的停车位利用率很可能会下降；如果规划目标存在分歧，则意味着该地区还处于整理优先发展顺序的过程中，对未来停车位利用率的预测能力较差。显然，这些规划不能决定结果是什么，因为那受到市场力量调解，但是它们提供对未来发展方向、基础设施投资以及停车标准需要考虑的土地利用优先级的思考角度。

人口结构

美国人口结构变化的主要趋势是老龄化。即使像加利福尼亚州这样传统的人口快速增长的地方，其人口增长也已经变慢并且平均年龄不断上升。导致如此的主要原因是婴儿潮时期出生的人群到了退休年龄，而年轻移民的比例较低，以及年轻人推迟成家和生育。老龄化人口结构会导致不同的出行方式，例如通勤出行占总的出行次数中的比例可能会减小。老龄化的家庭可能会有较低的车辆保有量，从停车位利用率的角度来看，这可能意味着家庭停车需求降低。如果老年人将来开车受限，那么所有目的地的停车需求将随之调整，因为总的出行次数下降，并且小汽车出行方式发生转移。甚至各类土地利用的需求曲线也可能改变，例如，在一个老龄化人口结构中，购物出行可能在全天时间分散更平均，比传统的高峰日和高峰小时明显集中度要低，这能够缓和高峰停车位占用水平。

高密度混合使用开发

在城市和郊区建设中，市场驱动、宜居性行动计划和用地限制正在导致更高的开发密度、更混合的用途和可步行性地区设计。例如，加利福尼亚州的安大略市（图 1.1 和图 1.2 所示的建设方式）明显以小汽车导向来考虑人们的可达性，但是现在它采用了新的《安大略规划》（Ontario Plan）方案，期望更高的密度和混合用地。在居住密度方面，几乎一半的用地规划指标是中密度，具体为每英亩 18 ~ 22 户；还有高密度居住用地规划指标要每英亩 35 户。图 1.1 所示的安大略米尔斯地区是规划的一部分，它的规划面积为 240 英亩，要求住宅用地每英亩的密度为 40 户、办公用地的容积率（FAR）为 0.75、零售商业的容积率为 0.5。这对现有土地利用模式是一种显著强化（City of Ontario，2010）。

房地产行业的发展趋势证实了向高密度和混合使用开发的转变。针对土地和资源的限制以及消费者偏好的变化，现在由传统的、低密度的、分离的土地利用，朝着混合使用开发的方向发展。以下是一位房地产分析人员关于房地产市场应如何应对未来的商业、住房和零售需求的建议：

“控制更多的高密度用地……必须允许郊区最小密度每英亩 12[户] 而城市内部密度每英亩从 14 户到几百户……办公用地开发应该……鼓励当地土地利用管理者为相对高密度的住宅控制更多的土地……并在公共交通附近进行投资，接近体验式购物、娱乐场所和高密度住宅。将精品购物、餐饮和娱乐项目开发与居住、办公整合进入混合使用综合体中，这种新经济形式将会蓬勃发展（Gruen，2010）。”

高密度、混合使用开发通常与减少家庭车辆可用率以及减少工作、购物、娱乐休闲的私人小汽车出行有关。高密度和混合使用开发减少停车位使用的证据来自于停车供给总量的测量。在住宅停车方面，郊区居民家庭车辆可用率远远低于城市中心地区；在商业区域，加利福尼亚州的帕萨迪纳老城区（Old Town Pasadena）是一个充满活力的、步行性、混合使用的例子。尽管这些建筑很少超过两层楼，但商业区域的经济表现很好，每 1000 平方英尺的建筑面积有 2.0 个车位供给（Mau，2010：134）。与之形成对比的是，在传统的郊区购物中心每 1000 平方英尺的停车标准为 4 ~ 6 个车位。高密度的混合使用开发意味着每单位开发量的停车位使用降低。

最后，过去的停车标准无意中对填充式开发形成了土地储备功能。图 4.1 显示了一块以前的折扣零售商场地，现在闲置，其主体建筑位于一大片地面停车位后面的传统位置。这块场地将来可能重新进行高密度再开发，也可能会综合利用。讽刺的是，停车标准最初降低了密度，但它以地面停车位的形式保留了大块可用作填充式开发的场地，这反而有助于用地将来填充式高强度开发。

图 4.1　停车标准的遗产创造了重新利用的机会

入住率的变化

在一个给定规模的开发中，入住率的变化会影响停车位利用率。这是少数几个在未来可能会增加停车位占用率的因素之一。办公性质的变化和新的组织模式使得每平方英尺建筑面积增加了更多的员工（第 7 章会详细介绍）。在住房领域，随着家庭数量的增加或家庭规模的扩大，一些新的公寓小区的居民数量也在不断增加。对于任何特定的社区来说，解决这些问题既需要了解这些领域的全国发展趋势，又要非常熟悉可能影响当地未来停车位利用率的业务类型和家庭特征。

公共交通发展和慢行交通

大多数交通运输部门都规划在未来增加运输能力。例如，在洛杉矶县，选民们批准了该县的第 3 个半分销售税，即 R 号提案，为大规模扩建铁路和公共汽车设施的建设和运营提供资金。在美国各地，新的轻轨、有轨电车、重型铁路、区域铁路和快速公交项目正在处于规划和实施阶段。此外，新技术还被用于提高公共汽车的实时性能，如信号优先；通过实时公交到达信息，改善了公交乘客的体验感。人们更关注摆渡车和其他“最后一英里”交通服务，以及非机动化交通方式将人们与区域铁路系统连接起来，其效果是公共交通运输能力、速度和便利性正得到不断改善。虽然这些改进的影响将根据现有土地利用模式而有所不同，但在大多数地方，公共交通的发展将减少停车位利用率。在大多数城市，人们对骑自行车和步行的兴趣也很高，慢行设施的改善和使用可能会在未来继续增长。

能源价格

尽管近年来能源价格波动已成为常态，但总体趋势是上升的，这反映了传统化石燃料的限制和全球需求的增加。例如，《2012 年度能源展望》（2012 *Annual Energy Outlook*）年刊预测 2035 年的原油价格换算为 2010 年价格将会是每桶 145 美元（USEIA，2012b），比现在涨了差不多 50%。当然，价格预测有很多不同研究结果，其范围从低于当前价格（假设石油开采或石油发现取得突破）到几乎 200 美元 / 桶。汽油和柴油价格跟踪原油价格变动，因此燃料价格可能会大幅度上涨。

针对汽油和柴油价格的提高会有许多可能的应对措施，例如对现有石油资源更好的提炼技术和增加使用非常规油砂资源；此外，替代性燃料汽车可以用不同能源替代石油和柴油，包括天然气、氢气、生物燃料和电动汽车。过去由于技术创新，能源价格的上涨并没有导致汽车行驶里程或私家车拥有量大幅下降；然而，目前的价格水平已经达到了比以往更为敏感的程度。

大多数应对能源的技术措施都需要大量成本。一些技术有不良的环境影响，比如从油砂中提取石油能源和温室气体排放量，或者是水的污染、地震的影响和甲烷释放引起的天然气爆炸风险。总的来说，预期未来不太可能再保持提供廉价能源，特别是引入碳税或碳排放交易的话。

对能源价格上涨的技术应对措施还包括开发更节能的汽车。这一过程目前正在进行中，受全球燃料经济标准以及市场对高油价反应的推动。在过去的能源危机中，出行行为对燃料价格的反应比技术的反应更小。在未来 20 年，一些由能源价格引起的停车位利用率减少可能会被技术抵消。然而，从长远来看，城市形态和交通方式的能源驱动变化可能会导致每单位开发的停车位利用率大幅下降。

交通拥堵抑制出行

交通拥堵能够对私人小汽车出行产生一种抑制作用。出行时长增加、出行时间难以确定，以及道路服务水平鼓励替代私人小汽车的出行方式如公共交通和非机动化交通。拥堵的潜在应对措施包括推迟行程、缩短行程、更改出行方式以及远程通信替代出行。远期的应对措施包括将居住地迁往有短途出行和更多交通方式的社区，也可以以同样的方式改变工作地点。家庭选址方面的反应如转向公交导向型开发，将影响车辆拥有率水平和居住停车位利用率。工作和非工作出行方面的反应包括改变外出的出行方式，这反过来可能减少办公室、零售和其他目的地的停车位利用率。

大城市的交通拥堵水平越来越糟糕。得克萨斯交通研究所（Texas Transportation Institute，TTI）编制了一个拥堵指数，代表实际拥堵水平下的旅行时间与不拥堵情况下旅行时间的比值。在 TTI 研究的 439 个城市市区内，旅行时间指数从 1982 年的 1.09 上升到 2010 年的 1.20（Shrank et al.，2011：51）。该指数在 2005 年达到最高水平，在 2010 年该指数略微降低，可能与经济疲软和各种减少拥堵的策略有关。

大多数地区交通规划对未来拥堵水平设定了预期。例如，明尼阿波利斯和圣保罗的双子城七县都市区城市委员会（Metropolitan Council for Twin Cities seven-county metropolitan area for Minneapolis/St. Paul）制定的《2030 交通政策规划》（2030 *Transportation Policy Plan*）中如此写道：

"本地区高速路与快速路系统交通压力很大并且预计会恶化。到 2030 年，双子城地区人口将比 2000 年增加 100 多万人，这将带来大量交通出行和出行里程。结果将是：通勤者和其他出行者将要在更长拥堵距离的公路上，忍受更长时间的延误（Metropolitan Council 2010，1）。"

大多数区域交通规划给交通拥堵开出了各种良方，包括道路建设、交通拥堵费、公共交通发展和主动式交通。大多数规划承认即使这些措施得到实施，拥堵情况仍将恶化。伴随能源价格的上涨，交通拥堵可能对人均车辆行驶里程（VMT）和人均车辆拥有率产生抑制影响，但是土地利用系统方面的迟钝意味着这些应对措施诸如业务或家庭选址的变化或者城市开发密度的增加不能很快实现。从长远来看，拥堵可能会刺激其他替代交通方式，并适度降低人均停车位利用率。

私人小汽车的改变

前面讨论的是车辆需要多少停车位的数量优化问题，除此之外，车辆的物理尺寸也会发生变化。这种变化不体现在所需的停车位数量上，而是区划条例中的停车位尺寸标准。在未来，汽车的尺寸可能会更接近于汽车的基本用途。目前，随着市场热点从大型卡车转向小汽车和跨界车，小型汽车在市场上得到了认可。图 4.2 显示了小型车只占中型 SUV（Sport Utility Vehicle）一半的停车空间。即使不重新设计停车位，仅需代客泊车也可以在一个停车位内存放两辆小型车。停车位重新设计可以缩窄停车位和停车通道。假设车位得到更有效地利用，那么这些小型车辆可能导致停车位利用率减少。在美国，以前很少使用的 A 级和 B 级小型车在当前销售市场上日益增长，被用来服务密度更高的市区。

图 4.2　车辆尺寸和停车位面积要求

这已经不是第一次将小型车辆纳入到车辆体系中。早在 20 世纪 70 年代和 80 年代就实施过压缩车位标准，但实施经验表明许多城市对此并不满意，因为很多大型车辆经常停放在压缩车位上。但这与车位尺寸规定一样都是停车管理的问题——有一些新技术可以帮助确保压缩车位被有效使用。随着能源价格和燃油经济性标准的提高，汽车尺寸的变化会加速，因此有理由相信有很大机会可以减少停车位的面积。可以采用价格方案促进小型汽车发展，对使用大型停车位的大型车辆收取更高的费用。

车辆拥有对比汽车共享

美国使用车辆的传统方式是拥有或者租用一辆车，但是在波士顿、旧金山、纽约的核心区域和大学之类的大型活力中心，现在开始出现临时车辆租赁业务（Car Share，汽车共享）。这种为使用一种商品付费而不是拥有它的想法，在各种各样的领域都很明显，例如为重大活动租用高档服装、在云上租用数据存储空间而不是购买自己的数据存储设备，所以车辆使用也一样。对于车辆使用，供应商在关键位置提供车辆，按小时出租给会员，这样就可以为那些没有汽车的家庭在购买大件物品时提供车辆，并为想要减少家庭车辆数量的家庭提供备用车辆。这些项目能起到降低家庭车辆拥有率和场地停车位数量的效果。

因为每辆车在一个临时汽车租赁系统中的使用时间比例更大，所以总停车位需求数量可以更少，许多驾驶者可以共享一个车位。此外，如果在需要时通过租赁可以方便获得大型车辆，那么拥有车辆的人可以选择较小的城市型汽车或社区电动汽车，而这些小型汽车需要较少的停车面积。在未来，这些项目将从密集的中心城市扩展到更广泛的活动中心，更大范围的车辆共享将意味着每辆车需要更少的停车位。

远程通信代替出行

远程通信技术的进步会影响未来的出行方式和活动方式，进而影响停车位利用率。通信技术促进在家远程办公，能够减少工作地点的停车位利用率，减少的程度取决于在家工作的人员之间的时间表是否协调。举个例子，如果所有雇员只是周五在家办公，那么停车位利用率在其他工作日不会变化，因此高峰需求也不会改变。如果员工在家远程办公的过程中因为其他目的出行，对于其他用地类型的停车位利用率也会产生反弹效果。网上购物可以减少一些零售商业停车位的需求，物流货车可以取代一些停车位，但如果网购者在购物前要先去购物中心试看一下的话，那么停车位可能不会减少那么多。在社会领域,年轻人会用社交工具代替一些物理出行。例如，全国 16 岁青年考取驾照率从 1998 年的 43.8% 下降到 2008 年的 31.1%，这反映了在驾驶培训、保险成本、驾驶执照考试条例、安全担忧等方面的改变，或许还反映了一种用社交媒体代替实际出行的能力变化（Federal Highway Administration，2010）。

在远程通信影响的评估中关键问题是，它是对实际出行的代替还是对实际出行的补充（即出行 + 通信）。很多专家包括褚（Choo）、桑戈（Sangho）和摩卡特瑞（Mokhtarian）表明这种关系是互补的（2006）；也就是说，随着通信需求的增加，实际出行需求也增加。替代还是补充这个问题的答案很可能因出行类型、人口特征和土地利用特点而有所不同。在某些情况下，实际接触可能会增加各种形式的相互作用；而在其他情况下，远程通信将代替出行。总的来说，关于远程通信替代出行对停车位利用率的影响的确切结论，将需要等待技术的行为反应，并取决于未来技术创新的速度。

价值倾向

通过领取驾照年龄推迟的现象，可以看出年轻一代开始对无车生活方式感兴趣，他们寻找的是拥有混合用地品质和步行、自行车和公共交通可达的社区。现在出现很多提倡建设自行车设施、公共交通和摆渡车、将路内停车位改造成自行车专用车道、缩窄商业区道路宽度的道路瘦身等倡议。这个群体中生活在可步行社区的成员可能仍然拥有一辆汽车，但使用频次会减少。在这种情况下，居民停车位利用率不会降低，但会减少零售、餐厅和娱乐设施的停车位利用率。虽然大多数年轻人将继续依靠私家车出行，但无车的生活方式将会增加，尤其是在成熟的社区。拥有这些社区的司法管辖区应调整其停车标准，以免妨碍建筑改造与再投资。

停车管理

停车管理以停车管理条例、停车信息系统、共享停车、停车收费等措施的形式出现。共享停车包括混合使用开发内部不同用途的内部共享停车，以及相邻开发项目之间的共享停车。在为未来设想的高密度土地利用中，可能会以停车楼或地下车库的形式提供停车位，成本在 2.5 万 ~ 6 万美元 / 车位。随着土地成本上升，将土地和资金投入停车位建设的机会成本增加，从而促进提高停车位的利用效率。停车管理既是一个趋势，也是未来停车问题的解决方案。当然，这需要业主之间同意、责任划分、项目之间设计步行通道、用地类型之间存在错峰，以及积极的停车管理。

除了更好地利用给定的停车位，停车收费机制也降低了停车需求。美国的传统是提供免费停车位。停车成本捆绑在了房租费用或购房成本中，在工作场地提供免费停车已经成为员工的福利，零售商业的停车成本捆绑在了货物价格中。当然改变正在发生。很多高密度核心区域已经为商业用地改变停车，居住区一些公寓的配建停车也从房租中解除绑定（拆分）出来。在较小的商业中心发现，顾客来这里是因为有吸引力的商品和有趣的场所，而不是免费停车。在住宅方面，从租金或购买价格中扣除停车费，将促使家庭仔细考虑并降低他们的车辆拥有水平。同样的，在出行目的地设置高昂的停车费也会降低私家车的使用，并且很可能降低停车位利用率。

总　结

以未来视角看，停车位利用率能够避免现在不可持续的出行和停车模式长期固化下去。根据当前条件设定停车标准的逻辑是自然明确的，因为政府官员通常会处理居民直接关切的问题。然而，本章分析了未来发展趋势，表明车辆使用增加的时代已经结束，未来停车位利用率将会下降，这有很多因素，从能源供应到温室气体排放到新的土地利用模式。当地司法管辖区面临的政策问题是，它们在设定停车标准时应该考虑多远的未来。如果根据这些因素而采用较低的标准，那么就会存在停车供给低于近期所需利用率的风险，但共享停车和停车管理措施提供了解决此类问题的工具。最后，未来视角不应局限于停车标准，而是考虑对各种可能情况的适应性。一个以未为来导向的区划条例应该确保停车位在设计上具有适应性，考虑应该保留多少的地面停车面积（例如，在地面停车位上预留合适的未来开发的地块），以及预留在业主之间和校园内部共享停车位的机会。这些标准还应考虑停车管理措施的技术变革，从而更有效地利用现有的停车设施。

第5章

停车标准修改工具包

创造，包括打破既定模式，以便从不同角度看待事物。

——爱德华·德博诺

既有的和未来的停车位利用水平是考虑停车标准改革的基本出发点，但它不能直接转化成为停车标准的建议值。这是因为停车标准落实到政策中需要两个维度。首先，许多政策维度涉及项目条件、交通运输和土地利用背景等内容，必须考虑到可能的停车位利用水平；其次，在确定是否应将未来期望的停车位利用率设定为停车标准时，需要做出政策选择。后一种政策选择需要评估预期指标对社区发展目标的影响，诸如交通运输、设计和城市形态、经济发展、可持续发展等目标。例如，司法管辖区可能想将预期停车配建下限指标的效果和成本与其他可达交通方式进行比较。同样的，如果与停车标准相关的开发成本很高，那么就会阻碍投资和设立企业，预期的配建指标可能就需要重新评定，以便在更广义的规划中使用。

本章提供了一个包含12个步骤的工具包，用于创建实证支持、政策响应的停车标准。规划人员、开发人员和社区成员可以使用这种方法来构建本地的停车选项，并为更加精明的停车标准提出建议。这个工具包程序包含3个部分：(1)在现有的停车位利用水平上提出本地校准数据；(2)预测未来基准停车位利用率；(3)制定一个政策响应的停车标准。该工具包作为一种政策响应方式来回答"为什么"的问题："为什么要在停车配建下限指标这样的管理规定和长期政策规划之间建立联系？"为什么要实施停车配建下限指标？它们要实现什么目标？为什么指标与现有和未来的停车位利用率有关？潜在的停车标准对交通运输、土地利用和城市设计、经济发展和可持续发展等相关社区目标有什么影响？这些"为什么"的答案应该从土地利用和交通规划中寻找，并通过决策者和利益相关者的政策协商加以完善。

决策者很少意识到在停车标准蕴含着一系列政策选择。决策者不应该仅仅遵循普通原则，也不应该只是提出最后的配建指标技术提案，而是需要一个将技术和政策决策解包的过程，然后让其中的每一步都来支持社区的发展目标。简而言之，民选官员和公众需要一个能够弄懂制定停车标准的程序。

几年前，我所在的咨询团队承担一个城市的区划法综合修订工作。团队开发了一套社区分类系统，为每一个分类设置了停车标准。我倾尽所能地分析了地方和国家的配建指标数据，充分考虑了每个分类的发展愿景，但最终我还是“发明”了这些配建下限指标。用顾问行业的行话，这就是“专家判断”。在区划法改革过程中，专业人士和利益相关者都渴望有专家能提出配建指标，因此他们会接受专家建议的指标。改革中大量争议集中在条例解释和实施路径方面，但很少有人会质疑实际的配建下限指标是否存在问题。通常地方规划人员和其他政府官员不愿提出新的停车标准，认为先例和“官方”标准更合适。本书所提的工具包希望能减少这种不情愿状况，帮助规划人员和工程师更好地开展停车标准制定工作。现有的停车标准没有什么神秘的——它们不过是交通工程师或规划人员根据现有的经验数据制定的一堆数字和条例，它们可以也应该进行改革，以响应与社区目标和价值观一样不断演变的开发和建设条件。

准备启动

12 步工具包的重点是制定停车配建下限指标，其中每一步都对停车标准有显著影响，尽管在某些情况下可能会省略一两步。例如，在低密度郊区，如果停车收费价格在条例的实施期限内难以被民众接受，那么当地司法管辖区将不会采用停车收费政策；当然另一种可能会是，研究完工具包所含政策后，最终决定不再实施停车配建下限指标。本书的核心是，如果这 12 个因素没有被直接考虑，那么它们最终会成为产生意外后果的间接政策选择。

该工具包主要分为三块：（1）基准停车位利用率和环境调整因素；（2）项目调整因素和场内供给义务；（3）提高效率措施的调整因素，如停车位尺寸。这三块工作组成一个序列，对经验所获的现状基准利用率指标向上或向下调整，从前面步骤到最后达成一个政策合理的停车标准。正如前文指出的，这 12 个步骤不是“答案”，因为工具包将采用迭代的方式使用——从 12 个步骤中得到最初的配建指标需要用第 1 章介绍的四组目标来评估——交通运输、设计和城市形态、经济发展、可持续发展。第 6 章、第 7 章和第 8 章展示了该工具包在多户住宅、工作场所和混合使用活动中心的使用示例，并提供具体数值算例。

指标特征——用途和区域

在制定停车标准之前，应该明确所要创建的指标的特性。换句话说，土地利用的分类有多详细？预期指标的地理特征如何？ 例如用地类型特征问题，企业总部与服务型办公室是选择同一办公建筑配建指标还是不同的指标。这一决定应该与条例中用地类型和建筑用途变化联系在一起。规划人员应评估当地社区的土地利用子类型，以及这些子类型的停车位利用率的变化情况。如果变化不大，则可以使用较为宽泛的用地分类；相反，如果用地子类别的停车位利用率存在较大差异，那么这种宽泛的分类就不恰当了。关于用地类型细分程度涉及对指标准确性与复杂性的权衡，如果为更细的用地类型创建了太多的指标，那么条例将变得十分复杂并难以使用。

第二个区别是地理差异，它决定了配建指标是否在全市范围内适用，或者在不同地理区域会发生变化。例如，大多数司法管辖区都有针对中心商务区的特殊指标，但也可能为不同地区和社区类型或者形态条例中的不同区域制定特定指标。做好这些决定的最佳方法是收集当地的数据，弄清楚司法管辖区内不同用地类型和地理位置的停车位利用率如何发生变化。在这点上，在不引入过多用地类型的情况下，应该调节平衡好不同停车位利用率的统计工作量。

配建指标基础

启动程序中的第二个考虑因素是定义停车标准中的“单位”，例如“车位 / 住宅单元”，或“车位 /1000 平方英尺建筑面积”。居住停车标准有时以“单元”为单位，但许多条例进一步区分了单元大小，尤其是多户住宅，一套两居室比一居室单元需要更多的停车位。办公和商业开发的指标单位通常是开发的面积，但有时用“每个雇员”代替。前者使用更频繁，因为在申请开发项目时，建筑面积是一个清晰而明确的计算值。在采用“平方英尺”做度量单位时，一个选择是总建筑面积（GFA），包括所有可占用的面积减去停车位和用于加热、冷却及其他设备的面积；另一个选择是总出租面积（GLA），它不包括公共大堂、走廊、楼梯、电梯井、公共卫生间、中庭和其他区域。和前文一样，总建筑面积和总出租面积的选择取决于项目的具体特点以及其他地区区划法中同类用地所采用的先例。

最后，对于教堂、餐馆或礼堂等用途，配建指标根据面积、座位数量或两者的组合而定。决定用地使用何种指标类型的指导原则是，指标将在多大程度上成为停车位利用率的可靠预测指标。例如，如果总建筑面积用于公共场所和大厅的规模变化较大的零售用地，那么拥有大型公共场所的零售项目将会因为较高的停车标准而承担不公平的停车负担。

基于建筑物大小设定基准停车标准并不是一种最优方法，因为在使用类似大小的建筑物时，甚至在同一栋建筑物中，都可能有不同程度的变化。办公建筑是一个包含多种办公活动的场所——抵押贷款中心的停车位利用率要比集团总部的高很多，因为它的员工密度更大。同样，一栋建筑开始建为仓库，后来可以转变为仓库、轻工业和办公室的混合用途，那么随着时间的推移，会导致更高的停车位利用率。处理这种情况的一个选择是为每个建筑员工或其他活动单位设置一个停车位，但这对于通常基于建筑面积进行配建的常规区划程序来说是很困难的。在区划条例根据建筑物的活动水平进行管理、根据不同建筑生命周期设定不同规定之前，停车标准很可能将保持采用通常的每平方英尺或每单元的指标单位。社区应考虑使用强度变化，并考虑补充方法，例如在预期会发生变化情况下，与土地一起运行的停车供给协议，或一定时间内建筑物可能用途范围的配建指标。

工具包的元素

下文介绍停车标准工具包的 12 个步骤。图 5.1 概述了整个工具包流程，通过 12 个步骤产生了两个结果:(1)给定用地的场内停车下限配建指标(加上假定的异地停车的规定信息);(2)确定满足配建停车位数量的土地和/或建筑面积。反馈箭头从场地停车标准返回到每个政策决策步骤，意味着该工具包将以迭代的方式使用。这个迭代过程考虑从工具包第一次运行得到的指标是否符合更广义的社区发展目标。

表 5.1 总结了工具包的前四个步骤。它们包括现有停车位利用率的制定信息、预测未来的停车位利用率、确定停车下限指标是否应该基于平均使用数据或者其他标准，以及一系列与项目和它的实时背景环境相关的调整。

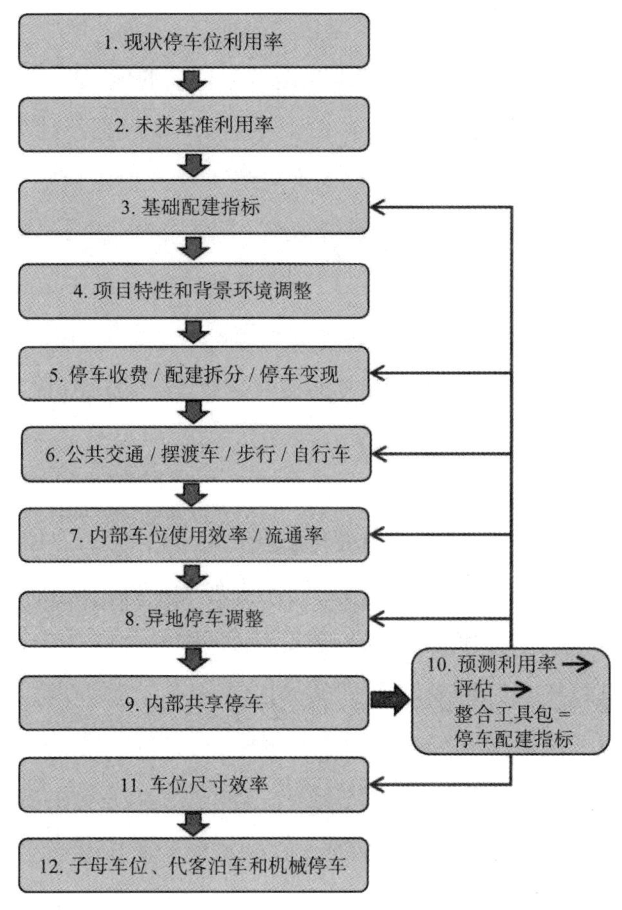

图 5.1　停车标准工具包

停车标准工具包：基础指标和调整　　**表 5.1**

主题	步骤	说明
停车位利用率－现在、未来，以及基础指标	（1）当地校核的各类用地现状停车位利用率	利用停车统计、调查和国家数据资源，来估算当前利用率
	（2）未来基准停车位利用率，反应区域土地利用和交通发展趋势	评估土地利用和交通发展趋势在目标年增加或减少停车位利用率的程度
	（3）基础配建指标：选择高峰类型；多个调查利用率的平均值或百分位数	确定司法管辖区对过量还是短缺供给风险的政策倾向。选择高峰类型（季节高峰、典型高峰）和整合多种调查数据的方法：平均值、85% 值、33% 值等
项目和社区背景环境调整	（4）根据未来用途和司法管辖区内的位置特征以及考虑替代出行方式的影响进行调整	确定：（a）影响停车位利用率的未来用途特征，例如办公建筑提高员工密度；（b）停车标准应用区域的未来区域特征，例如提高密度或混合用地；（c）替代交通方式的规划和项目 根据上述停车位利用率影响做出调整

注：初始用地配建指标＝步骤 3 指标，从步骤 4 进行调整。

工具包第1步——确定现状停车位利用率

第一步是为具体用地类型确定由当地数据校核的现状停车位利用率（表5.1中第1步）。这一指标采用当地和国家的利用率数据，代表了当前项目的预期停车位利用情况，但没有对未来趋势、政策、环境变化或项目特征和要求进行调整。通常情况下计算高峰利用率值，即按日、周、季（如果合适的话）的最高利用率。因为可能不需要用高峰利用率值设置停车标准（见工具包第3步），所以可能需要额外的利用率数据。例如以零售商业为例，其高峰利用率值出现在11月、12月的假日购物季，在这种情况下，非高峰购物季节的典型工作日和周末的利用率数据也将有助于支持第3步中基础配建指标的政策决策。

对于单一用地类型，应该研究足够数量的案例，以保证停车位利用率不会因建筑面积或其他特征的差异而不同。例如大型办公建筑每平方英尺的停车位利用率会比小型建筑低，这是因为大型建筑经常作为企业总部，其员工密度相对较低。另一个例子是购物中心——一个大型商业中心每平方英尺的停车需求比普通社区商业中心高很多，这可能是由于在大型购物中心的停车时间较长，从而减少了停车周转率、提高了停车位的有效使用效率。步骤1生成的本地停车位利用率数据，在随后的步骤中会向上或向下调整，后文在第6、7、8章中应用了工具包所有步骤并以算例显示。

通过考虑社区环境和项目特征，可以更好地利用当地的停车位利用率数据来改善停车标准。话虽如此，但在某些情况下，全国的停车位利用率水平还是可以发挥作用。例如，某些情况可能没有本地统计数据或没有可用的调查数据，或研究案例数量较少。在这种情况下，使用全国平均指标同时再根据当地条件进行调整，优于复制邻近城市配建指标的做法。下文介绍了两个本地数据收集方法：停车统计和调查数据，同全国停车位使用效率数据摘要一起，来补充本地数据并可以相互比较。第6、7、8章提供了进一步创新的思路和实例，可以低成本的收集停车位占用率数据，显示了多户住宅、工作场所和混合使用活动中心的数据来源。

第一个讨论的数据源是停车统计。表5.2总结了停车统计的三种主要方法。停车位利用率统计是指在使用高峰或其他感兴趣的时间段内停车设施中停放的车辆数量。在停车设施中开展步行调查或驾车调查，是一种确定停车位利用率的实用有效方法。停车统计提供了准确的整体停车位利用率，前提是统计日期是停车设施的典型使用日期。如果停车位利用率根据季节、一周内每天、一天内每个时段发生变化，就需要统计所有这些时段的使用情况。统计数据加上反映停车位较少使用的照片，可以作为停车标准改革的有力工具。应该注意的是，行人容易被在地面上看到的停车位利用水平所误导，因为人们只能看到最容易看到的，并且通常建筑前区的停车位总会被充分使用，而通常使用频率最少的车位也是最不容易被看见的。

停车统计的方法 **表 5.2**

数据来源	用地类型	使用方法
现场利用率统计	任意用地类型：高峰或者其他感兴趣时段	基于建筑入住率计算每入住面积或单元的利用率。难以将混合利用地区或场地的停车位利用率拆分对应特定项目。在正常的安全和物业管理运营下，可以整合停车位占用率的统计活动。可以作为与业主合作的基础，或作为开发审批的条件。 所有停车位都进行统计，所以没有样本量问题 统计短期和长期停车位占用率
用自动停车设备统计利用率	任何使用闸机或车位占用传感器的用地	闸机控制的路外停车设施能够通过每小时进出量计算利用率。 增加停车位占用传感器，在路外和路内停车位上，同样报告占用率情况以供分析。 关键的挑战是业主的配合，但好处是覆盖范围广、成本低
航拍图解读	任意未被遮挡的用地，露天停车位	分析必须获得摄影的日期和时间，并涵盖想调查的时段。 最好是低密度、单一用途的场地，树冠不遮挡停车位利用率。 借助 ITE 数据源的全天数据对比关系，可以将拍摄时刻的值转换为可能的高峰利用率

利用率统计必须根据建筑入住率进行调整。换句话说，一个办公建筑观测得到的停车位利用率为 2.7 车位 /1000 平方英尺建筑面积，但它只有 85% 的出租率；那么停车位利用率应该在包含空置租户后向上调整。在这个案例中，每 1000 平方英尺建筑面积的停车位利用数量应该是 2.7/0.85=3.2 车位 /1000 平方英尺。

停车位利用率统计的不足之处在于，它无法对停车位的使用者进行太多描述，例如在多户住宅开发项目中如何区分居民和访客。如果车位被指定使用，同时停车者也遵守这种规定，那么有时候会从统计数据中推断出用户组的停车模式。

停车统计的关键步骤是如何选择月、日和时段作为高峰利用率。对于居住用地，工作日的夜间车辆统计通常是最好的；对于一个办公楼来说，典型的工作日中午的统计效果比较好；零售业的情况较为复杂，应包括假日购物季和非典型时期、工作日和周末以及日间和傍晚时段的统计。ULI 出版的《共享停车》(Smith,2005) 中有模型数据显示了全天每个时段的利用率数据，能够帮助确定某种用地类型的高峰时段。

进行人工统计的一个困难是获得私有财产的使用权，通常需要业主的合作。例如对多户住宅项目的私人车库很难开展统计调查，除非物业管理员根据租约或公寓管理条例得到检查车库的授权。实地调查的另一个困难是现场调查人员的劳动力成本。

闸机和车位占用传感器的逐渐使用，可以成为一种低成本的停车统计方式。它们还可以支持详细的全天连续时段的停车位利用率研究（当停车位被使用）和持续时间研究（停车时长），这些数据对于评估共享停车的潜力很重要。自动数据收集的第二个优点是覆盖所有感兴趣的日期。与人工统计不同，它不用担心统计的日期能否代表项目特征。与人工统计一样，在公共停车位以外的任何调查都需要业主配合。基于这点，城市应该考虑在审批开发商 / 业主的项目时，要求他们允许调查场地或提供自动停车统计数据。

在某些情况下，可以利用航拍来解决访问受阻和成本昂贵的困难，前提是航拍日期和时间包含想调查的时段。这种方法最适用于低密度郊区，因为这里提供停车位的开发项目其停车位利用水平能够在航拍图中看清楚。作为实地调查统计方法，航拍最好能够覆盖多个时期和时间，但是航拍的拍摄时间不受停车分析人员的控制。它的好处是来源免费，但是想要正确识别车辆是否处于停放状态并符合所需的日期和时间是有难度的。第 7 章介绍了该类调查方法如何应用在办公建筑中。

另一种替代停车统计的方法是问卷调查。这些问卷调查询问员工、居民或购物者关于停车行为、交通模式、出行方式、车辆拥有量等问题。与停车统计报告确定地点的适时停车位占用率不同，问卷调查方法揭示了所有车辆在同一时刻停放的潜在最大停车位利用率。问卷调查还可以询问全天每个时段和一周全部工作日的使用模式和停车时长。停车统计得到的总量通常比问卷调查中所隐含的停车位利用率要低，因为所有车辆同时停靠的现象几乎不存在。例如，在住宅项目中，统计是在夜间进行。但在任何一个晚上，都会有一些居民可能会外出、上夜班，或者把车辆送去修理。此外，问卷调查一般不评估访客或短期停车。表 5.3 描述了问卷调查方法的选项内容。

调查问卷方法 **表 5.3**

数据来源	用地类型	使用说明
美国人口普查局，美国人口调查	居住：租赁和持有	提供有关家用车辆可用率数据，指出车辆最大停放数量，不包括访客
	办公和工业	利用地区劳动力市场的通勤方式选择数据，将员工密度数据与出行方式选择信息相结合，可以计算类似工作场所的停车需求，按“单独驾驶 + 拼车总人数 / 每车人数”分配车位
		无法为具体位置或用地提供特定通勤方式选择数据
特殊调查	任意用地	政府机构经常因为交通规划、空气质量或其他原因进行出行调查
		这些数据中可能有关于出行方式选择的信息，这些可以转化为期望的停车位利用率，或者直接询问停车方面问题
家庭、雇员或者购物者拦截访问调查	任意用地	抽样调查可以确定停车模式以及出行方式选择和停车选择的原因
		关键问题是要达到足够的样本量并避免没有回应所造成的偏差，包括有助于了解停车行为的态度问题。新型调查方式费用较贵。家庭和雇员调查版本中不包含访客停车

美国人口普查局美国社区调查（The U.S. Census American Community Survey, ACS）的数据是停车位利用率非常宝贵但经常被忽视的资源（2010）。它可用于直接评估住宅停车位利用率，并间接估算工作场所停车位利用率，见第 6 章和第 7 章。与 ITE《停车生成率手册》中收集的全国各个位置和时段的平均值相比，人口普查提供了城市级别以及更小的人口普查区（Census Tract Areas）级别的现状数据（ITE，2012b）。这些数据可在网上获得，专业人士和社区成员都可以免费获得。

另一个数据来源是许多政府机构所做的出行调查，这些调查提供有关停车的信息或者其他可以估算出停车位利用率的数据。例如，区域政府为编制综合交通模型进行家庭出行调查，而空气质量管理机构有时要求企业调查员工的出行行为。

新型停车特征调查是另一种的选择。家庭或员工的调查可以采用电话、网络、邮件调查，或者挨家挨户访问。拦截访问调查可用于购物者、酒店客人和娱乐场所顾客，当他们进入或离开场所时，会被询问一组简短的问题。拦截访问调查需要一群调查骨干来获得足够的样本规模。

问卷调查方法的优点是可以提供更多超出“需要多少停车位”问题以外的信息，调查问卷可以帮助理解“如何提供车位”和“为什么要提供车位”，可以作为理解更广泛出行行为模式的背景环境。这包括关于一系列选择的信息，包括出行生成量、出行方式和停车地点。此外社会经济组织也可凭此分析社区公平问题、对停车收费政策的不同反应以及其他问题。

问卷调查方法的缺点可能是难以回收充足的调查问卷。首先，调查的样本量能否足够推断整体人口？通常情况下，几百人的回收数量限制了得出合理结论的能力。这就是在更详细地理水平上开展新型调查和人口普查数据面临的共性问题，如人口普查区。问卷调查提供的误差范围可以帮助分析人员确定样本所具备代表性的致信率。其次，调查对象是否能够代表整体人群？例如，采用电话调查的方法很难联系到没有固定电话、不在通信录上的家庭或成员，而那些愿意参加调查的人可能代表不了这个人群。这些问题给特定的地理区域带来了挑战，比如调查公交车站半英里内的居民对建设一个覆盖公交服务区域的停车场的意见。在对加利福尼亚州圣贝纳迪诺县（San Bernardino）和河滨县（Riverside Counties）居民的问卷调查中，发现受访者的年龄更大、收入更高，且与普通人群相比多样性更少（Willson and Roberts，2011）。最后，新型问卷调查费用更高，会给停车改革工作增加 1 万~ 10 万美元的停车成本。

考虑这两种主要方式——统计和调查——了解这两种方法在结果上的差别很重要。它们可以互换吗？在对多户住宅的停车位利用率的研究中，我与一名研究生一起进行统计和调查，并将结果与美国社区调查（ACS）的数据进行比较。在圣贝纳迪诺县的多户住宅研究中，将安大略市和兰乔库卡蒙加市（Rancho Cucamonga）7 个项目的停车统计与问卷调查数据与这些城市的美国社区调查的车辆可用率数据进行比较。它们的结果非常接近——计算显示已入住的租赁住宅单元平均 1.66 辆车 / 单元，而美国社区调查数据中的租赁住宅单元为 1.63 辆车 / 单元（Willson and Roberts，2011）。这种对应关系表明美国社区调查数据可能是人工统计的合适替代品。自从这项研究完成以后，美国社区调查的多年平均数据可以在人口普查区使用，甚至可以更具体地匹配到城市特定区域。当使用人口普查区级别的美国社区调查数据时，应该检查误差幅度，以评估报告的平均值可信度。

在加利福尼亚州圣迭戈的另一个可支付住宅的研究中，对 21 个地点同时进行了人工统计和家庭调查。在案例中，家庭调查结果显示每个家庭平均车辆可用率（Vehicle Availability）指标为 0.68 辆 / 户，而夜间高峰车位占用率为 0.53 占用车位 / 入住户数（Willson, O’Connor, and Hajjiri，2012）。

家庭问卷调查结果（0.68）看起来比夜间高峰车位占用率更高，是因为它代表了所有家庭车辆同时出现的最大停车潜力之和，而不是捕捉某一时刻夜间车辆统计值，那时可能住户车辆未停放在车位上。

表 5.4 介绍了一些提供停车位利用率数据的国家资源。表中显示 ITE 2010 版的《停车生成率手册》拥有最广泛的用地类型，它从全国各地的项目中收集高峰利用率。该文件提供了所有研究项目的高峰期停车需求的平均值，它还提供有价值的信息来解释平均值，包括它所基于的研究样本数量、研究地点和日期，以及研究项目的平均大小（例如，多户住宅的建筑面积或户数）。它提供了一个散点图可以让人视觉感受调查值的变化，并伴有各种统计数据如标准偏差、变异系数、范围区间（最小值和最大值）、第 85 和第 33 百分位数。百分位数是指在此样本值以下的样本数占总样本数的比例。例如，第 85 百分位数的水平意味着 85% 的观测值低于这个水平，第 33 百分位数意味着 33% 的观测值低于这个水平。一个关键因素是计算平均值的样本数量规模，因为一些用地类型的研究样本很少，需要谨慎解释。样本观察量太少，会造成报告平均值不太可能是真正的利用率。此外，测量的变化值诸如标准偏差、最大值、最小值和百分位数，能够告诉使用者观测集与平均值的接近关系。紧密聚集的数值表明，不同地理区域和细微变

出版物概略 **表 5.4**

数据来源	用地类型	使用说明
ITE《停车生成率手册》第 4 版	106 种用地的停车位利用率数据	前面章节注释了直接使用《停车生成率手册》数据、不考虑背景环境、未来导向或政策背景的问题
	一些分为市区 / 郊区，周末 / 工作日，和其他区别	尽管如此，如果正确阐述的话这些数据也会有用。一些土地利用的样本量很小
ULI《共享停车》第二版	29 个用地类型的建议基准指标。细分为访客 / 客户和雇员 / 居民等类别。	《共享停车》的编者参考了 ITE 的《停车生成率手册》指标、城市土地利用学会的出版物和其他研究制定的基准配建指标建议值。这些指标是建议采用共享停车的出发点。在这种情况下，它们不是纯粹的利用率统计结果，包含了编者的专业判断，但基准指标是对 ITE 指标的有效补充
停车位利用率专项研究	零售购物中心	例如 ULI 和国际购物中心理事会在假日季对 169 个购物中心的 125 个独立销售类型进行了统计
	多户住宅研究，公交导向开发研究	有许多停车利用研究专项，涉及多户住宅、可支付住宅、公交导向开发以及其他用途，能在网上的科研图书馆中查找到。美国交通运输研究委员会和《交通研究报告》近年来发表了很多停车方面的研究

化的土地类型其停车位利用率是相似的；分散分布的数值表明，在 ITE 调查数据中没有体现的其他因素影响了高峰停车位利用率，如果是这样，那么平均值就不怎么可信了。对于一些用地类型，其指标分为郊区和市区，这种区分是有必要的，因为它在国家平均水平中考虑了关键的用地背景环境因素。

ULI 的共享停车基准指标与 ITE 不同，因为它们代表的是由停车专家对原始利用率演绎后用于模型的数据。换句话说，这些是推荐的基准指标，而不只是原始的停车位利用率。ULI 的用途类型数量较少，但是它提供了更多的数据，包括访问者 / 客户之间的区别，他们通常是短时的停车者；而雇员 / 居民通常是长时的停车者。ULI 也提供了季节、全天各时段、工作日和周末的指标。此外，该模型的说明清楚地表明，基础配建指标应该根据公共交通使用情况、不产生停车行为的专车接送、当然还有共享停车等进行调整。

最后，有些专项文件可能会有提供国家、州或区域层面停车位利用率。例如，ULI 和国际购物中心协会（International Council on Shopping Centers）研究了购物中心的停车位利用率情况。近年来，与住房相关的停车位利用率的研究较多。由于存在使用的停车位利用数据并非来自一个社区的问题，因此需要仔细比较土地利用和交通背景，以确定指标运用到另一个地方的适用性。

关于停车位利用率数据有许多潜在的信息来源。查找数据是值得的，因为规划人员和决策者在考虑未来利用率时，需要对现有条件有一个翔实的了解。将停车位利用率统计与问卷调查的数据进行组合，并与国家数据的进行比较，这样提供了三角测量（Triangulation）方式来增加对现有状况的理解。三角测量是一种检查和验证多个来源的停车位利用率的方法。当不同的来源达成一致时，分析人员会对该指标所代表的真实性充满信心；当它们不同时，这就需要进一步研究以确定具体原因，以便获得最准确的数据。

表 5.5 显示了如何将单个用地类别的数据与数据源进行比较。它可以用来解释如何提出用地类型的“综合”基准利用率。表中以“列”表示各种利用率来源，后面对其进行解读，诸如：土地利用的独特性，项目所在地的区域特征，停车供给问题及实施停车收费、配建拆分或交通需求管理等内容。

采用不同数据源的利用率平均值是非常实用的，但是确定一个基础“综合”指标的底线是专业判断水平。因为很少有足够详细、可以直接应用的停车位利用数据源的平均值，所以必须对不同来源的数据进行权衡。分析

停车位利用率数据的格式化显示 **表 5.5**

数据源	利用率测量方法	因素解读			
		使用特征	区域特征	停车供给	收费 / 拆分 / 停车变现 / 交通需求管理（TDM）
当地利用率统计（人工 / 自动 / 航拍解读）	每 1000 平方英尺、每户或其他单位的停车位使用率（高峰或其他时段）	该数据集的项目特殊特性	区域研究中的密度、混合使用、公共交通等因素	研究区域是否限制停车?	研究区域是否有停车收费、配建拆分或者 TDM 政策?
美国人口调查结果	隐含的家庭和工作场所高峰停车位利用率，没有零售、酒店等业态	只能确定一般特征——不能区分出租还是拥有，就业	可以在地理范围级别达到人口普查分区的水平	没有信息	没有信息
特殊问卷调查：家庭、雇员，或拦截访问购物者	隐含的每类用途高峰停车位利用率	与利用率统计同样的考虑，需要将调查地点的数据转化为新位置的标准			
ITE《停车生成率手册》	每 1000 平方英尺、每户或其他单位的停车位使用率（高峰或其他定义时段；平均值或百分位数）	涵盖了广泛的用途	信息较少，但调查的城市已经确定；有时区分城市和郊区	一般无约束，除非提供市区指标	通常最低，除了市区指标
综合利用率	每 1000 平方英尺、每户或其他单位的高峰停车位使用率（高峰或其他定义时段）	可以使用各种数据源计算平均值或百分位数的，但最终根据专家判断对各种数据源的进行检验和确定最具代表性的停车标准			

人员必须估算最适合当地背景环境和用地类型问题的指标。在检查数据时，分析人员应考虑数据收集方法的有效性，以及它在具有相似用地和背景特征的使用中的可移植性。当地的管理部门可能更愿意聘请一位顾问来做出专业判断，但在本书所提供的指导之下，工作人员或工程师应该对估算和解释基础停车配建指标更有信心。

网上可用的资源范围越来越多，数据搜索比过去更容易、更高效。与任何研究一样，分析人员应该寻求方法的透明性、研究程序的适当性和不带偏见的数据表达方式。考虑到统计的相关费用，规划人员和物业管理人员应将数据收集纳入常规活动，例如定期将停车位利用率数据发送给安全人员，或者收集和整理由闸机和车位使用传感器产生的数据。显然，有很多机会可以生成关于停车位利用率的本地数据,其中一些可以免费使用。简而言之，没有良好的数据，就没有建立停车标准的理由。第 1 步的结果是对具体用地类型的现有停车位利用率进行估算，用每开发单位的高峰停车位使用数量表示（面积、居住户数等）。这个利用率是一个“综合”指标，因为分析人员考虑了各种数据来源，提出最具代表性的估值。在零售商业的案例应用中，应该提出不止一个的综合指标，分别代表假日期间和常规购物日的高峰停车位使用情况。

工具包第 2 步——开发未来基准利用率

第 2 步是开发未来基准利用率（表 5.1 中第 2 步）。通过综合考虑第 4 章中讨论过的影响因素，需要确定目标年的停车标准。如果司法管辖区采用符合当前车位利用率的停车标准，那就不需要进行调整，但是如果政策制定者希望符合发展趋势，例如能源价格高涨或区域土地利用重建（见第 4 章），那么他们将采用更符合未来期望的停车位利用率作为停车标准，目标期限可能是后续 10 ~ 20 年。这一政策选择表明开业时停车位适度短缺的风险可以被减少停车配建的优点以及停车供给水平在未来的适当性所弥补。

制定开业时停车短缺的规划方案，应该避免社区因为停车外溢问题而提出反对——可以在附近有余量的停车位临时停车、使用代客泊车方式在停车位通道上停放车辆，或者是采取积极的拼车活动来解决外溢问题。一旦确定了目标日期，核心任务就是分析未来发展总体趋势，估计一个当前基准车位利用率的折减比例指标，并应用折减指标来创建未来基准停车位利用率。支撑预测的数据可能来自对国家趋势分析和预测、区域规划、交通和人口模型预测。

一些可能影响未来停车位利用率的因素主要是国家发展趋势（见表4.1），例如能源价格或远程通信替代出行趋势；其他因素如开发密度和土地混合使用，是由区域市场因素推动的，这些因素是社会和建筑形式条件对国家趋势产生的局部独特反应。制定未来的基准停车位利用率需要认识到这些国家趋势以及未来的区域和分区条件。例如，郊区居民出行方式选择较少，在面临能源价格上涨时他们更可能去购买一辆省油的汽车，而不是放弃开车。他们的家庭车辆拥有量和使用车位量可能不会有太大变化，但在拥有良好出行方式选择的高密度混合使用地区，能源价格上涨可能会更显著地影响到汽车的拥有量。换句话说，不同地方位置的车辆拥有量和使用量的需求弹性可能不同，在郊区几乎没有弹性，但在市区弹性就很明显。因此，即使看似广义的国家趋势也需要转变为区域或分区背景环境来使用。

设定未来基准停车位利用率的额外问题是，未来停车位的停车标准预测期限有多远。这在一定程度上是建筑物预期寿命的函数。例如，立墙平浇结构（Tilt-up）的轻工业建筑其寿命较短，因为它们是相对低成本的建筑类型。此外，快速增长地区的土地市场可能会相对较快地支持更高强度的发展形式；其他的建筑，如文化和专业的公共设施，将会持续几百年。另一个考虑因素是关于趋势的确定性水平，如果影响未来停车利用的因素不稳定或难以预测，则应考虑更短期的期望前景。

前文所述的各种因素大多都表明未来停车位利用率会低于当前水平。规划期限越长，停车标准就越低，更长的时间期限会导致更大的减少，因为有足够多的时间发生诸如用地强度提高、能源价格上涨或替代交通方式发展等情况。司法管辖区应考虑在停车位利用率下降之前，短期的停车供给/需求状况是否可以接受。答案部分取决于开发商对租赁或出售项目较低的停车供给水平的市场风险评估，以及当地政府是否愿意使用停车管理技术来解决短期停车短缺问题。如果认为投入使用时的停车短缺风险较高，那么采用较短的目标年可能会比较合适，比如10年以后。

任何停车标准改革所面对的预测问题都是难以应对的，因为它包含了长期的经济、资源和社会因素。没有量化模型可以整合所有因素，因此分析人员必须尽可能多地收集预测数据，评估预测误差大小，然后判断未来的停车位利用率。对于一些因素，例如土地利用和公共交通转变，可以从类似具有这些未来预期条件的地方得到参照数据。对于像能源价格这类问题，可以研究当前实施高能源价格的地区，比如欧洲城市，但由于经济或文化因素的不同，在借鉴时需要谨慎对待。如果需要更严格的预测，就可以使用德尔菲法。德尔菲法召集一组专家讨论某一主题，他们对未来的情况做出预测。他们独立地进行第一轮的预测，对特定区域未来问题进行回答。随后进行多次迭代，在此过程中，专家小组中每一轮都会共享预测结果，以此对自己的预测进行调整，得出比单个专家判断更加可信的预测结果。

对未来停车位利用率减少的不确定性的另一种处理方法，是设定不同的减少情景。换句话说，分析人员考虑不同组合和不同程度的发展趋势，并将其整合为一个整体减少因素。通过这种方式，可以向决策者提供两到三个未来的基准情景，以供其能够确定最可能的调整方案。

表 5.6 提供了一种逐项检查当前停车位利用率可能调整的表格。该表格可用于向决策者、利益相关者和公众解释期望的未来基准停车位利用率的合理调整。

估计未来停车位利用率的工作表 **表 5.6**

因素	考虑内容
本地及区域土地利用及交通规划	评估当地综合规划和区域交通规划，指出预期政策方向和预期变化程度
人口结构变化，老龄化	检查区域和当地人口年龄群组，并在区域综合规划和人口专项研究中进行分析
高密度、混合使用开发	在区域和地方的综合规划中、地方和区域房地产市场情况下，考虑政策和实施时间表
公共交通和非机动化交通	审查区域交通规划，以了解项目提案、实施时机、对出行行为的影响。道路和交通之间的支出划分表明了优先级
能源价格	跟随国内趋势，受国家能源价格趋势和地区出行方式选择的影响。交通方式越少，其效果相比多模式交通系统越小
拥堵抑制出行	检查区域交通规划预测结果，影响效果取决于区域拥堵程度和出行替代方式，以及基础就业类型
单人驾车与车辆共享的改变	确定替代车辆和汽车共享的当地市场门槛
远程通信代替出行	跟随国家趋势，如果它强调服务经济、技术就适应当地经济情况
文化偏好	确定区域在无车生活方式的文化发展趋势中处于领先或落后状态
停车管理、共享停车和收费	评估共享停车的当前范围和物理可行性，给定场地设计条件和场地之间的联系，共享停车的社区准备，以及停车管理
其他	其他可能影响未来停车位利用率的地方因素

未来基准停车位利用率是对步骤 1 中的停车位利用率进行适当比例调整。这种调整如第 4 章所述通常会是减少，体现了表 5.6 中所示因素的综合影响。这些数学计算方法将在第 6、7 和 8 章中进行说明。公式如下：步骤 2 利用率 = 步骤 1 利用率 ×（1–a），a 代表步骤 2 中未来利用率预计减少的比例（例如 10%）。虽然对于未来具体地点的减少量不能有一个总体的指导方针，但根据当地情况和规划期限，可能的比例在 5% ~ 50%。

如果一个郊区社区决定停车标准的规划期限为 10 年，那么未来环境对停车位利用率降低的影响可能很小，现有土地利用和交通系统的结构阻止了快速变化。另一方面，如果一个正在进行填充式开发的社区采用 20 年或 30 年的远景，那么停车位利用率的减少可能会很大。

第 3 步：确定最佳基础配建指标

一旦确定了未来基准利用率，第 3 步就开始考虑将预期的未来基准利用率转换为停车配建指标的政策决策。从“它将会是什么？”转为“它应该是什么？”这一系列政策中的第一个政策决策是基础配建指标（表 5.1 中第 3 步）。例如，如果司法管辖区要求绝对保证停车供给标准满足停车位使用率，那么基础配建指标就需要依据具体用地的全天高峰时段、一周高峰日期和季节性高峰的观测来确定（例如商业中心在节假日购物季最繁忙日的高峰车位利用率），它将从数据来源（例如当地停车位利用率统计、问卷调查和全国性概略）中选择利用率测量最大值的样本。不推荐这个极端方法，因为它在大多情况下会导致过量停车位，但它指出了确定基础配建指标的两个因素：（1）是否考虑周末或季节的高峰值作为基础配建指标，而不是典型的利用水平；（2）是从所有可用调查地点中选择“最坏情况”（最大值），还是使用这些数据源的平均值或百分位数。

本书建议采用通常方法，即使用典型使用时段（非最高峰）和代表可用数据源平均值（而不是采用最高的利用率样本或数据源）的指标。这有助于避免过度要求建设停车位，但这是一个政策选择，而不是技术问题。如果第 1 步中的综合利用率是各种基础利用率和信息源的平均利用率（而不是第 33 或 85 百分位数），而政策决策是根据平均水平来确定，那么第 2 步的未来利用率可以继续使用下去。但是，如果政策决策是根据第 33 或第 85 百分位数制定配建指标，那么未来基础配建指标需要根据平均利用率和各种百分位数之间的比例进行调整。

将停车位利用率信息转化为停车标准的数据测量方法，是一种嵌入式政策决策，因为停车标准可以基于平均利用率或百分位数值设置。显然，第 33 百分位的停车标准比第 85 百分位的水平要低。为了说明这种差异，用《停车生成率手册》（ITE 2010 版）的数据进行示意，一个郊区办公建筑（用地类型 701）的停车位占用率按每 1000 平方英尺建筑面积计算：第 33 百分位占用率 =2.56；平均占用率 =2.84；第 85 百分位占用率 =3.45。这些数值之间的差异归结于该类型用地研究观测的 176 个单体样本的差异。我们看到，选择平均值、第 85 百分位数或第 33 百分位数，会导致明显不同的停车标准。

如果使用的是第 85 百分位数，这种政策决策是为大多数项目提供过量停车，以减小少数项目供应不足的可能性。这意味着出现少数不满足停车配建的项目被认为存在严重问题，而不觉得大多数项目超过配建指标有什么问题。这种决定反映了一种对比供应不足与供应过剩之间相对风险的政策决策。

第 33 百分位数、平均值和第 85 百分位数的差异在 ITE 的《停车生产率手册》数据中可以看到，如上文办公建筑。如果在第 1 步中的综合利用率是基于数据源的平均值，但司法管辖区想要使用第 85 百分位数值，分析人员需要计算 ITE 手册中第 85 百分位数与平均值的比例，然后将这个比例乘以本地综合利用率，从而估算本地数据的第 85 百分位数。步骤 3 指标的计算公式如下：步骤 3 指标 = 步骤 2 指标 $\times b$，b 表示采用百分位数值与平均值的调整系数（如果使用平均值则 b=1，否则采取百分位数值与平均值比例）。

接下来的步骤——从第 4 步到第 7 步——将针对第 3 步的基础配建指标进行一系列调整。这些因素考虑具体用地类型、当地土地利用模式、多模式交通、停车收费和替代交通方式等因素发展趋势。

第 4 步——考虑项目和背景环境调整

接下来这一步是根据司法管辖区内的用地类型、地理位置或替代交通方式的预期特征进行调整（表 5.1 中第 4 步）。它与第 2 步中的调整不同，前面根据当地土地利用特征、当地发展愿景和交通规划来考虑区域性发展趋势。例如，如果当地办公用途朝着公司办公场所趋势发展，由于该类用途的员工密度较低，那么其停车标准可能会下调；同样，如果地方规划要求高密度、混合用途开发，那么未来当地的停车位利用率可能会比区域平均水平减少更多。从交通的角度看，如果在一个规划的轻轨线路覆盖服务范围内编制停车标准，那么配建指标将会向下调整，以期望交通方式向公共交通转移。这些调整超出了未来基准利用率（第 2 步）所考虑的地区或国家的宏观发展趋势范畴，但应该注意避免重复计算这两个减少因素。将步骤 4

的复合作用作为一个减少的比例应用到步骤 3，步骤 4 指标的公式如下：步骤 4 指标 = 步骤 3 ×（1-c），c 代表用地类型、地理区位或者交通运输特征对停车配建指标的减少比例。如果由于这些因素而导致停车位使用率的增加，则该公式将被修订为（1+c）。

在工具包中，步骤 2 的未来基准利用率被“基础配建指标”（步骤 3）和未来用途、地理位置或交通条件（步骤 4）继续调整修改。尽管此时生成的指标反映了当地应用环境，但仍需要考虑项目要求（步骤 5 和步骤 6）和内部车位利用效率措施（步骤 7），如表 5.7 所示。

停车标准工具包：项目调整因素和场地约束条件　　表 5.7

主题	步骤	说明
项目要求调整因素	（5）停车收费 / 配建拆分政策	确定停车收费或配建拆分标准。收费 / 配建拆分减少停车需求（弹性效应），如果实施收费或配建拆分政策，可以下调指标
	（6）公共交通 / 接驳巴士 / 步行 / 自行车要求	确定其他交通方式的条件，如自行车停车标准、摆渡车的比例。如果替代交通方式将来降低停车位利用率，可以下调指标
	（7）内部车位利用效率影响（专用车位对比公共车位），车位流通率，附属出行调整	（a）确定使用哪种停车位使用效率（停车位不专用效率更高）。如果停车位使用效率不高，指标向上调整。（b）考虑是否适当提高流通率，并酌情调整。（c）考虑项目内部的“附属”出行，对多用途项目下调指标，多种出行目的只采用一次停车
注：用地配建指标 = 用地初始指标根据步骤 5 ~ 7 进行上下调整		
地理位置和共享停车调整因素	（8）异地停车调整	确定部分 / 所有车位的需求是否可以分担在路内车位或其他路外设施（在共享或专用停车设施内）。配建指标减去路内停车分担的利用率
	（9）内部共享折减，适用于在同一场地包含多种用途	评估场地内各种用地的高峰利用时段，以确定共享停车折减（如果有的话）。可以根据此阶段的公式计算，或开展共享停车专项分析
	（10）计算期望的停车位利用率，评估结果和循环迭代工具包	计算预期的场内停车位利用率：不同用地类型的配建指标和规定，根据异地建设规定和共享停车（步骤 8 ~步骤 9）调整。评估社区目标，根据需要迭代工具包程序

工具包第 5 步——考虑停车收费 / 配建拆分 / 停车标准变现

步骤 5 考虑停车收费、配建拆分或者停车标准变现等可能会降低车位使用率的要求（表 5.7 中第 5 步）。停车收费创建停车位使用交易程序，由停车者付费。费率应该基于市场、由供给与需求关系来确定，或者基于成本回收或业主设定的收益率。停车配建拆分是将停车费用与租用或购买建筑停车位的费用分开。以住房为例的话，它意味着居民直接为他们使用的停车位付费，通过减少停车位使用来减少总的停车占用成本；以商业用户为例的话，它意味着企业或商户可以为商业停车位分开付费，这将导致他们减少租用的停车位数量，和 / 或将部分或全部停车成本转嫁给最终使用者。可以用“价格弹性”这一概念来理解停车需求对这些策略的反应。关于停车成本的价格弹性显示了引入收费机制或改变停车价格的情况下停车位使用率的变化情况。可以用案例研究或经济模型来估计这些影响，这将在第 7 章中进一步说明。第 5 步是对第 4 步的折减，步骤 5 的公式如下：步骤 5 指标 = 步骤 4 指标 ×（1-d），d 表示项目停车收费、配建拆分或停车标准变现等政策的折减系数。如果假设条件是免费停车，则 d=0。

工具包第 6 步——确认任何公共交通 / 接驳巴士 / 行人 / 自行车要求

第 6 步识别在停车标准和其他区划条例中批准的能够影响向其他替代出行方式转移从而降低停车位利用率的规定。例如，许多条例需要自行车停车位，这就鼓励了自行车的使用，并可能会将一些停车需求从机动车上转移到自行车。俄勒冈州波特兰市的条例鼓励提供公交枢纽，这使公共交通选择更有吸引力，从而减少停车位使用。条例也要求场地的出行需求管理方案。对案例实施前后进行对比，或与具有这些特征的类似区域进行比较，可以有助于评估对停车位利用率的影响，如果有的话。步骤 6 是对步骤 5 的折减，步骤 6 的计算公式如下：步骤 6 指标 = 步骤 5×（1-e），e 代表替代交通项目和设施的折减系数。

工具包第 7 步——检查内部车位利用率 / 流通率

一个给定的停车设施可以有不同的运营效率水平，这取决于如何将停车位分配给不同用户组和个人（表 5.7 中第 7 步）。以办公建筑为例，如果车位是“共用的”（Pooled，意思是没有分配给固定用户组或个人），所有停车位对该用地的车位使用者都能够内部共享；如果车位被分配给具体员工，当他离开后这些车位不能被访客或其他员工使用（当然，这是每一个有前途的高管的梦想——有一个自己名字的停车位）。同样的现象也适用于许多用户群体，如管理人员、正式员工、拼车族、混合动力车和替代燃料车主、供应商、访客等。例如，访客将被禁止使用雇员外出后空置的车位。如果将太多车位指定给特定的用户组或者个人专用，那么停车设施的效率就会降低，因为任何时刻都会有一些车位空置。停车规定一般不管理车位如何指定使用，除了要求一些特殊类型如无障碍停车位和装卸车位，但如果一个条例因为使用效率而要求共用剩余车位，就意味着不需要因为专用车位的低效率而上调指标。

如果本地做法是为给大多数用户组或个人分配车位，那么就需要政策响应。例如，在住宅开发中，将车位分配给具体单元的惯例意味着这些专用车位被排除在内部共享之外。对此问题的一种应对措施是调整配建指标，以应对这种低效率。例如，可以为这种现象将指标增大 10% ~ 20%，超出比例的大小取决于使用特征和车位被专用的程度。另一种应对方法是不做任何调整而将这个问题交由业主和物业经理负责。这种方法宣称停车政策的目的是设定一个有效管理停车设施的最小车位数量。通过车位设计来减少车位使用率是业主的权利；路内停车管理措施将会控制此种行为可能产生的停车外溢风险。

如果考虑车位流通率，那么第 7 步还是一个向上调整指标的步骤。这种做法是通过增加停车来提高寻找车位的便利性，因为即使在高峰停车者也希望有一些空置车位。空置车位是为了减少停车设施内部和周围道路的拥堵，以提高停车者的便利性。例如，温特和莱文森（Weant and Levinson, 1990）建议在停车标准中将高峰需求的 5% ~ 10% 作为空置车位。与其他政策一样，这种经验做法也是一个政策问题：土地和资金是否应该用于建设即使在高峰时期也会空置的停车位以方便在停车设施中寻找车位？答案可能取决于用地特征——对于日常停车比较规律的办公建筑，这样的流通率是不必要的，但对于高周转率的零售用途可能是合适的。现在停车监控和导航系统提供了一种有效的方式来充分使用停车设施，减少了对流通率的需求。图 5.2 显示了加利福尼亚州圣莫尼卡的一个停车场显示可用停车位数量的可变消息标志牌。先进的系统可以引导停车者找到具体的空置车位。

对内部车位利用效率和流通率进行整合后得出第 7 步的调整指标。不同于工具包中的大多数调整，如果应用这一步骤的调整因素，通常会增加停车配建指标。在大多数情况下，步骤 7 对步骤 6 指标增加一定比例，步骤 7 的计算公式如下：步骤 7 指标 = 步骤 6 指标 ×（1+d），d 表示为无效率的车位分配方式和 / 或车位流通率所增加的比例。超出预测的高峰利用率是停车标准的一个常见做法，但它们不是不可避免的调整，司法管辖区应从政策角度考虑这类调整。

然而，第 7 步并不是分析程序应该停止的结束点，因为还有其他因素需要考虑——使用场地外停车资源、内部共享停车折减，以及减少每个停车位的停车面积的方法。步骤 8 ~步骤 10 考虑是否可以在路内、在其他路外设施内或在内部共享的基础上分担期望的停车位利用率。

图 5.2　实时停车位可用信息系统

工具包第 8 步——根据异地停车分担来调整场内配建指标

异地停车设施以两种方式分担配建指标：一种是步行距离内的路内停车

位；另一种是附近停车设施的停车位，它可以是独立的停车车库或者其他用地的停车设施。

一些司法管辖区已确定在设立路外停车标准时可以考虑路内停车资源。第三章提到了一个发生在洛杉矶附近伊格尔罗克（Eagle Rock）的例子。通常这种决定是因为用地高峰使用期间有可用的路内停车位，并且有公共政策鼓励这种类型开发。例如，允许需要的餐厅使用路内设施完成部分或全部停车配建指标，可以减少或取消场内配建指标。由于不同司法管辖区的路内停车位可用率不同，因此这种类型的减少最适用于特定地理位置的地区，在这些地区，已核实了路内车位的可用率，并实施路内停车管理。

在一个地区也可能有未充分利用的路外停车资源，当有规定允许适当借用这部分停车资源时,可以允许减少场内的停车配建指标。在这种情况下，可以对停车剩余资源附近区域的用地停车标准进行调整。很多条例允许市区的项目利用附近停车设施点对点的来满足停车配建下限指标，前提是通过研究表明异地停车是可行的。使用该方式的条件包括异地停车资源与场地的可接受距离、法律承诺形式如产权协议或契约。这种异地停车形式是对基础配建指标的调整（如果在可用率、距离和可达性方面没有约束条件），或者根据具体项目经过合理研究和达成协议后调整。这些研究需要对其他业主的停车位利用率开展研究，并进行共享停车分析，以确定用户使用异地停车这种模式在时间上是否合适。

这些规定还可以利用附近停车共享的优势，利用附近特定时间段内多余的停车位，比如办公建筑和附近的宗教机构之间的共享。办公建筑停车高峰在工作日，而宗教机构停车高峰在周六或周日。

步骤 8 涉及将步骤 7 部分预期的停车位利用率安置在路内或其他路外停车设施这一做法的前景评估。把这个调整系数应用到第 7 步之中，计算路内停车位或其他路外停车设施分担后的停车配建指标（例如，分解到异地安置的配建车位数量可以按照开发项目面积或其他项目规模来计算）。这个指标用来为场内配建指标设置一个下降比例，公式如下：步骤 8 指标 = 步骤 7 指标 ×[（步骤 7 指标 -e）/ 步骤 7 指标]，e 代表由路内停车和其他路外停车设施提供的车位指标。举例来说，如果步骤 7 生成一个 4 车位 /1000 平方英尺的指标，通过路内车位和其他路外停车设施可以提供 1 车位 /1000 平方英尺，那么异地停车折减比例为 0.75，导致步骤 8 的指标变为 3 车位 / 1000 平方英尺。

第 9 步——评估可能的内部共享停车折减

如果场地内部混合用地之间停车高峰不同，它们可以进行共享停车，第 9 步考虑这部分停车标准折减。以拥有电影院和办公用途的混合使用开发项目为例——办公部分的停车高峰在工作日，而电影院的停车高峰在周末、假日和夜间。通过共享停车，总的停车供给比它们分别按独立用地、没有共享的指标计算之和要少很多。

共享停车在第 8 章中进行了更加详细的解释，它介绍了如何使用 ULI 共享停车模型和一个免费的替代模型，其核心是共享停车为混合用途开发中每个用地类型计算单独用地停车位利用率（来自步骤 8 指标），确定全天每个时段的停车位利用率（有时也有全周每天和全年每月），计算每种用途的高峰小时占用率，将每种用地的每小时占用率加和取其峰值，即生成整体开发的高峰车位占用率。与前面步骤的调整指标不同，这不是一个适用于所有混合用途项目的标准比例折减，而是预测具体用地组合的高峰车位使用率。例如，可以通过确定某些用地组合的停车位利用率折减比例来计算第 9 步的指标，并且可以开发一个对照表，当某些用地组合在同一个场地内开发时，可以提供更低的指标，类似于第 3 章中描述的费城条例。在那种情况下，步骤 9 的指标计算如下：用地 x（与用地 y 组合）的步骤 9 指标 = 用地 x 的步骤 8 指标 ×（1-f），f 代表用地 x 和用地 y 共享停车条件下的折减比例。这一程序将会在预测停车标准时对各种用地组合重复使用。另一种共享停车的替代计算方法是，将步骤 8 所得各类用地指标输入到具体项目的特定共享停车模型中。在涉及超过两种土地用途或具有独特用途和停车共享的项目中，这是一种可取的方法。

工具包第 10 步——计算期望停车位利用率，评估结果，进行工具包迭代

步骤 3 ~步骤 9 所做的调整应该反映社区目标和优先政策事项。可以一次性计算调整因素，也可以分布计算步骤 4 ~步骤 9 的乘积，再乘以步骤 3 的指标。之所以使用这种乘法方法，是因为每一步都用来减小或增大基础指标（而不是整合为一个折减比例）。在对每个工具包步骤的调整系数进行了最好的估算之后，分析人员应该考虑协同效应。例如，在没有良好公共交通服务条件下的停车收费调整效果，要比开发要求中增加公交服务的地区的停车收费效果更小。因为在后一种情况下，选择开车和停车的替代交通方式更有吸引力。这些协同效应可能导致分析人员增加对特定工具包步骤的调整。同样，分析人员应该避免重复计算折减因素。例如，案例研究

或研究报告可能表明停车位利用率折减是多种因素相结合的产物，因此，必须谨慎地划分每一步骤之间的影响。检查这一过程的一个良好方法是将步骤 7 所得的指标与背景环境、假设条件和类似开发条件的研究案例进行比较。

虽然这些事项属于技术维度，例如预测人们对停车收费或增加的公交服务的停车反应，但是它们需要对未来发展进行假设，让停车标准反应诸如多模式交通、用地混合之类的社区目标。除了与规划和政策进行结合，还可能需要与委员会和市议会进行磋商，以帮助确定这些参数估值。

前九个步骤的结果是开发一个期望的场内停车配建下限指标以供用地使用。这是思考停车配建下限指标的基本出发点，但它还不能确定为指标，必须根据广义的政策目标对未来停车配建指标进行评估。换句话说，开发商提供的预期场地停车位利用率是否符合公共利益并支持社区目标？这种政策联系通常被认为是将上位规划落实为管理规定，例如停车标准，但也存在详细考虑的特定条例可能会导致对上位规划的重新评估。换句话说，通过考虑诸如停车下限配建指标等管理机制的影响，司法管辖区可能会发现它需要改变规划。与停车标准有关的一个例子是，如果土地面积、交通和环境对停车供应水平的影响破坏了规划愿景的实现，那么宏观规划内容可能会被调整，需要增加公共交通服务或者要求更多混合使用。这应该是宏观愿景和监管实施之间“对话”的一部分内容。

第 9 步产生的场内预期停车配建下限指标应该根据第 10 步中的社区发展和规划进行评估。评估应该至少处理图 1.4 所示的以下 4 类相互关系，并增加评价实施效果的评判标准。

- 交通运输。可能会考虑的问题包括以下内容：预期的停车配建指标是否支持本地和区域交通目标？在各种场地可达方式中，停车是否具备最好的成本效益（见文本框 5.1）？例如，停车标准是否鼓励小汽车出行，与公共交通和非机动车交通规划、降低空气污染等此类目标是否冲突？停车供给所产生的交通量当地能否通过增加道路通行能力或实施道路瘦身的长期路网规划满足？非机动化交通的运行是否受到未来停车配建指标的影响？
- 设计与城市形态。符合预期停车配建指标的设计和城市形态意味着什么？这些是否符合社区的密度和场地设计目标？停车配建指标会限制容积率低于规划的控制水平吗？公共空间如人行道或广场会受到配建指标所定的停车供给的影响吗？

- 经济。考虑土地成本、建筑成本和停车运营成本，遵守配建指标的成本是多少？第 2 章提供了一些案例。是否有一系列配置条件使得开发商很难满足预期的停车标准？开发商提供这么多的停车位在经济上可行吗？在这个指标下的停车费用负担会不会减少房地产投资和商业活力？如果是这样，那么开发量减少的财政影响是什么？停车成本与使用其他出行方式（如公共交通或非机动化交通）相比是否更有效？有哪些收入可以从与改变停车配建指标相关联的增加路内停车管理中获取？

- 可持续性。私人车辆的使用程度是否会因停车标准而增加？停车配建指标对污染、温室气体排放、社会公平和身体活动的影响是什么？这些都符合当地和区域规划吗？例如，预期的停车标准是否有助于引导司法管辖区遵守空气清洁条例？在建造可支付住宅、社区影响和地方经济发展方面，与配建指标相关的社会公平问题是什么？

- 实施。该司法管辖区是否准备实施路内停车管理和停车收费措施以解决配建指标低于之前使用指标所造成的短期停车外溢问题？司法管辖区是否会制定因地制宜的配建指标。这种方法将会大幅降低指标，但要求开发商保证对停车短缺有应对措施，要么通过更多的停车方式，要么采用其他交通方式。是否有足够的组织能力和私人 / 公共合作能力，来制定具备有效可达性和实施停车管理的项目？有什么现状执行机制支持提议的配建指标相配套的项目？

文本 5.1 交通运输方式的成本效益

地方官员应考虑评估预期停车位利用率和停车配建下限指标的成本效益。成本效益是指实现每一个“单位”目标的成本。假设本例中的目标是可达性——雇员、购物者、访客或居民访问具体用地的可达能力。停车位是交通系统（道路、支持性基础设施等）的一部分，服务于那些乘汽车出行和需要在目的地停放车辆的人。正如第 2 章所讨论的，停车涉及大量的资金成本（土地和改造），加上运营成本，有时还包括营业收入。成本效益问题是这些停车成本和收入与其他可达性方式相比怎么样，诸如行人、自行车或者公共交通设施。

不同类型的可达性改进通常有不同的成本结构和有效性级别。成本结构是不同的，因为一些可达方式如停车或者固定式轨道交通是资本密集型的。其他措施如拼车项目用以增加合乘，或对当地公共汽车服务的渐进式增强，都是运营成本密集的，需要在人员、燃料和维修等方面进行持续的支出。这个问题是通过将资本转换成一个年化的资本成本（使用摊销公式）来解决的，这相当于一次性成本作为一种持续的年度费用。这个计算考虑到资本成本、改进措施的周期，以及资金成本。通用的电子表格程序中的“支付”功能可以提供这种计算。年化的资本成本、年度运营成本和年收益可以被概括为年化成本（或收入），可以与其他选择相比较。例如，第2章展示了一个城市3层停车楼的计算案例，揭示了折合成每日成本的年化成本约为每天7.44美元。如果通过每天2.00美元的补贴可以使出行者从开车转向使用公共汽车的话，那么公共汽车替代方案就更划算了。它以一半的成本产生相同的场地可达性结果。当然，这是假设的停车位成本被明确承认，而不是被沉没在项目的财务状况中。摊销资本成本将其计入运营成本和收入，可以通过各种运输工具和项目选项进行“一对一”的比较。剩下的挑战是如上所述的“可达性”单元的问题。如果不使用这些可达性选项，则不会实现预期的目标；换句话说，会产生空置车辆停车位、未使用的自行车停车位以及公共汽车上的空座位，而不会产生一个可达性单位，因此无法计算其成本效益。像自行车停车位这样的替代可达方法通常比提供车辆停车更具有成本效益，但是在不评估使用水平的情况下，就无法宣传它的巨大成本效益。因此，评估一种停车水平的成本效益，需要了解考虑每一种可替代方式的可能使用情况。在总体上，交通方式选择的发展趋势显示出公共交通的使用增长缓慢，拼车/班车的使用在减少，这表明替代停车的潜能受到了限制。但是，案例研究已经表明，在设计对开车和停车方式的良好替代方案方面，有许多具体地点的成功经验。实际上，批评者认为过高的停车配建下限指标妨碍了替代出行方式的竞争性，（因此它的成本效益）被过量供给掩盖，而真实成本从出行者身上隐藏起来。

上文列举的政策问题应予以考虑，如果预期的停车配建指标结果被认为是不可取的，应该进行的附加的工具包迭代来重新考虑第一轮所做的主要决策——第3步（基础配建指标）、第4步（项目和背景调整）、第5步（停

车收费 / 配建拆分 / 停车标准变现）、第 6 步（替代交通方式要求）和第 7 步（停车位使用效率）。评估也可能会导致对异地停车和共享停车的重新考虑（第 8 步和第 9 步）。当确定社区目标与预期停车配建指标的影响之间达到最佳匹配时，这个迭代程序才应停止。当这个程序完整实现的时候，才可以说这个特定的停车配建下限指标推荐值是充分的。当然，这个迭代过程的结果可能是没有合适的停车配建下限指标，停车供给决策被批准由开发商自己确定。

最后的工具包步骤（步骤 11 和步骤 12）不影响停车配建下限指标，但考虑了其他停车标准因素，包括停车位如何设计和用作停车位的场地或建筑面积数量，调整因素包括停车位缩小、子母车位或代客泊车，以及机械停车等。

工具包第 11 步——平衡车位尺寸效率问题

车位尺寸问题考虑车位大小和通道尺寸，这是停车标准中通用组成部分。这包括前文描述的压缩车位和未来车辆的尺寸以及停车管理技术的发展趋势（表 5.8 第 11 步）。更小的车位和车道会让单位用地或建筑面积产生更多的停车位。关于是否允许部分或全部车位采用小型车位，应该根据使用特点而定，区分是零售使用还是全天停车，并根据未来的停车管理水平进行调整。要考虑的政策问题是，保证停车者方便地进入私人路外停车设施的做法是否符合公共利益。一个答案是应该由开发商决定车位大小，开发商肯定会在采用小型车位节省成本与减少对项目及其租户潜在的负面市场影响之间做好平衡。停车管理与执法可以帮助确保小型车位如其所望，可以通过“警告—罚单—拖车”管理程序来避免不合理的车辆停放。车位大小的决策不影响配建指标，但它会包含在条例的停车位设计条件中。这些决定影响每平方英尺土地（地面停车）或建筑面积（停车楼或地下停车设施）可建的停车位数量。

停车标准工具包：停车位效率调整 **表 5.8**

主题	步骤	说明
停车位尺寸效率	（11）停车位大小和通道要求	确定小型车位和通道能否用于减少停车面积
	（12）停车措施如子母车位或代客泊车、机械停车	评估子母车位通过减少每个车位通道面积来减少停车面积的前景，或者采用机械车位，通过垂直堆叠和减少通道来提高单位用地面积的车位数量

工具包第 12 步——探讨子母车位、代客泊车和机械停车的可能性

如果可以使用子母车位、代客泊车或机械车位来满足停车标准，可以获得更大的空间效益（表 5.8 第 12 步）。子母车位、代客泊车或机械车位方式减少了平均每个停车位的通道面积。例如子母车位可以让单位面积的通道服务两倍的停车位，但是需要协调好，以便“里面”车辆能够进入和离开停车位。居住开发项目中当两个车位都属于一个家庭时可以采用这种方式；在商业设施中就需要代客泊车。代客泊车也可以在停车通道堆放车辆，甚至能够增加每平方英尺停车位面积的车位数量，以应对特殊高峰时期。允许这种类型的停车标准也可以规定有关代客泊车服务和其他影响进出车位活动的条件。最后，多种形式的机械停车系统已经出现在用地紧张和地价昂贵的项目中。机械停车采取垂直堆叠车辆方式，可以实现单位平方英尺用地或建筑面积停放更多车辆。机械停车技术日新月异，在不同的土地用途和地区类型中应用越来越广泛。允许机械停车可以让开发商取得显著的土地效率。与第 11 步一样，这些决策影响每平方英尺的停车位数量。

总　结

工具包中的双重底线是：（1）配建停车位数量，如果有的话，按比例表示并分为场内和异地建设；（2）确定多少用地或建筑面积必须用于满足场内配建停车位的相关规定。如前文所述，设定该双重底线需要一系列的政策选择，通过工具包来内部评估和考虑预期配建指标对广泛社区目标的影响。在经过政策考量之后，一个新的停车配建下限指标才能够被推荐和采纳在区划法的用地类型或基础地区中。当然，经过每一步讨论并考虑最终结果对广义的社区目标的影响之后，可能发现停车配建下限指标不合适，正如很多城市已经决定在核心商业区和公共交通发达区域取消下限指标一样。

综合起来，这些分析步骤和政策选择提供了一个基于经验、面向未来和政策响应的更明智的停车标准制定方法。在目前的实践中，这 12 个步骤既没有经过慎重考虑和公开使用，也没有根据综合规划的政策方向来进行评估。该工具包让停车标准制定走出“黑箱”操作，并使其成为决策者和利益相关者进行深思熟虑的组成部分。它为当地官员提供了在合适情况下自信地修改停车标准的工具，支持通过数据和清晰的政策逻辑对停车标准

进行修正，并与综合规划协调一致。如何进行每一步调整需要研究不同需求策略，并对影响城市及其地区目标的政策进行辩论。接下来的三章将演示工具包如何应用在三类土地用途中——多户住宅、工作场所以及混合使用中心——将提供更多如何得出调整系数的信息。

第 6 章

多户住宅的停车标准

我们是不是关心无家可归的车甚于关心无家可归的人？

——杰夫·图姆林

政府官员真的是关心无家可归的车甚于关心无家可归的人吗？司法管辖区努力施行停车标准政策来确保所有的车都被安置，但在为无家可归的人提供住房方面却收效甚微。人们可能会反对说这是两个不能比较的政策领域，前者是交通工程的问题，后者是社会政策的问题。但如此区分是错误的，停车标准也是一种社会政策，因为它影响社会资源的分配，甚至于停车设施成本直接影响住房的供应、选择和支付能力。

“多户住宅”这个术语涉及多种房屋类型，包括联排别墅、无电梯公寓、多层建筑和塔楼等。住房类型的区别在于占有权（市场租赁、保障性住房、自有产权）、市场（一般市场对比老年人、家庭住房等专业市场）、户型大小（通常用卧室的数量来衡量）等方面。同一多户住宅类型也可能具有不同的停车特征，这取决于它的地理位置——公交发达地区住房的功能与边远地区不同。因此，多户住宅的停车标准内容较多，涵盖了许多居住区的区划分类。考虑到对独户住宅持续蔓延的限制和人口与经济因素的变化，多户住宅是一个值得我们注意的重要用地类型。

对多户住宅的停车标准改革非常有意义，因为它与交通运输、城市形态和可持续发展的成果相联系。这些影响效果来自于许多影响方式，例如停车标准影响到家庭级别的汽车购买可行性和购买成本，从而影响了家用车辆的可用率。通常规定每个出租式公寓提供 2 个免费车位，这实际上是在邀请租户拥有 2 辆车，即使他们只需要或使用更少的车辆。车辆保有量水平相应地决定了其他出行目的的方式选择，从而导致在非居住区也需要使用停车位。从城市形态的角度看，多户住宅停车标准影响城市密度和设计质量，由于导致土地利用率变低和 / 或建设成本变高，它们可能比“每英亩可建户数”的限制更加束缚可能实现的密度。在设计方面，批评人士抱怨在多户住宅开发设计中，停车设计占据了主导地位。当然，不可忽视的是，这也是把私家车出行和降低密度视为一种可持续发展理念的结果。

多户住宅的停车标准与社会政策有额外的关系，因为它们影响租金和住房的可支付性。由于租赁住宅的开发商通常把停车费用与租金挂钩，所以停车标准越高，租金就越高。从运营的角度来看，由于开发商不得不建造停车位，所以他们没有动力向那些较少使用停车位的家庭提供更低的租金。私家车数量少于停车标准的家庭因此承担了不公平的高租金负担——他们实际上补贴了车辆多的家庭。

以户为单位的停车标准影响开发商建设的户型大小，他们可能不会建设小型的、更经济的户型。这是因为小型户型的配建停车位占用了更大比例的可租住房面积，换句话说，如果一个开发商必须为每户配建 2 个停车位，他可能会建造更大的户型以获取更多的租金。最后，停车配建下限指标导致收入受限家庭的保障性住房供给更加困难，因为它加剧了这种类型住房的成本与收入之间的不平衡关系。

下面的案例将上述论点联系在一起。南加利福尼亚州的一个开发商正在推动一个每英亩 30 户家庭的多户住宅项目通过审批程序。《详细规划》（*Specific Plan*，加利福尼亚州的规划工具，将政策和管理要素集合到城市的每个分区之中）中的停车标准规定：每户住宅必须配建 1 个停车位；有两间卧室的公寓需要 1.5 个车位，有三个或更多卧室的住宅每户需要 2 个车位；允许将路边（路内）停车位计算入内以满足访客停车标准，在可能的情况下，前 30 户每户 1 个车位，从第 31 户起每户 0.5 个车位；最后，允许有 2 个车位的家庭设置子母车位。这些规定中，除了访客停车标准外，其他配建指标比传统的郊区多户住宅配建指标要低一些。执行《详细规划》配建指标的第一个项目已经建设和运营。项目运营后，物业经理和城市管理人员没有积极管理场地内部停车；同时最初一批租户的停车位利用率高于平均水平，结果导致该项目周围的居住区街道上出现了停车外溢现象。根据附近居民的投诉，该城市试图改变未来的停车标准：将 2 居室的配建指标增加到每户 2 个车位、不允许将路内停车位作为访客车位、不允许设置子母车位。这些变化似乎是微小的调整，但它们对城市可实现的开发密度影响巨大。当然，将 2 居室户型的配建指标从 1.5 个车位提升到 2 个车位看起来没有太大的区别，但实际上，当为满足新的配建指标而修改设计方案后，该用地的开发密度从 224 户下降到 170 户，减少了 24%。以这种方式减少密度同样会减少相同比例土地成本的收入，使项目在财务上不可行。这个例子说明停车标准的微小改动会产生重大的政策影响，体现在这个例子中就使一个本来可取的住房项目在经济上变得不可行。

待开发地区（Greenfield）的多户住宅开发是一个重要课题，填充式开发同样也是多户住宅建设的重要组成部分——规划人员需要仔细检查这两种住房形式的停车标准。本章通过 12 步工具包程序演示了第 5 章中讨论的概念。该程序可以确定区划条例中多户住宅的居住停车标准，如果司法管辖区这样操作，就形成了停车配建下限指标。

多户住宅停车标准

在大多数社区，停车标准规定了必须根据住宅的卧室数量提供停车位数量。大的户型需要提供更多的停车位,因为预计这些住户的入住率会更高。大部分多户住宅的停车标准也为访客规定了一定数量的停车位。表 6.1 总结了第 3 章中评估的 5 个司法管辖区的多户住宅停车标准。

多户住宅的停车配建下限指标 **表 6.1**

房屋类型	宾夕法尼亚州，费城	俄勒冈州，波特兰	不列颠哥伦比亚省，温哥华	加利福尼亚州，安大略	弗吉尼亚州，威尼斯
多户住宅（一般 > 2 户）	3 种指标：0 车位，3 车位 /10 户和 1 车位 / 户，取决于不同分区	3 种指标：无下限指标，0.5 车位 / 户和 1 车位 / 户，取决于不同分区	多种指标：0.5 ~ 1 车位 / 户，一些按每户建筑面积，变动性指标，增加停车帽（Caps）	1.5 ~ 2.5 车位 / 户，取决于卧室数量。访客 =1/4 户数（3 ~ 50 户），指标逐渐下降。露营车停车位，20 户以上 1/20 户，指标逐渐下降	2/ 户，超出 3 个卧室的部分附加 1 车位 / 卧室，最多 4 个
特殊类型	集体生活：1 车位 /10 床位，单人套房：1 车位 +1 车位 /20 户；最少 2 个	单人套房：0	寄宿房屋：1 车位 /400 平方英尺，包括浴室。低收入：1 车位 /2 户	老年人住宅：1/ 户	供膳寄宿处：1/ 客房

一些大城市的司法管辖区按户设置配建指标，不区分卧室数量，但大多数其他司法管辖区都根据卧室数量调整配建指标。使用户数作为配建指

标单位的司法管辖区要求提供一定数量的停车位，但并不一定寻求与户型大小完全匹配，把为大户型住宅提供多少停车位的决定权交给开发商，让他们把额外增加的停车位成本添加到提升的房租中，以满足更高的停车位可用率。在对区划法规的评估中，安大略市基本按卧室数量设置配建指标，以保证所有的项目拥有比可能的停车位利用率更多的停车位。维也纳为任意大小的户型设定 2 个车位的下限指标，从而增加了单间公寓和 1 居室住宅的成本负担，使小型住宅、可支付性住宅建设量下降。同时，没有一个司法管辖区对多户住宅设置停车上限。

大多数司法管辖区为不同房屋类型分别设定停车标准，例如可支付住宅或者老年人住宅，但是对这些房屋类型的处理方法是不同的。这是一个非常重要的问题，因为汽车可用率因家庭类型而异。例如，同样的 2 居室公寓可以住一对没有车辆的退休夫妇，也可以由 4 个或 4 个以上的独立成年人共用。虽然司法管辖区可能想要将停车标准与居住者的特征联系起来，但他们无法控制住户使用的各个方面，这限制了他们将入住率与停车标准联系起来的能力。如果这种变化能够在所有单元中平衡，那将不是问题，但是如果一栋建筑吸引了一群家庭车辆保有量较高的租户，将导致停车外溢问题。一个不可取的应对方法是只为解决部分车辆保有量较大的住户，而将所有配建指标设置在较高级别。

影响多户住宅停车标准的因素

多户住宅的停车标准是一个敏感的问题，因为多户住宅是一类有争议的用地类型。居住在独户住宅和低密度社区的居民可能会反对多户住宅，因为他们非常担心那些糟糕的设计方案或者因为邻避主义（not-in-my-backyard, NIMBY）情绪；也存在阶级和种族问题，因为一些居民声称多户住宅会导致拥挤、贫民窟、社会问题、降低房产价值、减少社区投资等。确实，现实中存在多户住宅项目与周围环境不相符的案例，因为周围都是精心设计的互相和谐融合的住宅。作为项目关键的设计和功能要素，停车位在这些项目的扩大讨论中陷入了困境。出于好意寻求增加住房供给和可支付性的规划人员知道，居民可能将停车问题作为反对多户住宅的基础论据，因此需要小心这里出现违背标准停车做法的地方。

正如前文所指出的，停车标准会对住房可支付产生负面影响，但这个问题已经上升到了社会维度。一些可支付住宅的倡导者认为，停车配建下限指标所支持的车辆可用率是一种社会流动性工具。如果需要一辆车才能获得广泛的就业机会，那这种说法有一定的道理。同样，增加车辆可用率可能有益于提高社会指数，如获得健康食品、社会和医疗服务以及其他因素。最后，决策者必须平衡以下两种关系，是选择降低停车标准来减少成本从而增加住房供应量和获得住房的机会，还是选择建造更少的可支付住宅从而只为一小部分群体提供停车位和可达性福利。正确的平衡方法取决于城市和项目的背景环境，需要考虑诸如替代交通方式和当地工作、购物和其他关键出行目的等特征。

居住停车的第三个问题是居住停车位共享存在诸多障碍。首先，居住停车位经常有一半是空置的，因为使用它们的车辆会停放在工作、购物和其他出行目的地。这为共享停车创造了一个机会，但拥有露天停车位和私人车库的居住区通常将停车位分配到每户，这种专用分配的车位不能被共享，即使是本社区居民也不能。住宅物业管理人员因为安全原因，通常不希望非本地居民进入停车位，从而进一步减少共享的机会。

在城市地区，这种共享是在配建标准降低或取消的条件下实现的。居民们在他们建筑附近的私人停车市场寻找停车位。最近，我的一个学生搬到克利夫兰市去读研究生。那里的停车费从租金中拆分出来，所以她的停车选择方式会根据位置和保留方式不同，费用从每个月 35 美元到 170 美元不等，她选择了每月 90 美元的车位，在她公寓附近未设置专用车位的地方，管理部门为公众开放了多余的停车位，这意味着她有了“狩猎执照”（用于捕获车位）。从租户的角度看，这意味着在特殊时候很难找到车位，但是这种麻烦可以每月节省 80 美元。从停车位利用率的角度来看，这种安排是有益的，因为它允许访客在高峰时段办理特殊事情时使用这些车位。租户和社区博客上常常充斥着对这种车位分配的抱怨，但这些抱怨却建立在一个假设前提下，即高密度城市地区的居民在某种程度上“有权”使用方便、低成本的停车位。

多户住宅停车标准的一个额外考虑因素是影响停车供给的相关规定。虽然这里的重点是路外停车的停车标准，但居住内能够允许路内停车的最小街道宽度要求开发商建造的街道比原本用于车辆移动的街道更宽。这增加了住宅区路内、路外停车供给的总量。而在另一方面，一些城市禁止或限制在当地街道上夜间停车，使居民无法停车，这也导致要求提高场外停车标准。

最后，用地背景环境明显地影响了车辆保有量水平。图 2.2 显示了不同地理区域的车辆可用率模式，图 2.3 显示了收入如何影响家庭车辆的可用率。综上所述，本地数据和政策反映出多户住宅项目情况很好。

案例研究分析

本章用加利福尼亚州安大略市一个假设的多户住宅项目来演示工具包如何应用（加利福尼亚州安大略市的更多信息见第 3 章）。安大略市的区划法规要求每户根据卧室数量配建 1.5 ~ 2.5 个停车位，并对超过 20 户的项目增加访客停车位，它还要求配建露营车停车位。在美国规划协会出版的《停车标准》（*Parking Standards*）书中（Davidson and Dolnick，2002），对停车标准的评估显示每户 1 ~ 2.5 个停车位在美国相当普遍。该工具包用于测试给定当地条件和规划目标下每个多户住宅配建 1.5 ~ 2.5 个车位的适用性。图 6.1 是该类型项目停车区域的一个示例，它综合了私人车库和地面停车位，并管制使用。

表 6.2 描述了一个假想的 300 个单元的租赁公寓项目，该项目基于安大略和邻近的兰乔库卡蒙加市（Rancho Cucamonga）的案例研究（Roberts，2010）。这种规模的项目在这个地方的市场上很常见；它们的密度大约为每

图 6.1　郊区多户住宅的停车情况

英亩 30 户，并提供了室外有棚停车位和私人车库的组合。有必要详细说明项目大小和卧室组合规模，因为停车标准根据卧室数量变化。

加利福尼亚州安大略市的假定项目 **表 6.2**

因素	配建车位计算（户数 × 配建指标）	配建车位数	要求存放在车库或车棚中的数量
1 室单元	108 x 1.75	189	108
2 室单元	180 x 2.0	360	180
3 室单元	12 x 2.5	30	24
访客	300 x 1/6	50	
露营车	300 x 1/25	12	
配建车位合计		641	312
平均每户配建车位		2.14	1.04

将城市停车标准应用到这个通用的项目中，将产生 641 个配建停车位，或每户 2.14 个停车位。停车标准还要求这些车位中的 312 个需要停放在车库或车棚中。可供参考的是，此类项目经常位于城市主干道沿线和单一用地类型中，公共交通服务虽然存在，但是频率较低——发车间隔在 40 分钟以上。

工具包第 1 步——确定现状停车位利用率

利用当地统计数据、美国人口普查成果、专项问卷调查，以及 ITE 的指标，可以制定出现状停车位利用率。这个指标根据不同数据来源和具体司法管辖区的实施背景环境因素进行调整。估算住宅的停车位利用率，得益于人口普查数据，因为市域范围内的出租和自有住房以及城市内部的人口普查区，都有家庭车辆可用率的报告。文本框 6.1 提供了如何获得出租型多户住宅数据的方法。

文本框 6.1　使用美国社区调查数据来评估家庭车辆的可用率

美国社区调查（American Community Survey）提供家庭车辆可用率的更新数据（U.S. Census 2012e），可以作为居住停车需求的基础。这些数据可以在不同的地理范围内获得，从人口普查区、到人口普查区的聚合大区、再到城市或县的数据、再到区域性数据。这个案例使用全市范围数据来支持全市停车标准。网址链接：http：//factfinder2.census.gov/。

- 第一步是获得出租住宅居民的可用车辆数目。在页面中间的“快速启动”标题下，在框中输入“B25046”来显示“主题或表名”；单击框下面出现的表的名称，然后输入“州、县或地方”下的城市名称，然后点击感兴趣的城市的名字；然后按“是”。你可能会看到一系列不同报告年份的表格。点击最新的“美国社区调查 3 年估算”数据集。3 年的数据提供了一个很好的分组样本规模。你将看到一个表，该表格列出了统计时期可用车辆的总数。其中安大略 2010 的数据集显示，2018 年 10 月评估的租赁住宅的占用车辆为 30739+/-2153。+/-2153 表示估计值在 90% 置信区间内的误差幅度。这意味着真实的平均值有 90% 的概率在误差范围内，误差的幅度越大，平均值越不可能代表真实的平均值。网站上还有操作选项可以修改表格、设置标签、打印，或者下载到首选格式。
- 第 2 步采用与第 1 步相同的方法获得出租家庭户数的数量。输入“DP04”作为主题或表号，选择感兴趣的城市并按“是”。点击最新的“美国社区调查 3 年估计”数据集。向下滚动表格，以找到“租住权”标题下租户入住户数的数量（18955 +/– 920）。
- 第 3 步。用租户可用车辆数据除以租户数量，生成家庭可用车辆平均值（30739/18955 = 1.62）。

表 6.3 显示了安大略多户住宅的各种数据值，这些数据值被认为是对现有多户住宅停车位利用率的估算。在这种情况下，本地数据是可用的——2010 年安大略和邻市兰乔库卡蒙加（Rancho Cucamonga）进行了 7 个地点的统计（Roberts，2010）。由于这项活动计算的是市域范围的出租型多户住宅的配建指标，罗伯茨可以从 2008—2010 年的美国社区调查数据中得到全市数据来计算户均可用车辆水平。此外，一项住户调查还询问了新住宅区的多户住宅居民的停车问题（Willson and Roberts，2011）。这项家庭调查数据范围更大，包括圣贝纳迪诺（San Bernardino）和河滨县（Riverside Counties）的一些地区，这些地区拥有更多的土地利用和交通环境特征。

出租型多户住宅停车位利用率估算 **表 6.3**

数据源	高峰停车位利用率	用途特征	区域特征
当地利用率统计（7 处）	1.58 ~ 1.66（最小 1.01，最大 1.94）	最近开展，大型多户住宅居住区，租赁	安大略和兰乔库卡蒙加郊区
美国社区调查（ACS）	1.62	所有出租型多户住宅	安大略（所有地区）
家庭问卷调查	1.45（社区内 1.32，路内 0.13）	所有多户住宅	圣贝纳迪诺和河滨县郊区
ITE《停车生成率手册》	1.23（最小 0.59，最大 1.94）	遍及美国的低层 / 多层公寓	郊区
ULI《共享停车》基础数据	1.65（居民 1.5，访客 0.15）	租赁住宅	郊区
合成指标	1.65	原理阐述：本地数据利用率高于 ITE 的全国指标，可能是由于新开发、居民入住率高、强小汽车导向。	

表里的指标范围为 1.45 ~ 1.66 辆车 / 户，期望值是 ITE 出行生成率指标，那个会低一些。该表强调了本地数据的重要性，因为场地环境和项目特征与 ITE 指标中包含的住宅小区不同，其中的一些差异反映了安大略是新的居住区这一事实，它可能收入更高或每户居民人数更多。它也反映了安大略郊区用地类型和交通特征对家庭车辆拥有率的影响。

在这个基准指标阶段，分析人员通过分析对得出的指标进行判断。分析人员应该考虑到所有可用的数据和每种方法的准确性。例如，夜间统计可能会错过周末的某个高峰时段，因为那时的访客停车最多。相反，问卷调查方法表明了居住车辆的潜在最大累计量，但这不是实际的典型累积量。ACS 数据包括目标区域所有租赁单元的结果，而不仅仅是新项目，这些项目可能会影响居民的特征。虽然没有哪个单一的来源是完美的，但数据来源越广泛，越有可能确定一个好的估计值。这就要求分析人员考虑所有的数据，用可靠的理由来支持判断。

在本案例中，数据来源建议每户 1.65 个车位的基础指标是最佳值，包括居民和访客停车。这个指标低于假定项目每户 2.13 个车位的区划法规要求，但这是开发停车标准的起点，而不是最后一步。

很多县和大都市的实体有许多机会协助地方政府收集这些数据。例如，华盛顿州西雅图市的国王县地铁公司（King County Metro）因为将重点放在多户住宅的停车问题上，被授予“联邦价值定价项目”（Federal Value Pricing

Program)。这些工作包括在国王县开展广泛的停车位占用率研究，开发地理信息网站让地方规划人员和开发商评估现有的停车位利用率水平，了解可能会改变利用率的背景和政策选择，并比较替代停车供给选择方式的成本和环境影响（King County Metro，2012）。

第 2 步：开发未来基准利用率

安大略市受第四章所讨论的宏观国家和区域发展趋势的影响，包括人口老龄化、能源成本上升和其他因素，这些趋势通常会降低未来停车位利用率。加利福尼亚州与其他州的不同之处在于，它通过温室气体州立法 AB32 号法案，积极实施了减少温室气体排放的措施。事实上，州总检察长办公室密切监视安大略市的总体规划过程，以确保该市的政策选择与 AB32 号法案一致。从这个角度来看，安大略市私人车辆使用的减少可能会大于全国平均水平；而另一方面，安大略处于郊区环境，用地分离、公交稀少。这种城市形态不可能在 10 ~ 20 年内显著变化。从这个角度看，安大略郊区居民在停车位利用率方面预期的全国性下降可能会非常缓慢。这些平衡因素必须仔细考虑、相互比较、反复权衡，以此来合理估计未来的基准停车位利用率。

未来的利用率必须以确定的未来年为基础。例如，停车标准可以针对目前的情况，也可以针对未来 10 年或 25 年的情况。就安大略而言，将目标日期设定得太过遥远可能会导致近期的停车外溢问题，因为它需要几十年的时间才能实现向高密度、混合使用转变。城市形态的结构一旦建成，对其改进就会非常缓慢，主要通过填充式开发带来改变。2012 年，作为州政府应对财政问题的内容，加利福尼亚州取消了地方政府的再开发权，因此导致支持变革性填充式开发的可用工具越来越少。此外，现有的公共汽车交通可达性较差，需要很长时间才能建立公共交通服务和提高客流。由于这些原因，本案例假设城市采用 10 年的规划期限来预测停车标准。

考虑到 10 年的时间期限，安大略降低停车位利用率的前景并不乐观。加利福尼亚州正从经济衰退中缓慢复苏，并可能面临持续多年的预算不平衡。像高速铁路这样的转型项目正在讨论中。发展的步伐已经放缓，降低了新开发项目完工的速度。此外，虽然经济衰退可能降低了车辆拥有量和使用水平，但经济复苏将增加私家车的使用。由于 10 年的预测期限以及妨碍变革的结构性因素，任何对租赁住宅停车位利用率向下的调整都需要适度。考虑到上面讨论的因素，本算例向下减少值采用现状基准利用率的 5%，未来基准停车位利用率为 $1.65 \times 0.95=1.57$。

工具包第 3 步——决定最优的基础配建指标

基础配建指标是指用于设置停车标准的测量值类型，例如使用平均值或第 85 百分位数。合理的初始考虑是使用平均停车位利用水平，这将为平均项目提供适当的停车数量。然而，有较高停车需求的项目将会对路边停车位带来压力，并可能产生社区投诉。这个基础指标是一个重要决定，因为使用第 85 百分位基础指标而不是平均值的话，会导致基础指标上升超过 50%（基于 ITE《停车生成率手册》测量的平均值和第 85 百分位数，2010）。

这一决定需要对更高标准的利用率的积极和消极影响进行政策评估，如第 85 百分位数。第 85 百分位的积极影响是减少一些项目没有足够停车位的可能性。评估这一好处的大小取决于避免停车不足相关的问题，比如对现有社区、商业区路内停车的影响，以及社区反对出租住房等问题，这些问题都与停车问题有关。当然，还有一些停车管理工具可以避免这些问题。第 85 百分位数的负面影响是，大多数项目将被要求提供过多的停车位，这将影响项目成本、租金率，浪费土地、住房可负担性等方面。考虑到各种因素，条例编制人员不太可能在成本 / 收益框架中把所有的正面和负面影响货币化。相反，可以使用定性的方法来确定正面和负面影响，收集这些影响和相对大小的案例，并通过设置一种矩阵来显示结果。这种模式可以用来支持城市部门内部的技术讨论，并且可以支持决策者对这些因素进行权衡。

安大略现有的停车标准提供了城市政策偏好的线索。对于现有的停车标准，可以读取多少策略意图是有限制的，因为它们有时与当前的规划和政策偏好无关。尽管如此，人们还是会认为与政策意图不符的停车标准将无法生存。来看安大略的配建指标，该案例要求每户 2.13 个停车位，表明避免停车短缺问题对政策制定者来说更重要。现有的条例指标大约是在安大略测量的平均值（1.65）和隐含的第 85 百分位数（2.6）（计算方法是先将 ITE 的第 85 百分位数和平均值之间的比例计算出来，然后将其乘以安大略的平均指标）之间大概的中间点。

根据过去的决策习惯，人们可能会考虑采用平均值与第 85 百分位数之间的利用率，但这将忽略安大略的未来规划。新的《安大略规划》在土地利用政策方面提出向提高密度和混合用地进行重大转变，并呼吁建立一个更平衡的交通运输系统。在此步骤中，条例编制者应该考虑社区的规划，并与委员会和民选官员进行协商。考虑到《安大略规划》中所要求的方向改变，本案例假设市议会将选择以平均值作为停车标准的基础，即意味着以每户 1.57 个车位作为估计的未来利用率，而不做任何调整。

工具包步骤 4 ~ 步骤 7 进行项目和环境特征、停车收费、公共交通和替代方式、停车使用等因素调整。下面总结了这些调整的基础，并考虑了未来十年的时间跨度。

工具包第 4 步——考虑项目和环境调整因素

与第 4 章中提到的增加员工密度的例子不同，多户住宅的家庭规模不大可能改变很多。越来越多的房屋出租趋势可能意味着更多的家庭将会住进多户住宅中，这可能会提高家庭规模，但人口老龄化可能通过减小家庭规模与其互相抵消。这种情形下可以假设家庭规模在 10 年的跨度中没有任何改变。就区位特征而言，虽然《安大略规划》要求高密度和混合用地，但变化的速度将受到现有城市形态惯性的限制。这种现象表明当地用地变化带来的住宅停车需求大幅下降。虽然预算限制阻碍了交通改善，但 10 年期间可能发生的变化包括增加通勤铁路服务、发展快速公交服务以及改善自行车道和人行道。与土地利用类别一样，这些变化是从小汽车导向发展、普遍免费停车和低公共交通分担比例开始的。为了达到这个目的，第 4 步可减少 10% 来识别《安大略规划》的政策目标。

工具包第 5 步——允许停车收费 / 配建拆分 / 停车标准变现

这些调整考虑能够用于多户住宅项目的条件，例如批准拆分全部或部分停车配建要求。在这种情况下，拆分结果会导致租房者对家庭车辆的数量产生不同的想法，并可能减少不必要的或很少使用的车辆数量。如果假设采取配建拆分措施，那么配建指标的减少比例将基于对配建拆分案例的研究和价格的敏感性或弹性。虽然在南加利福尼亚州密度较高的部分市区实施了配建拆分措施，但近期它不太可能在安大略的市域范围批准实施，也不可能被开发商自愿接受。因此，本例没有考虑配建拆分对指标的向下调整影响。

工具包第 6 步——识别任何公共交通 / 摆渡车 / 步行 / 自行车要求

在替代交通方面，一个要求示例是将公交费用作为租金的一部分，以低成本或无成本形式向租户提供。这将鼓励使用公共交通，可以降低停车位利用水平。同样，在现场附近提供共享自行车项目的要求将鼓励自行车的使用，也会降低停车位利用率。对行人和自行车设施的场地要求也可能有类似的效果。这里叙述的标准多在市区出现；而在典型的郊区司法管辖区内，这样的先例很少。虽然安大略可能在未来某个时候需要这些功能，但在10年的预测期限内，停车指标在这一步没有向下调整。

工具包第7步——检查内部车位使用效率/流通率

多户住宅通常至少将一部分停车设施分配给特定住户专用。这是一种营销策略，因为居民被保证使用专用停车位，但这意味着这些车位不能参与内部共享停车。换句话说，如果一个居民上夜班，他在每个工作日的晚上都出去，但他的车位却不能被白天工作晚上回家的居民使用。在某些案例中，每户第一个车位可以专用，第二个车位就纳入到共享停车池中（Shared Parking Pool）。物业经理还指定单独的访客车位，这通常由区划法强制执行。虽然有明确的理由，但这种做法也限制了停车资源原本可以达到的极限效率。

如果停车设施内有这样的专用车位，一些司法管辖区就需要增加基础配建指标，以应对利用率的损失。例如，夜间统计数据不包括大量的访客停车，但在傍晚的访客停车需求高峰时，访客不允许在居民区内停车。如果司法管辖区要求或预测专用车位，他们就需要决定增加基础配建指标，以确保居民和访客有可用的停车位。这种“增加”的程序也有道理，它会简化寻找停车位的过程，因为会有多余的停车位，这就是所谓的“流通率”。

就安大略而言，专用车位是居住小区习惯做法。事实上，在罗伯茨（2010）研究的一些居住区案例中，停车位有一定比例是私人车库，无法共享。因此，在本算例中考虑这个因素，假设增加20%到基础配建指标中。

工具包步骤8~步骤10考虑异地建设和内部共享停车因素来调整场地的配建指标，因为不是所有的停车位必须在场内供应。例如，如果有这样的路内停车资源，居民或访客的一部分停车配建指标可以由路内停车位分担。显然，路内停车位是一种共享资源，所以它可以被有效地使用。

工具包第8步——根据异地停车分担调整场内停车比例

这一步评估项目的一些停车位是否可以分配到路内停车位或其他路外设施中。在某些地方，这是一个明确的“是”或“否”的决定。安大略的许多大型多户住宅居住区位于禁止停车的主干道旁，所以这里没有分担资源。在允许路内停车的地方，对这个因素下决定需要对路内停车能力、其他用地的需求以及其他社区因素进行评估。在这种情况下，假设不能选择路内停车，就不用对场内配建指标进行调整。此外，还可以有机会增加在其他场外异地停车设施的停车位利用率。例如，一个多户住宅小区可能位于办公楼对面的街道上，这个住宅小区的停车需求在夜间达到最高，那时办公楼停车位基本上是空的。这就创造了一个配置共享停车的机会，在这个分配中，每户可以分配一个场内停车位，然后居民可以在办公停车位停放第二辆车，并限制车辆停放的时间。这种安排可以减少停车位建设，从而大大降低住房成本。当然，这需要业主的同意，但考虑到可能节省的建筑成本，住宅开发商可能愿意补偿办公业主。这种类型的安排不能规定在停车标准中，因为它基于办公大楼业主的自愿协议，但条例规定中可以允许这种情况。这是一种很好的利用晚上或周末不用的办公停车资源的方法，但它需要合理的步行通道和责任分配、行人安全以及停车管理措施。

就本案例研究而言，无论是在路内停车或在其他异地停车设施，都不对配建指标进行场外异地停车调整，然而条例中可以特别说明在审批时可选择使用。

工具包第 9 步——评估可能的内部共享停车折减

最后一个减少因素是场地内部混合使用性质之间的内部共享停车，这不适用于本案例。在本章没有进行内部共享停车调整，在第 8 章将演示这一特性。

工具包步骤 10——计算预期的停车位利用率、评估结果和迭代工具包

根据这 9 个步骤，计算步骤 4 ~步骤 9 的乘积再乘以步骤 3（基础配建指标），计算公式如下：（0.9 × 1 × 1 × 1.2 × 1 × 1）× 1.57，即 1.083 × 1.57 = 1.7。如图 6.2 中的计算图表所示，期望的停车位利用率是建立在利用率和家庭车辆可用率的经验数据基础之上，根据预期的未来条件进行调整，在基础配建指标上作政策决策，然后根据地区和项目的特征和相关政策进行调整。

该预测结果的问题是每户 1.7 个车位的指标是否应该作为停车配建下限指标。期望的利用率应考虑到第 5 章所列出的 5 个评价标准和当地其他重要目标。这 5 个评价标准包括交通运输、设计和城市形态、经济、可持续发展和实施等目标要求。正如本章最初提到的，社会公平问题在多户住宅问题中比重较大，因为停车标准影响住房可支付性。在本案例中，安大略的大多数社区都没有朝着减少车辆保有量方向过渡。出于停车配建下限指标大于利用率的设置传统，这种方案假想市议会希望继续执行下限要求，但希望确保停车标准不会造成比实际使用更多的停车位。在本例中，政策选择可能基于 9 个步骤程序所得的每户 1.7 个车位的停车标准。将其应用到

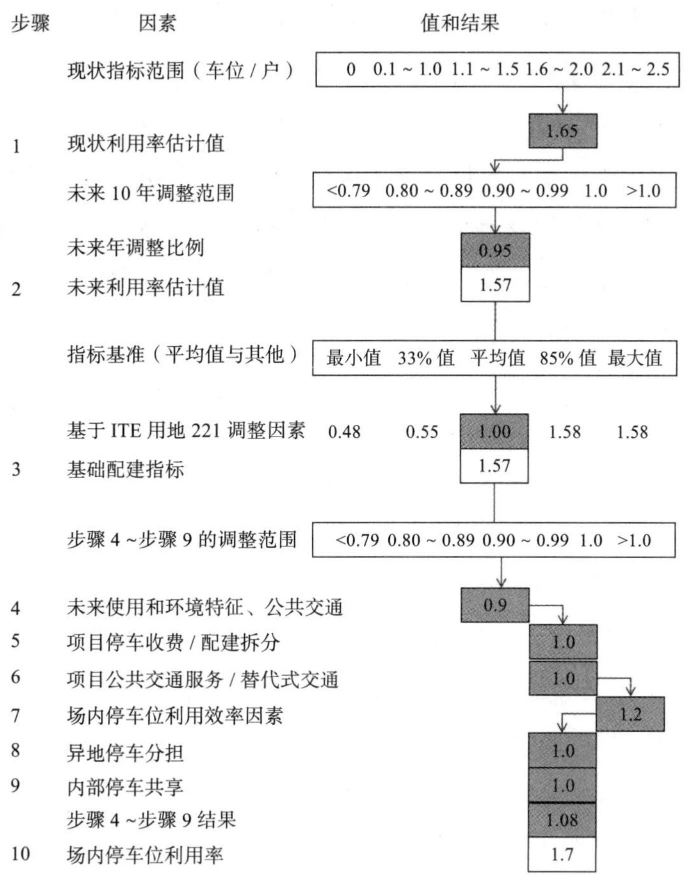

图 6.2 适用于多户住宅小区的工具包程序

通常的 300 户住宅开发中，这个配建标准将转化为 510 个配建车位，而不是现有区划条例要求的 639 个。其中相差的 129 个车位需要 41925 平方英尺的土地或建筑面积，从而能够减少土地或建设成本。如果这个项目是为了推进实现住房可支付性的目标，那么可以通过在工具包中探索不同的政策选项来减少停车标准，从而得出不同的结论。

最后两个步骤涉及场内提供停车位所需的用地或建筑面积。这些措施通过改变停车位大小和驾驶通道的要求以及允许子母车位、代客泊车或机械停车，可以增加每平方英尺面积停车位的数量。每个因素对多户住宅的停车都有具体影响。

工具包步骤 11——平衡停车位尺寸效率问题

这一步涉及允许所有或者只允许一部分的停车位尺寸小型化，例如限定压缩车位比例。安大略的车位尺寸要求是每个车库或车棚 10 英尺 ×20 英尺，车辆停放实际尺寸为 9 英尺 ×19 英尺，压缩车位为 8.5 英尺 ×17 英尺（与标准尺寸相比节省近 25%），双向的停车通道必须宽 24 英尺以上。表 3.4 中显示了三个城市车位尺寸的对比，它们宽 8.2 ~ 8.6 英尺，长 16 ~ 18 英尺，通道双向车道宽 20 ~ 24 英尺。与许多大城市相比，安大略的车位尺寸要求更大。设定标准大小的车位是为了避免移动操作不便、车门剐蹭和大型车辆的冲突影响等问题。通常情况下，这些都是停车场最严重的问题。住宅的停车位通常是分配好的，所以这种熟悉因素可以让停车位尺寸更加紧凑，相比于司机在商业开发项目中遇到压缩车位会不习惯，居民在专用车位进出时会更加熟练。的确，居民可能喜欢更大的停车位，但关键问题是他们是否愿意为此支付更高的租金。准许设置压缩车位能够让开发商根据市场和投资回报来评估建设大型车位的好处和成本。

如果车位是固定分配的，在住宅开发中要求压缩车位的规定就会更加复杂，因为压缩车位的位置和居民的车辆大小可能不匹配。然而，压缩车位可以在停车池中实施，根据居住者登记的车辆大小来分配车位。

当地司法管辖区应该慎重评估车位尺寸要求的适宜性，考虑居住停车标准对所希望达到的高密度发展的重要影响。如果用减小的车位尺寸来替代标准条例中的标准，即所有车位都采用 8.5 英尺 ×17 英尺，那么这个研究案例用于停车（不包括车道）的建筑或用地面积将会减少 20.5%，从 116479 平方英尺减少到 92624 平方英尺。这种停车面积减少降低了住房的成本，并能够增加密度。此外,要求以车库或车棚形式提供停车位也增加了开发成本。另一种方法是取消车棚 / 车库要求，并允许开发商评估车库或车棚的市容美化费用是否由更高的租金支付。这可能会给那些租住公寓的人带来更广泛的选择。

工具包步骤 12——探索可能的子母车位、代客泊车或机械停车

子母车位形式在这个场地的适用性最大。这将涉及场地设计问题，每户分配 2 个车位，由一条驾驶通道服务这 2 个车位，或在高密度设施中，配备停车服务人员帮助在子母车位停放车辆。子母车位通过减少停车通道规模来提高给定数量车位的场地设计效率。但它通常需要负责协调移动车辆以实现里面车位的进出，还需要业主的管理，以确保居民不在其他地方停车，如在路内或访客车位，以避免阻塞里面的停车位。由于这个原因，一些停车标准不允许子母车位，但是它们正在被扩展到现代化的郊区居住区使用，那里的开发密度目标和土地价格使得传统的停车供给在经济上不可行。机械停车包括使用各种装置来增加车辆在某一特定区域内的密度，通过各种机械装置垂直存放，从简单的利用升降机在一辆车上方停放另一辆车，到在横向上和竖向上停车的复杂系统。这些机械停车系统既昂贵又复杂，它们只能在土地价格较高和场地条件限制了传统停车布设的地方使用。在本案例中，安大略的土地价值和建筑成本不足以证明采用这种技术的合理性，但司法管辖区应该评估机械停车技术并使其成为区划法规的可选因素。

居住用地的额外步骤——将每户指标改为详细卧室数量指标

本研究案例在制定多户住宅停车标准时采用了“户”为计量单位。基础配建指标所需的数据来源除住户调查外均以该计量单位表示。因为住户调查按户来询问车辆可用率，需要深入了解不同大小户型的停车位利用率，所以通常以“卧室数量”作为计量单位。司法管辖区通常会根据户型来区分不同的停车需求，这些户型包括单间公寓、一居室、两居室和三居室的组合形式。标准的以户为指标方式不鼓励建造小型的、更经济的房子，因为这种房子可能需要提供超出使用的停车位，从而带来经济负担，而大型房子提供的停车位又可能比居民所需要的要少一些。

针对这种情形下的配建指标，一种应对方式是根据居民调查结果，区分不同卧室数量的指标，但是这种最精确的方法其调查费用是昂贵的，经常是不可用的。因此，需要一个程序来将每户指标转换为详细卧室数量指标。罗伯茨（2010）在安大略的案例中发现，多户住宅的平均停车位利用率与根据配建指标计算的结果很相似——总的停车位配建指标为 1.6 车位 / 户，是由 1 居室 1.2 个车位、2 居室 1.6 个车位、3 居室 2 个车位的指标体系构成的。表 6.4 提供了构成平均值的每类卧室配建指标的比例，显示 1.7 车位 / 户指标的计算方法。这些数据是基于在罗伯茨研究中平均每户指标的比例差异。这种结果需要谨慎使用，因为不同的项目条件或背景环境可能产生不同的结果。

将每户指标转变为每卧室指标　　表 6.4

卧室数量	每户指标的比例分布	1.7 车位 / 户派生的指标结构
单间公寓	无	无
1 居室	0.82	1.4
2 居室	1.07	1.8
3 居室	1.34	2.3

不同卧室数量的非整数形式，提出了一个关于四舍五入的重要问题。如果将停车位分配给住户，条例编制者可能只注意整数部分，因为小数部分停车位不能分配给某一户。我们可以看到这是多么的浪费，例如，如果将两居室住宅的配建指标由 1.6 取整为 2，它直接导致停车位的 20% 是超出需求的。反过来说，如果物业经理给一部分两居室住户分配 2 个停车位、给只有 1 辆车的两居室住户分配 1 个停车位，那么 1.6 的指标就是正常的。

收入有限家庭可支付住宅的停车标准

如前所述，特殊的房屋类型可能有不同的停车利用模式，需要特殊的配建指标，可支付住宅就是一个主要的例子。2011 年在加利福尼亚州圣迭戈进行的一项研究深入了解了这一问题。它通过对各种收入有限家庭的可支付住宅类型的停车位利用率统计和居民问卷调查来收集数据。

研究发现 3 个主要变量影响了停车位利用率：可支付住宅类型、卧室数量、用地和交通的背景环境（郊区、市区或核心区域）。这 3 个因素共同代表了用户组、家庭大小和设置条件。研究报告在家庭住房、集体宿舍 / 单人套房（Single Room Occupancy，SRO）、老人住宅和单间公寓等类型方面取得了足够的样本量。表 6.5 显示了结果，表明车辆可用率从 0.09 车位 / 户到 1.66 车位 / 户。这种可变性揭示了这 3 个因素对可支付住宅停车位利用率的影响。收入受限可支付住宅比老人住宅和 SRO 的停车位利用率更高，因为这些家庭更大、出行次数更多，较大的家庭单位比小户型的停车位利用率高。特别突出的因素是背景环境的影响，即使控制了可支付住宅类型和卧室数量，停车位利用率在郊区、市区和核心地区也是不同的。这表明本章前面所述的停车标准工作不能一次完成，也不能适用于司法管辖区的所有地方。确切地说，应该区分主要土地利用和交通背景环境来制定停车标准。

加利福尼亚州圣迭戈可支付住宅的停车位利用率　　表 6.5

房屋类型	卧室数量	步行 / 公共交通指数	平均值
家庭	1	郊区	0.92
		市区	0.58
		整个城市	0.79
	2	郊区	1.29
		市区	1.09
		整个城市	1.24

续表

房屋类型	卧室数量	步行 / 公共交通指数	平均值
家庭	3	郊区	1.66
		市区	1.37
		整个城市	1.56
公寓套房 / 单人套房	单间公寓	市区	0.31
		整个城市	0.31
老人住宅	单间公寓	市区	0.27
		核心区	0.14
		整个城市	0.20
	1 居室	市区	0.54
		核心区	0.09
		整个城市	0.39
单间公寓	单间公寓	市区	0.18
		整个城市	0.18

多户住宅的停车管理

如前所述，多户住宅的停车标准与停车管理密不可分。典型的情况是，当居民对停车的不满是针对停车标准时，实际上停车管理才是真正的问题。在这种情形中,可能会要求增加停车标准而不是建立和实施停车管理。例如，如果一个多户住宅项目建在当地缺乏路内停车控制的社区，该项目可能会对路内停车产生影响。由于没有监管或价格的限制，居民们可以在大街上停放不使用或很少使用的车辆，他们可能会拥有比他们原本想要的更多的车辆。居民也可能不用他们的车库或子母停车位,因为在街道上停车更方便。如果增加了一个室友，那他可能会带一辆额外的车，并把它停在路内。如果居民在访客专用的停车位停车，人们又会抱怨没有足够的访客车位。总而言之，一个司法管辖区愿意考虑较低的居住停车标准的程度，与停车管理的能力和成功与否有关，无论是在场内还是在路内。以下为多户住宅使用的各种停车管理措施。

- 项目场地内部停车。多户住宅项目要求场地内部停车管理，以确保所提供的车位按预期使用。在小型项目中，这些过程可能相对简单，但有现场物业管理人员的大型项目需要更全面的管理程序。一个典型程序是让居民在租用房屋时登记车辆，并批准每户一定数量的车辆可以停放。管理人员需要签发标签或吊牌，或将车辆牌照号码登记在物业经理处。通常情况下，安全巡逻队同时兼任停车管理和执法监督双重身份。

- 场地内部访客停车位通常是专用车位。一种低效率的方法是监控访客车位的周转使用情况，通过警告和纠正措施来阻止居民长时停车。一般情况下，访客侵入专用的居民停车位会被电话通知到物业办公室。如果所有或部分居住车位未被专用分配，则需要定期监控，以确保访客不在这些车位上停车。这可以通过检查每户注册的车牌来实现。如果有规律的访客停车需求超过了供给，那么就可以引入访客车位配给系统，比如从物业经理办公室获得访客通行证，可以停放一段时间，例如4个小时。如果需要定量配给，可以通过停车收费或对每个居民每月发放限定的许可证数量来实现。

- 路内停车。路内停车是非常有价值的停车资源，它的使用受到各种各样社区意见的影响。一些社区承认路内停车是当地停车的一部分，而另一些社区则禁止路内夜间停车。如果需求超过供给，那么在路内停车的首选管理方法是使用收费措施，可能会采用收取夜间停车费用的形式或者基于全天或长期收费的形式。另一项措施是，根据某种需要采用免费或象征性收费的形式，将夜间许可证分配给符合条件的居民。也可以采取更加市场化的方式，以供需平衡的价格出售夜间停车许可证。至于日间停车，例如4小时限时这样的措施，将确保车位预留给访客使用，而不允许居民长期停车。

- 共享停车。在居住背景环境中，共享停车是指相邻的建筑物允许居民在规定的夜间时段停车，比如晚上8点到早上6点之间，还有周末。显然，这样的时间安排对许多居民来说是不现实的，但是车辆保有量较大的家庭可能会发现这样的安排很有用。共享停车需要制定共享的规则、没有遵守时间限制的强制执行程序、责任与安全问题的适当处理方式，以及对共享一方的一些补偿措施。这些措施在高成本地区发挥得最好，因为在这些地区有强烈的经济动机来实施共享停车。

- 街区停车。在限定的街区里，现有居民通常会小心保护他们的路内停车位，因为他们不想让新的多户住宅居民或他们的访客使用那些停车位。正如唐纳德·舒普（2011）提出的，采用路内停车收费措施，可以通过咪表收费或者销售许可证，将一部分收入返还给社区进行改善工作，比如修剪树木、维修人行道、公园和其他城市服务。这为共享当地街道创造了社区支持。

- 监控车位分配和使用情况。多户住宅项目的私人车库的问题是有时用于存储东西或改做其他用途，而不是用于停车。这就产生了一种错觉，即没有足够的场地内部停车位。物业管理人员可以通过在租约中设置一些条款来补救，例如禁止将车库改为其他用途，并定期进行车库检查。通过路内停车管控或者收费，能够取消路内停车免费政策，这样能够促进停车库得到充分利用。

总 结

多户住宅对社会很重要，因为它在提供可支付性住宅和减少环境影响方面发挥重要作用。停车改革可以使多户住宅项目更经济可行，是交通和可持续发展的核心，因为它会影响家庭车辆保有量。工具包为停车改革提供了一种方法，案例研究表明，安大略的居住停车标准即使在保持免费停车和场地内部满足需求的假设目标下也可以降低。尽管改革前后的停车标准差异很小——修订后的指标是 1.7 车位 / 户，而现行指标 2.13 车位 / 户——但这种差异可以减少土地消耗、增加可实现的开发密度和降低房屋成本。

第7章

工作场所的停车标准

通往成功的道路上充满了诱人的停车位。

——威尔·罗杰斯

近年来，工作场所的停车问题引起了极大关注，人们希望通过鼓励减少通勤出行次数来缓解交通拥堵和空气污染问题。通常工作场所的停车策略作为更广泛的交通需求管理（TDM）政策的一部分，来提供替代交通服务和作为鼓励措施。本章集中研究办公建筑停车问题，一种市区最普通的工作场所类型，其停车设施经常采用停车楼或地下车库形式；在郊区，办公停车主要设置在办公园区和校园里面。

办公的停车位利用率是关于建筑物大小和建筑使用强度的函数，其中建筑使用强度用员工密度来衡量。这些衡量结果表明将会有多少员工和访客来到这座大楼。出行活动会根据员工和访客的私家车出行比例与公共交通、步行或者自行车等其他出行方式比例的对比而进行调整。与一些其他用地类型不同，办公用地有相对可预测的停车位利用率，其高峰出现在工作日的正常营业时间。

办公建筑的停车标准已经饱受批评，原因在于它经常超出实际利用水平。威尔逊（1992）发现，尽管南加利福尼亚州典型的小型办公项目平均配建指标是4.1车位/1000平方英尺，但是高峰时期只有51%的车位在使用。在缺乏共享停车安排下，办公停车位利用率在工作日的晚上和周末非常低，而这些时间可能是其他用地类型的停车高峰。

在郊区，停车标准对项目设计产生了消极影响，包括令建筑远离街道、形成对行人很不友好的巨大停车区域，并使公共交通服务和步行出行更加困难。然而，出于对市场的担心，多数开发商并不会调整过量的办公停车标准，因为他们担心一旦采取异于常规的做法，会在吸引投资、融资和租户方面遇到问题。图 7.1 是一个位于郊区的典型多层办公建筑，庞大的地面停车位对整体场地的设计产生了不利影响。

图 7.1　一个郊区多层办公建筑的停车

办公停车标准

办公停车标准通常要求按照 1000 平方英尺建筑面积提供多少停车位来设立。面积单位一般采用总平方英尺（Gross Square Feet，GSF）或者总建筑面积（Gross Floor Area，GFA），这两个术语都是指墙壁合围的面积乘以建筑层数。区划法规中可能规定部分建筑面积从该计算中去除，例如电梯井、设备区、某些地下室、夹层或阁楼。一些条例使用总可出租面积（Gross Leasable Area，GLA），它是 GSF 的子集，去除了公共区域面积如走廊、中庭等。配建指标也可以基于员工数量，但是这种方法不常用，因为司法管辖区需要批准确定的开发面积，但通常不需要规范员工密度。表 7.1 总结了第 3 章所研究的 5 个司法管辖区工作场所的停车标准，发现该指标的取值范围变化较大。一些大城市的市区没有配建下限指标，其中弗吉尼亚州的维也纳指标最高，达到 5 车位 /1000 平方英尺建筑面积。

办公停车标准 **表 7.1**

	费城	波特兰	温哥华	安大略	维也纳
衡量标准	总建筑面积	建筑面积	总建筑面积	总建筑面积	建筑面积，去除楼梯和电梯
每平方英尺车位下限数量	中高密度区域：无	高密度区域：无	高密度区域 0.64/1000	4/1000，至少 6 个	5 /1000
	低密度区域：前 10 万面积 4 车位 /1000，下个 10 万采用 3.5；20 万以上 3.0	中低密度区域 0 ~ 2/1000，根据公共交通、树木、自行车停车和交通枢纽调整	中低密度区域：3229 平方英尺以下 0.93；以上为 1.86		
每平方英尺车位上限	3.125/1000	中低密度区域：3.4/1000	高密 度区域 2/1000，其他区域无	无	无

人们已经对司法管辖区施加压力来减少市区和中心商务区（CBD）的停车标准，因为这里建设停车楼或地下车库的成本太高，同时这样做也可以缓解交通拥堵、促进经济发展和改善环境。郊区的情况不一样，在那里，许多司法管辖区遵循 4 ~ 5 车位 /1000 平方英尺的配建指标，这些指标在规划和房地产实践中已经根深蒂固，被认为是一种常识。

影响办公停车标准的因素

《停车生成率手册》（ITE，2010）报告了大范围的办公楼停车位指标，每 1000 平方英尺建筑面积配建数量从 0.86 ~ 5.58 车位。这种差异说明了什么？首先，停车位利用率取决于用地类型和交通环境，因为这些因素影响可采用的出行方式的可行性。例如在高密度、混合使用地区和 / 或靠近高质量公共交通的办公用地，其停车位利用率较低。办公的停车位利用率也受通勤者的停车成本影响——停车成本越高停车需求越低。通常，核心区综合了全部四个属性——高密度、混合使用、较高的公交可用率、具有停车的市场化价格——因此有较低的停车位利用率。减少 CBD 员工停车位利用率的策略通常是寻求将通勤出行转移到公共交通上，郊区的策略经常集中在拼车或班车替代方面。

办公室的功能和工作类型各不相同，例如公司总部的停车位利用率可能低于一个小型的服务型建筑，如会计办公室。前者的员工密度较低，因为有较大的办公室、会议室和其他功能，而后者的员工密度更高，访客需求也更大。一些条例中，如 ULI《共享停车》中的指标（Smith，2005）描述了这种建筑规模增加而停车率降低现象。

员工密度问题值得进一步讨论。传统经验法则是每 1000 平方英尺建筑面积 4 到 5 个工作人员，根据地点不同而发生变化。例如，经营信用卡或处理抵押贷款业务的办公室可能有小隔间，每 1000 平方英尺建筑面积有 10 个或更多的员工；高科技公司可能有不同的办公室和不同的工作流程设计，有更多的合作空间和较少的独立办公室，因此可以增加员工密度。相反，一栋传统布置的大楼如果有大量远程通信办公、移动办公和外出访问办公活动，那么它的停车位在任何一天都可能低于平均占用率。最近的一份报告发现，26% 的办公室“座位”或工作场所在日常工作中是空置的，因为它们被预留给新员工或是重复的办公室或存储空间，因此不会被长期使用（Jones Lang LaSalle，2008）。该研究还发现，郊区办公室每 1000 平方英尺的员工数量为 2.38 人，而市区为 3.74 人。当然，2008 年的经济衰退可能人为地增加了空置席位、降低了员工密度，经济复苏后这两个因素都可能回到更高的水平。

一些办公空间分析人士推测，未来每名员工的面积可能会下降到 50 平方英尺，这将大大增加员工密度和每平方英尺的停车位利用率。当开发商正在建造一幢尚未确定租户的“规范”建筑时，当地司法管辖区最能感受到员工密度的不确定性。如果这些司法管辖区缺乏停车管理工具，那么未来员工密度的不确定性可能会导致他们要求按最高可能的员工密度向租户提供停车位。

办公停车位利用率也受工作性质的影响。例如，如果员工在白天需要开车去拜访客户，他们更有可能独自开车去上班。如果他们有不规律的轮班或特殊的工作时间，就很难选择拼车和使用公共交通。不规律的日程安排也可以让员工避免高峰时段的拥堵，从而增加独自开车的可能性。

最后，出行模式的选择以及由此产生的停车位利用率还与工作以外的因素有关，如家庭车辆保有量、家用车辆的其他需求以及通勤可选方式的服务质量。显然，家庭拥有车辆越多，其开车上班的可能性就越大。通勤者出行模式特性也是一个因素。如果一个人有一个复杂的出行模式，多个出行目的链接在一起，通常被称为“出行链”，出行模式选择更可能是独自开车。一个典型的例子就是出行模式里包括上班、接送孩子上学、下班后上一堂课或者在回家前买东西。

案例研究分析

用于显示停车标准模型的研究案例是位于加利福尼亚州安大略的一个假设的郊区办公大楼。在这片市场区域中，一个典型的办公大楼是一个10万平方英尺的多层建筑，配有地面停车位。如表7.1所示，安大略每1000平方英尺的建筑面积需要4个停车位，没有停车位上限。下面将对这个示例应用12步工具包。对于这样一个10万平方英尺的项目，城市的停车配建要求是10万平方英尺 ×4 车位 /1000 平方英尺，即400个停车位。一个车位按325平方英尺计算，需要13万平方英尺，即2.98英亩。假设这是一个3层建筑，15%用于景观设置，在这种情景下68%的场地用作停车位，17%是建筑面积，15%是景观美化。这就是城市设计师和交通规划师经常批判的一种以停车为主导的场地设计方案。

工具包第1步——确定现状停车位利用率

第5章介绍了估算停车位利用率数值的通用方法。本节根据当地统计数据、美国人口普查成果、专项问卷调查和ITE指标，为假设案例设定一个停车位利用率。这个指标是根据各种数据来源和影响它们在特定区域适用性的背景环境因素做出的判断。办公的停车位利用率可以通过人口普查的数据形成，但不像住房那样直接。表7.2显示了办公停车位利用率的各种数据来源和应用在本案例的综合利用率估算值。

- 当地统计。本案例中，一些当地数据是可用的，因为在安大略地区的两个场地已经进行了本地统计调查。如果这是一个实际的条例修订研究，那么将会为每一种类型的办公建筑寻找更多的样本，因为不同的办公类型配建指标不同。这些统计应该选择典型工作日的上午10点到下午2点，此时办公停车位利用率达到高峰。统计方式可以采用地面现有车辆数量统计、从闸机中获取数据测算进出停车位量，以及通过航拍图判读。图7.2显示了一个用于测试航拍图判读方法的站点，该方法在文本框7.1中描述。

办公停车位利用率估算 **表 7.2**

数据源	高峰停车位利用率 每 1000 平方英尺，GFA	用地特征	区域
当地利用率统计（2 个地点）	2.2（现场统计） 4.0（航拍图判读）	一般办公建筑	乌普兰和安大略郊区
美国社区调查（ACS）	3 个员工 /1000 平方英尺，2.0 5 个员工 /1000 平方英尺，3.3 7 个员工 /1000 平方英尺，4.62	所有就业，不仅是办公	圣贝纳迪诺县：73.6% 单人驾驶。17.5% 拼车且 2.3 人 / 车，95% 建筑占用率，95% 出现在上午 10 点至下午 2 点 10% 缺席
就业调查	3 个员工 /1000 平方英尺，2.1 5 个员工 /1000 平方英尺，3.5 7 个员工 /1000 平方英尺，4.9	公共部门办公场地	安大略、丰塔纳和圣贝纳迪诺的 7 个公共企业 计算使用 ACS 方法
ITE《停车生成率手册》	2.84（最小 0.86；最大 5.58；第 85 百分位数 =3.45）	所有办公建筑（用地类型 701）	郊区
ULI《共享停车》基础数据	按比例增减，例如，建筑规模 2.5 万平方英尺 =3.8；10 万平方英尺 =3.4；50 万平方英尺 =2.8	所有办公建筑	未规定
综合利用率	3.25	原理阐述：采用 10 万平方英尺作为典型建筑代表中等员工密度，所有值的平均值是 3.22	

图 7.2 基于航拍图的停车位利用率统计

图片来源：谷歌地球

文本框 7.1 航拍判读

谷歌地图提供了能够看清停放车辆和数清地面停车位占用率级别的最新航拍图。这种方法最主要的干扰是树木遮挡模糊了统计，同时对车位是否被占用也会存在误判。但由于它能零成本地快速得到当地数据，也无须协调业主同意调查，这种误差风险相对来说可以接受。谷歌地球的时间轴功能允许分析人员比较不同日期的情况。在得到一个月或一周中明显的某一天的停车位占用情况后，可以对照全国数据，例如《停车生成率手册》（ITE，2010）和《共享停车》（Smith，2005）中的数据关系，来调整数据的全年高峰日或月的停车位利用率。这种方法的主要缺点是没有提供图像拍摄的时间。可以通过联系图像提供者来确定，这可以从谷歌地球屏幕底部的状态栏中查找。美国地质调查局（United States Geological Survey）是航拍图的另一个来源，但它也没有提供拍摄照片的时间。白天可以从图像中的影子推断出来——如果没有东向 / 西向的影子，那就是在太阳最高的时候拍摄的，所以大约是中午。如果需要更详细的时间，可以采用测量参考对象的高度与影子长度的方法。

图 7.2 提供了一个统计办公项目的例子，该项目是位于安大略的东霍尔德大道 1627 号的圣贝纳迪诺办公大楼。由于该地块上的三栋建筑被同一租户占用，建筑面积总计 85534 平方英尺，所以停车统计成果是一个完整场地的数据。建筑面积的信息来源包括评估记录、房地产清单和通过航空图像的测量。在本案例中建筑物的入住率为 100%，如果入住率低于 95% 则需要提供信息，这样可以对停车位占用率进行调整。注意阴影位于建筑物的正北向，这表明图像是在白天拍摄的，是测量办公停车位占用率的合适时间。从 2011 年 3 月 7 日的航拍图像上看，493 个车位中有 343 个被使用，占 69.5%。停车供给指标是 5.76 车位 /1000 平方英尺，实际测量的停车位利用率为 4.01 车位 /1000 平方英尺。人们从这个案例可以得出结论，停放的车辆只来自场地内的三栋建筑。这里没有路内停车，也没有通往其他用地的通道。在存在混合用地和各种停车可能的区域，这种统计方法是不准确的，因为没有可靠的方法来区分分属不同用地的停放车辆，解决这个问题需要进行问卷调查或实地考察。

- 人口普查数据。美国人口普查局的美国社区调查（ACS）方法能够从出行方式选择数据中推断办公停车位利用率。例如，在一个所有人都开车上班并随时开展工作的开发项目里，停车位利用数量等于上班的雇员数加访客停车数。拼车、班车、使用公共交通、步行和自行车可以减少每个雇员的停车位利用率。文本框 7.2 中描述了一种方法，根据假设的员工密度估来算高峰停车需求，并记录了圣贝纳迪诺县（San Bernardino County）的通勤出行方式比例。

文本框 7.2　交通方式分担数据转化为隐含的停车位利用率

ACS 询问受访者的通勤出行方式，调查可以在办公建筑员工到达的地方开展。在本例中，圣贝纳迪诺县应用该方法，但或大或小的地理范围也都可以参照应用，可以查询网址 http：//factfinder2.census.gov/。

- 第 1 步要获得 16 岁及以上工作人员独自开车或者拼车上班的比例。在网站页面左侧的“快速实施”部分寻找，在下拉菜单中选择感兴趣的州，点击“是”。然后选择感兴趣的县（或城市，如果合适）并按“是”,屏幕会提供一般州、县数据的比较。选择表格顶部的链接“想要更多？浏览 ____ 县的数据”。在“美国社区调查”标题下,选择“经济特征”。向下滚动表格到“工作通勤”标题并记录就业者“小汽车，卡车或货车——独自开车”和“小汽车、卡车或货车——拼车”的比例。圣贝纳迪诺县 2007—2011 年的数据集显示，通勤者中 75.3% 选择独自开车（+/–1.5）、15.5% 选择拼车（+/–0.4）。可以进行修改表格、设定书签、打印和下载到首选格式等操作。
- 第 2 步是将此方式分担数据转变为高峰停车位利用率数据。这个过程从每 1000 平方英尺建筑面积的员工密度数据开始。一般的行业经验是每 1000 平方英尺有 4 名员工，但这取决于办公使用类型。当地雇员密度数据可以从企业调查中找到，例如空气质量管理区报告、2012 年经济普查（结合当地基于面积的数据），或房地产行业数据。这个地区商业数据提供者会对此有帮助，他们掌握的员工数据与评估人的建筑面积记录可以匹配。必须谨慎使用这些数据来源，因为有时员工被记录在公司总部而不是特定地点的办公室中。在这个例子中，每 1000 平方英尺的员工密度划分为 3 人、5 人和 7 人，这用于创建覆盖各种类型建筑物的情景。下一步是通过记录独自开车（75.3%）比例计算将要独自开车上班的员工数量，估算拼车或班车到达的车辆数（通过报告中拼车或班车出行比例计算，除以拼车或班车的平均载客量）即 15.5%/2.3。结果是 0.753+（0.158/2.3）=0.82；然后乘以员工的密度——每 1000 平方英尺的建筑面积中有 5 名员工，因此预测的开车上班的量每 1000 平方英尺采用 5 × 0.82 = 4.1。这种方法不考虑访客停车。

- 第 3 步调整建筑入住率、旷工率和外出办公人数，以及在高峰期出现的就业者比例。典型的指标是 95% 的建筑占用率，90% 的任何一天员工出勤和外出办公率，95% 的停车设施高峰期员工出勤率。这三个因素乘以第 2 步指标，产生一个调整后的员工停车位利用率：4.1 ×0.95 ×0.9×0.95 = 3.4 员工利用车位 /1000 平方英尺建筑面积。

- 第 4 步是增加期望的访客停车。这根据使用类型变化，因为服务型办公室可能比公司总部的访客级别更高。可能访客停车需求在最小值和 0.5 车位 /1000 平方英尺建筑面积之间变化。在 5 人 /1000 平方英尺的情况下，采用中间值 0.25 作为期望的整个高峰时期停车位利用率：3.4 + 0.25=3.65/1000 平方英尺。

联邦高速公路管理局制作了一套名为“人口普查交通规划产品（Census Transportation Planning Products，CTPP）”的数据集，它将 ACS 信息制成对交通规划有用的表格（http://www.fhwa.dot.gov/planning/census_issues/ctpp/）。它提供的基于居住的表格总结了就业人员和家庭的特点，基于工作地点的表格总结了就业人员的特点，以及就业人员在家庭和工作之间的流动，包括出行方式。第 2 部分和第 3 部分对办公停车标准的实践最有用。数据可以用来显示员工的通勤模式，包括给定就业中心的出行方式和出行距离。出行方式对于提供一个前面 ACS 描述的具体地理版本的信息来说很重要；同时，如果确定了一个未开发的短通勤市场，那么出行距离对预测未来出行方式选择来说也是很重要的。

- 新型调查。就业人员调查方法能够提供丰富的数据来分析停车位占用率和出行方式选择背后的原因。最需要的是调查受访者的停车行为（停车次数、停靠时刻、白天的车辆用途、为什么选择开车等等），但是大多数交通调查不能包括所有的信息。相反，他们通常会询问通勤者的出行方式，比如工作出行、出行链和出行次数。文本框 7.2 阐述了如何将 ACS 的通勤信息用于基于调查的方式来选择信息。这个例子中安大略和附近的城市使用由企业根据南海岸空气质量管理区（South Coast Air Quality Management District，SCAQMD）批准收集的数据，对这些企业提出如此要求是空气质量改善工作的需要。由于报告要求的特性,这里使用的样本全部是公共机构，如市政府或州立机构。使用 ACS 文本框中根据假设员工密度计算隐含的停车位利用率的方法，生成指标为 2.1 ~ 4.9 车位 /1000 平方英尺建筑面积。类似的数据也可以从一些机构如区域交通运输机构、交通运输管理组织或其他企业团体获得。

- ITE/ULI 比较。最后，将 ITE 和 ULI 的指标进行比较。ITE 的平均值为 2.84，包括员工和访客需求，因为它是基于统计得出的。如前文所述，样本中有相当大的差异，第 85 百分位数为 3.45，因为这是全国平均水平，不太可能考虑当地司法管辖区的条件。ULI 推荐的基准停车位利用率根据办公建筑大小在 2.8 ~ 3.8 车位 /1000 平方英尺之间变动。大型建筑的基准停车位利用率下降，因为它更有可能是公司总部，建筑形式采用多层楼宇，员工密度较低。

- 综合指标。就像多户住宅的例子一样，分析人员必须考虑表 7.2 所示的数据和每种方法的准确性，确定一个根据工具包生成的准备使用的合成利用率。例如，在上午 10 点至下午 2 点的高峰期进行的统计可能会错过特定项目特殊高峰时段需求，问卷调查方法可能不包括访客停车。ACS 数据方法需要精确的员工密度数据，并使用广泛的地理位置来表现员工的吸引力。它不能表现独特的区域属性，例如更高的公交服务水平，也不能解释访客停车。在本例中，南海岸空气质量管理区调查数据主要针对公共机构，他们可能有不同的员工特征，也有不同于私人办公企业的班车鼓励方案。与住宅案例一样，没有任何一个数据来源是没有缺陷的，所以需要更广泛的数据来源。

数据表明 3.25 车位 /1000 平方英尺是代表本研究案例现有条件的最好数值。这个估算值包括居民和访客停车，低于 4 车位 /1000 平方英尺的区划法规配建指标。出行方式选择信息作为估算基础，在一些数据源中相对稳定，而员工密度是准确预测办公停车位占用率的关键因素。对于任何本地研究来说，这是从本地数据收集中获益最大的地方。

工具包第 2 步——开发未来基准停车位利用率

未来的基准利用率受人口结构变化和通勤交通方面的立法提案的影响，如温室气体倡议，还应考虑有关经济结构与功能变化的其他因素。在区域经济方面，本例的一个重要因素是，内陆帝国公司（Inland Empire）从工业基地变为拥有强大物流部门的经济体，从服务本地的零售业变为多种经营的、需要更大办公用途的经济体。这意味着未来的办公室可能比原先服务本地的办公室更大，以此来满足总部或分支机构的使用。图 1.1 显示了一个围绕公民银行运动场的办公集群，包括建筑和房地产业的主要租户。这种企业风格的办公室是成熟就业地区的典型风格，如橘郡（Orange County）。由于总部办公室、呼叫中心、处理中心和现场办事处之间的员工密度差异，因此获得不同业务类型办公建筑的本地良好信息是非常必要的。正如第 4 章所指出的，判断办公特征发展的显著长期趋势是考虑员工密度。在这方面可能会出现员工平均车位数量的减少，特别这片商业区域内的技术部门，可能增加员工密度从而提高停车位利用率。

安大略受第 4 章所讨论的广阔发展趋势影响，包括更高的能源成本、可能减少车辆使用的州立温室气体倡议，以及减少每位员工停车位的趋势。应考虑这些平衡因素，并对未来基准利用率进行合理的估计。在本例中，似乎任何对利用率的削减都会被增加的员工密度抵消。采用未来 10 年作为预测基准年，安大略办公建筑的停车位利用率将会更高。考虑到上面讨论的因素，本算例采用 10% 的增量应用于当前年的基准利用率。未来基准办公停车位利用率为 3.25 × 1.1 = 3.58 车位 /1000 平方英尺。

工具包第 3 步——确定最佳基础停车配建指标

平均停车位利用率可能被默认为基础配建指标。如果一个司法管辖区要求任何一个单独的办公地点都不能有停车位不足的风险，那么就要使用更高的利用率，例如第 85 百分位数是合适的。如果有人担心一些办公类型的潜在停车位利用率比较高，例如客户服务中心或抵押处理中心，就需要在区划条例中为这些用途设置额外的土地利用类别配建指标。如果分析人员认为本地平均停车位利用率同 ITE 的平均利用率一样，那么可以根据 ITE 中不同基准利用率之间的比例关系来作为本地调整系数。利用 ITE 办公建筑停车位利用率的不同测量值之间的差异，其调整系数如下：最小值 =0.30，第 33 百分位数 =0.90，平均值 =1.0，第 85 百分位数 =1.21，最大值 =1.96。

如果选择了平均值以外的基准值，未来基准停车位利用率 3.58 就需要乘以这些系数。

与住宅案例研究一样，现有的停车标准体现了该司法管辖区过去的政策偏好。安大略 4 车位 /1000 平方英尺是典型的郊区社区停车标准——这表明政策制定者采用这一指标时认为防止停车短缺是更重要的；而相反，现在《安大略规划》呼吁建立多模式交通系统。为了平衡这两种倾向选择，本案例研究使用的是平均利用率。

工具包第 4 步~第 6 步处理项目与背景调整因素，允许停车收费，识别公共交通等替代交通方式的影响。

工具包第 4 步——考虑项目和背景环境调整

安大略的办公建筑可能会受到第 2 步中所提到的国家和地区趋势的影响，因此没有根据员工密度对未来基准利用率做进一步的调整。然而《安大略规划》中提倡提高密度和混合用地,但现有的办公用地方式是郊区化的。由于大多数办公开发都建设在这些地区，在 10 年期限内，集约规划、混合用地和公共交通相关的办公停车减少是有限的。因此，在步骤 4 中采用 5% 的减少系数。

工具包第 5 步——允许停车收费 / 配建拆分 / 停车变现等要求

关于停车收费有两种方法，第一种是企业向员工收取停车费用，这不是安大略商业区域的通常做法。通过收费来降低停车位利用率取决于停车收费对于价格的弹性——简单说，工作场所的停车需求对停车价格有多敏感？与市区对停车价格上涨的反应很好测度不同，大部分郊区的变化范围只是从免费停车到每月 30 或 50 美元租金。研究表明，郊区通勤者在面临停车收费时，在通勤出行中会减少独自开车，转向拼车或班车出行方式（Willson，1997）。舒普（2005）总结了 7 项关于停车价格影响的研究，得出平均弹性系数为 −0.15，这意味着停车价格上涨 10% 会导致停车需求减少 1.5%。实施停车收费需要路内停车管理和其他场外停车设施的进出控制，这样停车需求不会外溢到这些区域。

办公设施的第二个选择是停车变现，这让通勤者可以在停车补贴和等价现金之间做出选择。换句话说，如果企业每月支付 40 美元租用一个停车位，企业应该给员工提供免费停车或不停车的选择，当他们认为合适时可以不停车而每月领取 40 美元。这就为停车提供了一个机会成本，而不需要免费停车，对大多数员工来说是一个更容易接受的步骤。加利福尼亚州在

1992 年通过了一项法律（AB 2109），要求企业在分散租赁停车位时实施停车变现措施，尽管执法不严；在研究南加利福尼亚州 8 个实施停车变现政策的企业时，舒普（2005）发现单人驾驶方式的比例减少了 13%。本案例假设安大略要求办公建筑开发商实施停车变现，从而因为单人驾车减少而产生 10% 的停车位利用率下降。该假设的理由是，停车变现在《安大略规划》的环境影响分析中被认为是一种可能的缓和措施。

工具包第 6 步——确认任意公共交通 / 摆渡车 / 步行 / 自行车要求

在此情景的规划期限内没有考虑其他与项目相关的公共交通或替代交通要求，因此步骤 6 的调整因子保留为 1.0。

工具包第 7 步——检查内部车位使用效率 / 流通率

安大略的办公建筑常规做法是指定访客停车位、有限的行政车位，并要求无障碍车位。因此，由于大多数车位都是未指定的，并且可以由多个停车者共享，因此没有对该情景进行调整，也没有添加流通率因素。如果条件允许，可以使用实时停车诱导系统来提高车位使用效率。第 7 步的调整系数为 1.0。

工具包第 8 步——根据异地停车分担调整场内指标

在安大略的大多数新建办公区禁止在路内停车，因为项目位于主干道旁，需要优先保障交通运行。虽然远期这种做法可能会改变，但没有考虑因为存在路内停车可能而减少场内停车义务。有些情况下，办公建筑的一部分停车位可以调配到其他的路外停车位，但这都是例外情况。例如，图 1.1 所示的市民银行运动场对面街道上的办公建筑，可以在体育馆非活动日允许共享使用停车位。由于这是一个具体的、经过协商的安排，城市不可能对所有办公停车实施全面的共享停车折减。因此，步骤 8 中不做调整。

工具包第 9 步——估计内部停车共享折减的可能

由于这个市场区域的大多数办公大楼都是单一用途项目，所以没有在第 9 步对内部停车共享进行调整。

工具包第 10 步——计算停车位利用率期望值，评估结果，迭代工具包

根据安大略的假设案例，停车标准计算如下：第 3 步的未来基准利用率 3.58 车位 /1000 平方英尺乘以一系列调整因子：3.58 ×（0.95 × 0.9 × 1 × 1 × 1 × 1）= 3.1，如图 7.3 所示。将该指标应用于 10 万平方英尺的办公开发项目，将得出 290 个配建车位，而不是当前条例要求的 400 个。这里存在 110 个停车位的差异，从而能够节省 35750 平方英尺的土地或停车设施面积。

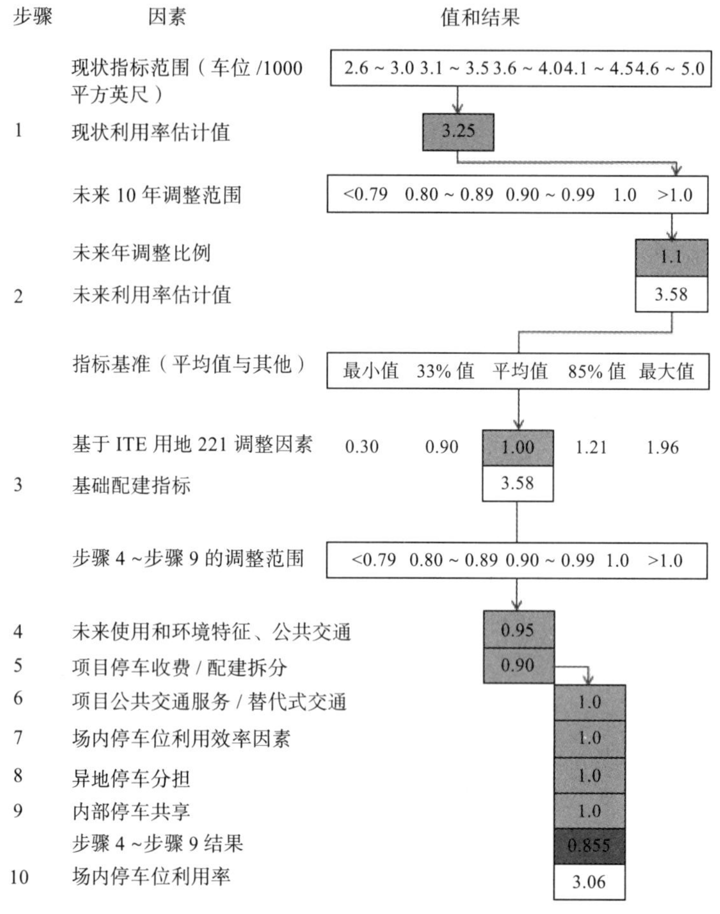

图 7.3　办公用地的停车配建工具包应用

与其他土地用途一样，建立办公停车标准需要一系列有关发展条件、交通运输和用地背景环境以及社区愿景的政策决策。在市区，这个决策结构可能是不需要任何停车配建指标，因为这里强调替代出行方式和使用现有路内外停车资源；相反，郊区有需要大量停车供给的传统，而且可能会在提高密度、混合使用开发和发展公共交通的同时进行渐进式改革。

在本案例中，安大略将以《安大略规划》和其他相关的政策文件中的交通运输、设计和城市形态、经济、可持续发展等目标，来评估 3.1 车位 /1000 平方英尺这个预测指标。从每 1000 平方英尺 4 个车位到 3.1 个车位的改革，将会提高效率，将更多的用地用于建筑从而提高土地利用率，达到任何适用的容积率（FAR）或高度限制。这将产生更多的税收收入，降低租户的使用成本，并鼓励经济发展。停车管理工具可以解决停车位利用率超过新配建指标的项目，如果没有停车上限，在市场支持下，没有什么可以阻止开发商建造超过配建下限指标的建筑。

如果更倾向于采用减少汽车依赖的激进方法，则可以使用不同的假设条件对工具包进行额外的迭代。一个例子是使用较低的基准利用率，例如第 33 百分位数，而不是平均利用率或更长期的未来预测利用率。这些因素将被重新考虑，使用该工具包来开发其对停车标准的影响，直到提出的指标和预期的政策方向一致。

工具包第 11 步——平衡停车位尺寸效率问题

除了改革所需的停车位数量外，司法管辖区还可以减少用于停车的用地。第 11 步关注诸如允许所有车位或部分车位的小型化等措施，如压缩车位比例要求。正如前文所讨论的，安大略的车位尺寸比其他一些城市要大。安大略压缩车位的尺寸比波特兰的正常尺寸还要消耗用地，因此该城市可以要求所有车位采用压缩尺寸。这个改变将减少每个车位 26.5 平方英尺的停车面积；将限制压缩车位比例从 25% 提高到 100%，对于 10 万平方英尺的办公楼将减少 310 × 0.75 × 26.5 = 6161 平方英尺的停车面积，从而允许更高的密度或更多的景观面积。

工具包第 12 步——探索子母车位、代客泊车，或者机械停车

子母车位可以减少停车通道数量，但它需要停车管理员来移动车辆。一般来说，这样的人工成本只适用于高强度开发的土地利用环境。机械停车是减少停车位用地的另一种可能方式，但它的高成本意味着它只能在密度高于安大略的地区考虑应用。

办公区的停车管理

与任何用地一样，伴随办公停车标准的改革，需要配套更广泛的停车管理方式。这些范围广泛的战略可以包括以下内容：

- 替代交通运输。在工具包中替代交通设施和服务被要求用来减少停车位利用率。它们可以采用固定线路公交与铁路、定制公交、合乘项目、自行车与步行改善，以及在家工作等形式。替代交通方式的激励措施包括在公交可达性方面提供折扣或免费的生态通行证（Eco-Pass）项目。

- 交通管理机构（Transportation Management Organizations，TMO）。这些机构汇集企业在管理停车和激励其他出行方式方面的努力，在提供停车服务方面形成规模经济。通用的策略包括公共交通信息和市场运营、拼车匹配项目、班车项目、定制公交服务、和 / 或提倡建设自行车设施。这些组织通常是在设置了停车标准之后创建的，但他们是停车改革的重要参与者，在制定停车标准时应该咨询他们。一个倡议案例是开发一个地区范围的汽车共享方案，它可以缓解工作场所的工作目的或个人目的的开车需求，从而帮助员工通过多种方式通勤而不是独自开车。

- 共享停车池。如果附近用地在工作日内的停车占用率较低，那么可以利用它们进行临时或永久的共享停车安排。这需要方便的步行或摆渡车连接，以及在安全、责任、赔偿等方面的合理划分。同样的，办公停车也有很大的潜力可以与零售商店共享停车位，因为在工作日的晚上、周末和节假日，办公停车位都是空置的。图 7.4 显示了加利福尼亚州帕萨迪纳市（Pasadena）一个停车楼的照片，它为背景中显示的办公综合体而建，为附近的帕萨迪纳老城区提供的公共停车，大大增加了晚上和周末的停车供给。

图 7.4　办公停车位为相邻的零售商业提供公共停车位

当然，这种安排需要基于办公停车位和零售区之间一个合理的步行距离。

- 停车外溢。像路内停车控制和停车收费手段这样的停车管理工具，能够帮助管理办公人员应对居住区或零售商业区潜在的停车外溢问题。这些管理工具包括停车时长限制、停车收费，以及办公区及附近的执法活动。

总　结

办公建筑停车位是郊区土地的一大消耗，也是市区内部的昂贵商品。让办公停车标准与停车位利用率和政策目标一致是一项关键任务。实际上，对办公园区设计质量的不满往往可以追溯到过分高的停车配建下限指标。使用这里提供的方法，当地司法管辖区可以用强有力的要求合理取代经验法则。在本案例中，经过技术分析和政策决策，3.1 车位 /1000 平方英尺的指标是合理的，这比现行条例中 4 车位 /1000 平方英尺要低。尽管由于经济组织的变化和最近的经济衰退，办公建筑的建设速度已经放缓，但平缓发展时代恰恰是有条不紊地改革办公停车标准的好时代。

第 8 章

混合使用、公共交通导向型开发的停车标准

整体大于各部分之和。

——亚里士多德

亚里士多德的格言用于评价混合使用开发的宜居性是绝对正确的——这些精心设计的、多样化的、充满经济活力的地方确实比它们独自的土地利用总和还多。当将这种智慧应用于共享停车时，其结果却是相反：整体的“停车位利用率”比各部分之和更少。换句话说，商业、居住和工作场地混合开发的高峰停车位使用情况比这些用地独自开发的高峰停车之和更少。这是因为不同用地之间根据一天内不同时刻、一周内不同日期，甚至一年内不同月份具有独特与互补的停车位占用特征。土地用途可以在一个单独的场地内混合使用,采用竖向混合（典型例子是零售商业上面设置居住或者办公）或者水平混合（同一场地内不同使用类型彼此相邻）。土地用途也可以在一个紧凑的社区区域混合，在那里可以共享停车位，使得停车投资产生更大的效用。公共交通导向型开发（Transit-oriented Development，TOD）是靠近轨道车站或者公交中途站聚集式发展，特别注意行人领域的设计，旨在减少对私家车交通的依赖。综合起来，混合使用和公共交通导向型开发的协同为减少总的停车供给提供了的潜能。

混合使用和公共交通导向型开发是中心商务区（CBD）采用的标准形式，在正在进行的填充式开发、振兴和改造工程中的走廊和节点中越来越常见。社区正在混合土地用途，并试图避免自给自足的土地利用“孤岛”。许多混合使用和公共交通导向型开发的项目都建立在棕地上，使现有社区用地多样化并提高开发强度。传统区划法原本强调欧几里德式土地利用划分方法，现在也已采取城市形态条例和其他方式来适应这种现象。因此，停车标准也必须做出回应。

停车标准使用多种机制识别共享停车概念，例如定义折减因素或者允许特例研究。许多城市的中心商务区停车规定已经转变为共享的、基于市场的停车布置，有些用地取消了配建下限要求。中心商务区以外的走廊和节点的停车标准也正在积极跟进。本章使用了两个案例，第一个是假设与一个轨道车站相邻的、大规模的、混合使用的开发提案，用以说明内部停车共享的效果，它展示了 12 步工具包如何与 ULI《共享停车》模型整合（Smith，2005）。第二个案例考虑小型规模混合使用区个体项目的停车标准，通常是中心商务区以外的走廊或节点上比较典型的项目，它展示了如何使用一种免费的共享停车模型及其与工具包的整合。

提出混合使用、公共交通导向型开发的停车标准需要更加强调停车管理，以帮助实施车位共享和公共交通策略。是否还要保留停车标准的政策问题在这里很关键，因为这些地区通常将公共交通、步行和自行车可达性的优先级别置于小汽车可达性之上。最后，如果缓解交通拥堵和其他城市设计的理由更重要，那么这些项目应该考虑实施停车配建上限策略。

共享停车和公共交通导向型停车的概念

如第 3 章所述，共享停车是指多种用地类型在不同时段共享停车位。例如，如果一个办公建筑的停车高峰在工作日，一个电影院的停车高峰在夜间和周末，那么它们的停车设施可以共享部分给定的停车资源。停车位每天有两次或更多的停车使用，将对提高使用效率、降低成本、减少停车面积等都有重要影响。图 8.1 显示了这些案例的停车高峰，采用《共享停车》中工作日停车位利用率和全天不同时刻数据（Smith，2005）。这个简单的双重用途项目包含 20 万平方英尺的办公面积和一个 2000 座位的影城，预测的工作日高峰利用停车位减少了 179 个，从 1050 个车位下降到 871 个，或者比每个用途单独提供的总和减少 17%。如果电影院的停车标准是以周末利用率为基础制定的，它比工作日利用率要高很多，就像一座独立用地的电影院那样，那么办公室和电影院分别按最高利用率提供的停车位是 1190 个停车位。考虑到这一点，共享停车高峰所需的 871 个停车位比两个单独指标之和低 26.8%，因为电影院更高的周末停车需求可以很容易地安排在办公用地空置的停车位中。

尽管共享停车的逻辑令人信服，但共享停车潜能与实际共享停车并不相同。几乎所有中心商务区的停车位占用率都会显示，在全天所有时段都有

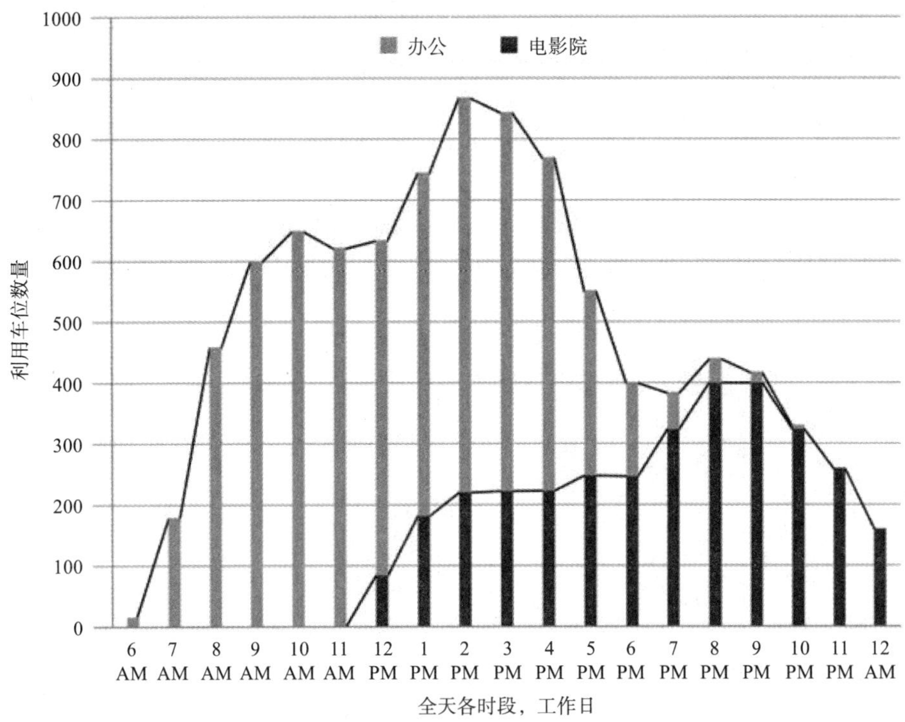

图 8.1　共享停车利用模式，办公和电影院

未使用的停车位。然而，如果业主或他们的租户对共享停车不感兴趣，或者小区的设计使得在场地之间步行比较困难，这些共享停车机会就不是真实的。因此，停车管理、业主兴趣、公共 / 私人合作是实现共享停车的关键。传统的中心商务区有大量共享停车案例，因为利益相关者们有大量共享片区内停车供给的运营经验。在这些地区，建设停车设施的高成本为克服人们思维惯性和逻辑障碍提供了经济动力。

随着郊区从使用地面停车位过渡到使用立体停车设施，经济和土地供应的限制也将促进在这里进行共享停车。这就是城市设计提供解决方案的地方。当停车设施与不同用地之间的步行距离合理时共享停车会发挥最佳效果，就像 CBD 的例子一样。如果郊区的建筑被设计成各自独立的用地孤岛，那么不同场地之间的步行距离通常是漫长的、迂回的、对行人不友好的。这就是即使最初规划中没有共享停车也要重点考虑场地之间步行连接的原因。因为房地产项目的寿命很长，不良的土地利用和步行设计会遏制共享停车的潜力。

共享停车需要停车实体之间的支持性协议和良好的停车管理方法。在大型 CBD 以外的地区，住宅用途与商业用途的共享停车是不常见的——

常见的是不同商业用途之间共享停车，这些决定明显影响到所需的总停车供给。图 8.2 显示的是加利福尼亚州帕萨迪纳的“漫步科罗拉多”（Paseo Colorado）混合使用项目，它是一个包括零售、餐厅和电影院的住宅项目。在该项目中，商业用途共享一个地下停车场，而另一个单独的地下停车场则预留给住宅使用。这个项目的特点是以前零售商场的地下停车位被回收利用，新的商场建在现有地下停车位的上面，从而节省了资金成本。

图 8.2　混合使用的商业共享停车和间隔开的住宅停车

停车共享的理念也可以应用到传统零售商业区。停车标准通常被认为影响开发规模，但是它们还影响土地利用混合，这发生在停车标准将用地按独立项目对待而没有将其视为可以共享的停车资源的情况下。我最近为一位业主服务，他正在加利福尼亚州南部帕萨迪纳市的一个历史悠久的市中心商业区为商业租户寻找一个占地 1000 平方英尺的零售商业停车场。业主评估了这个街区的零售业态,认为这里需要一个午餐式休闲餐厅。实际上，她已经收到了许多潜在餐厅经营者的询问，但没有办法满足每 1000 平方英尺 10 个停车位的要求，场地必须满足这个停车配建下限指标。尽管这一地区路内和路外的停车场很少停满，并有许多共享停车机会，但这一指标仍如此执行。此外，许多潜在客户可以从其他用地步行到餐厅，因此不需要额外的停车位。最终，停车标准阻止了在此位置开设餐厅，反而将其租给了一个有较低停车标准的服装零售店。但是，片区的共享停车方式可以解决这个问题。

许多传统商业区的利益相关者已经认识到，通过策略性地规划与客户体验有关的零售用途的组合和顺序，购物中心才能获得成功。传统上，由于土地所有权的分离，市中心无法实现这种方式。停车标准是土地利用混合额外的障碍，阻止地区获得成功。在南帕萨迪纳的案例中，人们没有意识到共享停车影响了企业创建和土地利用混合。对于城市官员来说，这种影响是不明显的，因为在获得建筑许可和营业执照之前潜在的租户就被劝阻了——从而没有否决开发计划的“确凿证据”。

本章的第二部分是讨论高质量公共交通服务附近项目的停车标准。虽然公共交通引导的开发主要集中在轨道交通站点半英里范围内，但这些概念也可能适用于高服务水平的公交站。一般而言，公共交通导向的用地因为小汽车出行水平较低，所以停车位利用率也较低。以公共交通为导向的商业用途和工作场所的停车影响与出行方式选择形成函数关系——公共交通和替代方式出行比例越大，停车位利用率就越低。对于住宅用途，影响结果体现在车辆保有量和使用水平方面，但有多种可能情形。例如，如果以公共交通为导向的居住区其居民认为公共交通与小汽车相比不具备竞争力，那么他们会拥有与单独用地开发一样多的车辆。另一种可能是，很大比例的居民乘坐公共交通工具上班，但为了其他出行目的，他们仍然保有一辆小汽车。如果发生这种情况，那么工作场所的停车位利用率会降低，但居民的停车位利用率不会受到影响。当然，预期每户车辆保有量会减少，这意味着所有土地用途的停车位利用率都降低了，就像在多户住宅那样，一些家庭不再保有汽车，而通常有两辆车的家庭会变为只保有一辆。这种车辆保有量的减少通常需要一个公共交通网络和可替代的交通工具，需要成熟的公共交通系统，以及多方式公共交通导向型开发的节点具备可行性。汽车共享项目可以在加速减少家庭车辆保有量方面发挥重要作用。越来越多的学者开展公共交通对邻近地区停车位利用率的影响评估（例如，Lund，Cervero，and Willson，2004; Lund and Willson，2005; Cervero，Adkins，and Sullivan,2010）。本节所述的任何车辆使用情形和保有量反应都可能发生——对于当地司法管辖区的关键问题是评估社区过渡到混合使用、多模式的过程有多远，以及如何转化为减少停车位利用率。

停车标准可能会不经意地导致公交服务良好地区的绅士化。如果过高的停车标准鼓励开发商建造更大的户型，从而将停车成本分摊到每个停车位以致停车费更高，就会发生这种情况。这些较大的户型反过来会吸引更高收入的家庭，他们更有可能拥有车辆并使用它。这对交通规划人员来说是一个问题，他们预测新的公共交通能力，与公共交通导向型开发相联系，认为那些生活在公交站附近半英里以内的人会增加公交出行比例。结果，出现了一种新政策担忧，即这种绅士化损害了公共交通项目建成后当地公共交通客流的预期目标（Policy Link，2008）。公共交通导向型停车标准的改革可以支持可支付住宅的发展，因为住在其中的居民将更频繁地使用公共交通。

考虑到与共享停车潜力有关的问题，以及公共交通在降低周边停车位利用率方面的影响，很明显混合用地、公共交通导向区域的停车标准应该根据环境背景和项目来确定。我们可以看到，在传统的标准化停车标准中很难解释所有这些因素。换句话说，没有一种“标准”的混合使用、公共交通导向型建筑。土地利用与交通运输系统之间的相互作用意味着，如果要实施停车标准，应在方案设计时反映项目特点和背景环境。这些要求应该明确地回答“这个社区是为谁服务的？”与创建新的混合使用、公共交通导向型停车标准不同，区划法规编制人员可能更倾向于规定逐个项目使用共享停车模型来完成分析。

混合使用、公共交通导向的停车标准

幸运的是，许多司法管辖区的停车标准都认识到了共享停车和公共交通的折减潜力。一些地区对正常的下限指标提出标准的折减系数，对具体用地混合的组合进行某种比例的指标折减，或者对公共交通服务周围区域设置某种比例的指标折减。虽然这种方法提供了可预测性，但它可能不会反映不同项目之间的变化，同样，如果标准指标有缺陷，那么折减也会有问题。另一种方法是用基于模型的调整系数方法取代传统的指标。开发人员在一个停车模型中输入项目数据，该模型用于计算项目所特有的配建指标，以反映混合使用和公共交通折减因素。这种方法让配建指标更好地匹配项目特征和环境条件，但它不透明，“停车配建指标”的问题只能参照范例项目来回答。最后一种选择是将停车标准降低到低于可能的配建下限，或者取消配建指标，允许开发商评估市场停车需求来提供停车位。

大多数条例都有中心商务区的特定停车标准，它们承认共享停车、允许异地停车，并认识到公共交通的影响。其中一些标准区分了中心商务区各子区域的指标，甚至有一些则取消了配建下限指标，并设置配建上限或整体区域停车上限。中心商务区以外的方法各不相同，经常需要专门研究条款来解决个案的停车折减问题。下文将介绍一些示例方法。

俄勒冈州波特兰市对设置公交线路且高峰时期发车间隔 20 分钟以内的街道，在其 500 英尺范围以内取消了场地的停车配建下限指标。至于其他共享停车地区，如条例定义的“联合使用停车位”，在一份申请中用数据证实不同用途（在相同或不同的场地）的需求时段，并附有法律文书以确保不同用户都可以使用停车位。然后，基于共享停车的研究报告，允许审批者根据背景环境和项目特征自由裁量是否批准或否决。

费城新的区划法规建立了 3 种公共交通导向型区划覆盖区——区域中心、邻里中心、停车换乘中心（P+R）。这些覆盖区的停车标准是其他地区下限配建指标的 50%。按比例折减是一种非常粗略的方法——在某些地方使用公共交通可能会使停车位利用率降低 50% 以上，而其他情况则几乎不会折减。如果费城打算准确地确定项目的停车位利用率，那么可能会受到批评，通常的做法是建立一个特定的开发商下限建设义务，并要求在公共交通附近减少一半。这一政策促进了公共交通和共享停车的发展。

费城的区划法规通过指定特定的土地利用组合的停车指标折减比例来设置共享停车。例如，一个包括办公或商业服务和零售的混合使用开发项目的停车标准，是通过计算每种用途的配建指标，然后对总和除以 1.2（区划法规中定义的一个参数）得出的；停车位的折减数量也由所有用地共享。这种方法提供了可预测性——任何开发商或社区成员都可以查看条例来了解停车标准；其缺点是准确性存在问题——共享停车和公共交通停车折减因素都对环境和项目特征非常敏感。

小的司法管辖区往往基于个案处理混合使用和公共交通导向型项目。例如，加利福尼亚州安大略市的区划法规规定，规划委员会可以对“低需求”使用和共享停车的项目采用停车配建折减。这项自由裁量的批准是基于停车需求研究，其操作演示如下：场地内高峰停车需求的各要素之间不存在实质性的冲突，总供给量超过总使用量，停车设施在 400 英尺以内，并且对共享停车形成书面协议（City of Ontario 2003，Article 30，Section 9-1.3015B）。这种方法对背景环境和项目特征进行了详细的考虑，但是增加了不确定性，因为直到项目递交到规划委员会后才能确定折减量。

混合使用、公共交通导向的停车位利用率影响因素

美国城市土地协会(ULI)从 1983 年由巴顿 - 阿斯曼协会(Barton-Aschman Associates) 联合出版第一版 ULI《共享停车》报告开始，就一直在研究共享停车。他们的研究方法是北美进行共享停车研究的主要技术。第二版的《共享停车》(Smith，2005) 与国际购物中心理事会 (International Council of Shopping Centers) 合作，提供了一个文本指南进行共享停车分析和一个电子表格模型帮助计算。在允许根据公共交通出行比例调整停车标准的情况下，该模型也适用于没有共享停车的公共交通附近项目。

感谢 ULI 的努力，共享停车分析成为许多规划人员和区划法管理人的共识。共享停车的逻辑对大多数人来说很清楚，本章节将关注和解决共享停车场模型的基础配建指标。如果基础配建指标是错误的，那么采用正确的共享停车分析方法也将是错误的。例如,办公和多户住宅混合使用的项目，其基础配建指标应检查第 6 章和第 7 章中所讨论的因素。

案例研究：混合使用综合体

混合使用综合体的研究案例是一个假设的项目，假设它是位于加利福尼亚州阿纳海姆市 (Anaheim) 的一个客运火车站的一部分用地 (City of Anaheim，2012)。本案例展示了 ULI 共享停车模型如何运用并整合到停车标准 12 步工具包中。这是一个大型的长期开发项目，占地 16 英亩，被假定为一个标志性的火车站和办公、居住和商业混合使用。该火车站将为地区通勤铁路 Metrolink 线路和阿纳海姆客运铁路提供服务，同时配套常规公交服务，并可能成为加利福尼亚州高速铁路的终点站。该车站是阿纳海姆被称为“白金三角”(Platinum Triangle) 详细规划区域的一部分，预计将会采取高密度、混合使用、公共交通导向的开发模式。该地区的规划明确表达了对精明增长的渴望，在本案例中因为它的独特性，需要基于停车模型来确定停车标准，而不是预先设定的折减比例。

下面的段落介绍 12 步工具包与共享停车方法的关系。案例假设该场地的房地产开发部分是一个目标年为 2030 年混合使用项目：

- 300 户多户住宅。
- 13.8 万平方英尺零售商业总出租面积 (GLA)。

- 9.2 万平方英尺餐饮总出租面积（美食 / 休闲餐厅，家庭餐厅，快餐店）。
- 60 万平方英尺办公总出租面积。
- 200 客房的酒店。

工具包第 1 步——确定现状停车位利用率

当地停车位利用率统计方法，在第 5 章、第 6 章和第 7 章中所描述的 ACS 数据估值方法，以及原始问卷调查方法，都是确定在混合使用开发中用地基准停车位利用率的有效方法。对于这类项目采用本地利用率数据有一定局限性，因为本城市中没有类似的公交邻近项目可以提供研究经验。此外，土地用途越多，研究这些估计值的成本就越高，但按照本书所建议的方法，司法管辖区将建立一个当地停车位利用率研究数据库供他们参考。通常，ITE 或 ULI 的停车位利用率被认为是第二好的来源，因为它们没有考虑到当地背景条件或者项目的详细特征。然而，在本案例中，该情景假定没有资源做详细的本地研究，因此采用全国基准利用率资源并根据当地条件进行调整。使用 ITE/ULI 数据是否恰当，取决于社区特征与全国利用率中的项目类似的程度。在本案例中，虽然当地数据是首选，但是使用国家数据的风险也比较低，因为阿纳海姆的情况与全国平均水平相似——现有的建筑形式是分离的、单一用途的土地利用模式，有充足的和廉价的停车位，并且以私人小汽车为主。当然，这些基准利用率需要调整，可以根据未来基准利用率和预测不同用地 / 交通环境模型的其他步骤来进行调整。

《共享停车》（Smith，2005）为模型中的每个土地利用提供基准利用率。该方案中使用的 ULI 基准利用率：

- 多户型住宅：1.65 车位 / 户。
- 零售：3.6 车位 /1000 平方英尺 GLA。
- 餐饮：10.5 ~ 18 车位 /1000 平方英尺 GLA，取决于餐饮类型（落座就餐或快餐）。
- 办公：2.8 车位 /1000 平方英尺 GLA。
- 酒店：1.25 车位 / 客房。

将这些指标应用于开发项目，如果这些用地是独立项目并提供免费停车和很少的公共交通或替代交通方式，那么需要提供 4339 个停车位。这个估值包括了居住和访客停车。

工具包第 2 步——开发未来基准停车位利用率

未来的基准停车位利用率概念并不是 ULI 共享停车模型的一个明确部分，但是通过手动输入新的基准停车位利用率，可以减少模型中未来的利用率值。如第 4 章所示，在设定停车标准时应该考虑未来的交通和用地方面的社会变化，尤其是像这样的长期项目。在本案例中，整合工具包与共享停车模型的方法是从整体上考虑未来的基准利用率和工具包的步骤 4 ~步骤 6。每种用地的单独停车位利用率调整系数可以输入到 ULI 模型的调整方程中。这个方法用于假设 2030 年的未来利用率，那可能是项目开发的市场时机。

工具包第 3 步——确定最佳基础配建指标

ULI 的基础配建指标通常是观测高峰值的第 85 百分位数。这个假设在模型的文档中描述（Smith，2005：22），但是分析人员很容易忽略这个决策的重要性。第 6 和第 7 章展示了住房和办公的平均利用率和第 85 百分位数之间的差距。因此，在分析开始时做出明确的选择是非常重要的。

ULI 使用的第 85 百分位数相对《共享停车》第一版中使用的第 90 百分位数进行了降低，但显然这是比使用平均高峰值更保守的方法，如第 6 章和第 7 章所示。使用第 85 百分位数的隐含目的是避免出现高于平均停车位利用率的场内停车位不足的情况。从传统角度来看，停车短缺是一个问题；从现代角度来看，这是需要采取停车管理、停车共享和停车收费的一个信号。这种差异在技术上是无法解决的——更确切地说，配建指标是一种政策决策，是当地司法管辖区考虑当地目标和权衡各种方法的风险和回报后做出的决策。

在这种情况下，假定司法管辖区认可 ULI 的第 85 百分位数作为基础配建指标；如果想换一个不同的结论——比如说使用平均值——那么 ULI 的基础配建指标将被下调，下调比例使用 ITE《停车生成率》手册中第 85 百分位和平均值的比例差异。ULI 不提供备选的基础配建指标，因此分析人员必须独立评估它们。

工具包第 2、4、5、6 步——开发未来基准利用率和考虑项目特征与背景环境特征、停车收费与公共交通影响

共享停车模型对混合使用项目中每类用地的出行方式比例都有一个全面的调整因子。分析人员输入由于使用公共交通、步行或自行车到达场地而造成每类用地停车位利用率降低的比例。例如，如果预测办公建筑一半的

员工不使用私人小汽车，那么在模型中就会输入 50% 的值；如果访客主要采用私家车，那么将会输入 90% 的调整值或者保留 100% 的默认值。这个步骤分解了工具包中 4 个分散的步骤——第 2 步（未来的基准利用率）、第 4 步（用地、区位和交通的发展趋势）、第 5 步（项目停车收费 / 配建拆解 / 停车标准变现）、第 6 步（项目公共交通和替代交通方式）。虽然在 ULI 模型中只输入一个综合的数值更方便，但是分析人员不应该跳过这些步骤中的任何一个。这可能导致忽略其中一个方面，错误估计每个步骤的影响程度，或者没有识别步骤之间的相互作用。建议分别考虑每一步，如第 6 和 7 章所示，利用文献来估计影响的大小；然后，将复合折减系数输入到共享停车模型中。

在进行这种情景的模型调整时，会采取以下假设：

- 第 2 步——橘郡和南加利福尼亚州提高开发密度和混合使用。能源成本和拥堵程度更高，地方与区域公共交通服务更快。
- 第 4 步——个体土地利用特征没有影响停车位利用率的趋势，但在“白金三角”地区提高开发密度、更好的职住平衡和混合使用，提高火车站、大众运输系统和摆渡车的公交服务水平。
- 第 5 步——对零售、酒店和办公场所适当进行停车收费。第一个居住停车位免费，额外的车位进行收费。
- 第 6 步——开发条件中要求提供行人和自行车可达性、自行车设施，以及加入当地摆渡车。

这些因素包括了一系列降低停车使用的因素。虽然收集衡量每种措施单独效果的数据很有价值，但是研究其他地方综合使用这些措施的项目可以帮助避免重复统计，从而对停车位利用率产生整体影响。例如切尔韦罗等（Cervero et al. ，2010）研究了加利福尼亚州和俄勒冈州公共交通导向开发的居住停车位利用率；像 ULI 或国际购物中心理事会这样的组织可能有商业用地的停车位利用率数据。案例研究的一个优点是决策者可以很容易地与实际的项目联系起来。因为这个案例是阿纳海姆在土地利用和交通条件方面的一个重大变化，当地出行分担比例并没有提供这样的信息。

共享停车模型特征包含所有减少私人小汽车的趋势，以及阿纳海姆在白金三角地区的土地和交通运输方面的具体举措，针对此情景，其他公共交通导向型开发案例的交通方式选择需要跟城市规划方案一起研究。在共享停车模型中为每类用地制定了一系列的调整因素，分别为每类用地的访客 /

客户和雇员 / 居民制定不同数值，调整系数范围在 65% ~ 95% 之间：65% 表明餐馆工作人员中有较大的公共交通和替代出行方式比例；95% 的情况表明在大多数情况下，到办公建筑的访客会开私家车。

当以这种方式使用共享停车模型时，分析人员应该给出每个调整系数的理由，解释如何决定采用某一特定的值，参考工具包中的相关内容。这包括研究现有的社区条件，记录项目和环境的特征，收集当地土地利用和交通运输的预测结果，从类似项目特征地方获取停车位利用率和 / 或出行方式选择数据，收集区域或县级政府模型预测结果。前几章中所讨论的数据源也应该被考虑。有时一些规划人员和工程师会犹豫做出这一调整，避免他们看起来像是“编数据”或偏离“好的做法”。当地的利益相关者可能对这些调整持怀疑态度，但这并不是不做这些调整的理由。对调整利用率最好的辩护是用文件强有力地说明调整理由，让听众可以理解。在推荐的调整中应呈现多个数据来源，比依赖单一的研究或案例更有说服力。

当 ULI 模型中的每类土地利用都输入了减少因素，模型就会向下调整每类用地的高峰停车位利用率。在本例中，这些因素减少了独立用地的高峰停车位利用率估值，从 4339 个减少到 3363 个，减少了 22.5%。这种减少的幅度不会发生在传统的区划程序中，因为它根据过去的数据而不是预测未来项目和环境条件来考虑停车位利用率。当然，只有项目和背景条件发生了足够的变化，这种减少才是合理的。在本例中，2030 年的规划目标和广泛的公共交通与土地利用集约化的结合意味着这种减少是合理的。

共享停车分析的独特步骤

一个详细的共享停车分析应该考虑一个叫作“非附属（Noncaptive）率”的概念。它意味着在混合使用开发中的特定用地类型，比如咖啡店，会吸引一些在同一个综合体中的办公员工成为顾客。这些客户在购买咖啡时不会产生新的车辆出行或停车事件，因为他们的停车位利用率已经计入了办公的停车指标中。因此，假设咖啡店里所有的开车顾客都像独立的咖啡店那样需要一个停车位是错误的。这一非附属系数因为这些“顺路”出行降低了咖啡馆的预期停车位利用率。非附属率对吸引已经停放在混合使用综合体的顾客的用地类型是合理的。

非附属调整不适用于一些看起来像是符合上述描述的用途。例如，它们不适用于高级餐厅，因为这种访问时间更长，它们更可能是目的地而不是附属的活动。ULI 共享停车模型包含了每类用途的每小时高峰停车位占用率数据——即使顾客在这个餐厅吃饭然后去看电影，也不适合使用非附属折减，因为每类用途的每小时高峰占用数据说明了停放时间较长。《共享停车》提供了一系列根据混合使用设施的现有条件校准模型的研究案例。非附属的调整通常适用于留下就餐的餐馆（85% ~ 95%）、快餐店（50%）、多屏幕影院和娱乐设施（90% ~ 95%）。

为了估计非附属率的折减比例，分析人员必须考虑特定用途的特点，以及它如何在混合使用开发中发挥作用。例如，在火车站的咖啡店可能会有一个很大的非附属因素，因为很少有顾客开车来火车站停车只是为了喝杯咖啡。相反在街道导向型混合使用的开发中，相同大小的咖啡店可能会有更高的与购买咖啡相关的停车比例。正如应该有一份关于出行分担率调整的书面文件一样，也应该有一个用于非附属率调整的文档。

一旦估计非附属的出行折减比例确定下来，分析人员输入估计的非附属率以减少这些用途的预期停车位利用率。在本案例中，对快餐店使用 50% 的非附属率，对零售和其他餐馆进行适当微量减少。其效果是将停车位利用量进一步降低到 3093 个车位，比通过共享模型调整估算的结果降低了 8.1%。

工具包第 7 步——检查内部车位使用效率 / 流通率

这一步骤允许根据车位使用效率进行调整，它受到指定给特定群体或个人的车位比例影响，以及采用停车诱导系统来发现空置车位的影响。《共享停车》模型只采用一种方式考虑这个因素——车位以“预留”或可用于共享停车池的形式输入。换句话说，当输入住宅开发户数时，可以指定为只“预留”给住宅使用或成为共享停车池的一部分。此外，如果任意用途的车位占用率在任何时候都是 100%，那就要从共享停车池中去除。这样，共享停车模型就可以校准到场地预期的（或需要的）停车管理条件下的指标。

共享停车模型不考虑在停车设施中分配给特定个人的车位，例如住宅开发项目将车位分配给每户家庭。如第 6 章所述，将所有车位分配给每个家庭，减少了用地内部的共享可能性，因为居民离开后的车位不能被其他居民使用。如果这是对一个特定项目的考虑，就可以对 ULI 基准利用率向上调整来解释这一问题。

在这种情形下，如果假定住宅停车位是预留给住宅用途的，那么将其从共享停车池中去除。对于分配给每户的专用停车位，不需要向上调整利用率。

这个步骤的最后一个方面是，是否应该增加一个流通率 / 空置因素来增加额外的停车以帮助顾客找到停车位并减少停车设施内的拥堵。这个因素的重要性取决于用途——办公员工通常会占用100%的车位，因为他们知道在特定时段内可用的车位在哪里；相反，零售顾客停车位周转更快一些，这导致随机的车位可用率，这些用户可能不熟悉停车位设施，以为车位已"满"从而降低了车位占用率。在确定这个因素时，分析人员应该综合考虑不同用途及其停车特征。智能交通系统（ITS）可以提供实时可用车位位置引导，提高寻找车位的效率。在本案例中，假定其ITS系统消除了流通率/空置因素；如果采用这个因素，将在共享停车模型的末尾增加，通常对工具包程序结束时的高峰共享停车位利用率增加5%～10%。

工具包第8步——考虑异地停车分担来调整场地停车标准

工具包第8步涉及政策决策，即预测的停车位利用率的部分指标是否可以在路内或在开发场地以外的其他路外设施中分担。在拥有地区停车池的地方可以考虑这种设置。第8步的调整应该是对共享停车模型运行结束后的停车义务做简单的减法。该情景应用在不允许路内停车、取消了路内停车选项的地方。另一方面，这一情景附近的用地需要有长期路外共享停车的潜力。本案例附近的娱乐设施有大量停车资源，其停车需求存在波动，主要集中在晚上和周末。这个停车资源没有被假设用于此情景，因此不进行调整。

工具包第9步——评估可能的内部共享停车折减

第9步是共享停车模型的核心分析程序，是场地的主要折减潜力——内部停车共享。该模型通过开发量（GLA、户数、影院座位等）和基准利用率的乘积计算每类用途的最大停车位利用量，然后通过模型比例和非附属出行折减因素来减少这些停车位总和，这就产生了开发项目中每类用地的高峰停车位占用率，表明它们之间在没有共享停车情况下的所有用地整体停车位利用率。

共享停车计算方式如下：共享停车模型包含每个工作日和周末的每个小时的停车位占用率数据，以及年度每月份的调整系数。每类用地的最大停车位利用率乘以每小时和每年每个月的调整因子，产生小时停车位利用率。这些数据汇总为每小时的总利用率，然后该模型程序选择预测停车位利用率最高的小时和月份。

工具包第10步——计算期望的停车位利用率，评估结果，迭代工具包

在此情景中，用共享停车模型计算高峰停车位利用率，如上所述。一个计算表显示了每类用地高峰时期的停车位利用率，展示了调整系数和总停车利用水平。该案例的高峰停车位利用数预计为2682个车位，在不采用共享停车的情况下根据调整指标减少13.3%。作为一个混合指标，将要求2682个车位 ÷1170200平方英尺 = 2.3车位/1000平方英尺（假设平均每户住宅和酒店每个客房面积为1000平方英尺）。请注意，此情景中的住宅用途并不包括在共享停车池中——如果包括在内其折减效果将更大。本情景中的各类用地可以按照第6章居住（图6.3）和第七章办公（图7.2）所示的工具包估算和计算汇总表进行计算。在此情景中，将有5个汇总表（此处未显示），每类用地都会按步骤1 ~步骤8计算一遍，将停车位利用水平输入到共享停车模型中计算得出结果。为本情景中，工具包步骤1 ~步骤8的效果被压缩到共享停车模型中的模式与附属出行调整因子中。

共享停车模型预测高峰停车位利用率发生在12月份工作日的下午2点。虽然其他时间和月份可能是不同用地组合的高峰期，但由于存在零售用途所以通常12月份是高峰期，一般中午到下午2点是最繁忙的。如果混合使用开发项目中在用地组合中有大规模的高级餐厅，那可能会有所不同，因为高峰可能会移动到晚上。周末的利用率通常要低得多，除非开发以零售为主。本案例周末高峰利用率预计在晚上7点达到1840个。

这一情景揭示了共享停车的有效性，尤其是与办公用途之间，办公用途的停车位在白天使用最多，而餐馆和零售的停车位在晚上和周末使用最多。使用ULI的基准利用率，项目要求将是4339个车位，接近白金三角地区4447个车位的区划条例配建要求。基于使用特征、土地利用和交通规划、停车收费和共享停车等因素，将生成2682个车位的估计值。这显示了根据对环境和项目特征的敏感性进行停车分析所产生的差别，避免了严重的停车过量供给。减少1657个停车位，将节省超过50万平方英尺的停车面积。如果强制实施调整前的停车标准，其经济负担很可能使这样的项目在财政上不可行。

在规划一个复杂的混合使用场地时，评估一个如2682个车位这样的潜在共享停车是必要的步骤。除了评价目标中通常的交通运输、设计和城市形态、经济、可持续发展之外，场地规划目标在本例中也应该考虑。例如，未来的停车供给是否可以使用停车楼，或者是否有土地可用率限制，意味着是否需要更昂贵的地下停车位？如果是这样的话，建设地下停车位的额外费用是否可以在市场和财务可行性分析中得到支持？停车楼的体量是否与城市设计理念相关的建筑体量、行人体验、轴向设计主题和其他目标相一致？这些评估可以揭示出，较小的停车供给可以更好地适应场地设计。该工具包的步骤可以重新查看和重新考虑，直到制定一个降低停车位利用率估计值的情景。新政策可能包括更高的停车收费方案（第 5 步），增加社区的常规公交和摆渡车（第 6 步），利用附近过剩能力的路外停车位（第 8 步），和 / 或共用停车应用于住宅部分（第 9 步）。工具包以这种方式在场地规划中迭代使用，支持探索替代方案。

工具包第 11 步——平衡车位尺寸效率问题

车位尺寸和停车通道为减少用于停车的土地或建筑面积提供了机会，在本案例中将采取停车楼或地下停车库。如前所述，这些车位都有很高的资本成本，因此提高单位用地或建筑面积的停车位产量可以获得显著的成本效益。阿纳海姆市车位尺寸要求 8.5 英尺宽、18 英尺长，比本书评估的其他城市条例要求的都要大；停车通道的最小尺寸是 24 英尺宽。

是否允许在混合使用项目中使用小型车位，这一问题与所服务的停车用户类型有关。对于不熟悉这一设施的零售用户或停车者来说，小型车位可能会有问题。在本案例中，可能会考虑让常规用户使用小型车位，但是共享停车具有非常复杂的动态使用特征，提醒我们需要谨慎设置小型车位。

工具包第 12 步——探索可能的子母车位、代客泊车，或机械停车。

子母车位或堆叠车位是本案例实施的另一种可能。在一户家庭被分配 2 个车位的情况下，可以使用子母车位。在这种情况下，居民会协调移动车辆以允许里面的车辆进出车位。堆叠停车位可以用来满足零售或餐馆的高峰需求，在那里，随员或服务员会停车并取回车辆。最后，机械停车能够减少用于停车的土地面积，如果土地节省成本超过了地下停车建设资本和运营成本，就可以采用机械停车。关于这些问题的决定取决于租户和他们的运营计划。城市官员、开发商和潜在租户应协商这些问题，以便将其纳入开发协议。对停车管理的保障也应该是这些讨论的一部分。

案例研究：混合使用片区

许多司法管辖区已经建立了完善的混合使用片区，正在开展地区重建、加强公共交通和改善“完整街道”活动。与上述的单个场地内混合使用开发不同，这些区域需要考虑片区级的停车资源（工具包步骤 8）。这种资源包括私人和公共的路外设施，以及路内停车位，有时是在没有配建任何停车位的历史建筑背景环境下。这些混合使用片区包括市中心、有良好公交服务的交通走廊沿线，以及社区活动节点，这些节点通常是城市形态条例的重点。图 8.3 为俄亥俄州克利夫兰市市中心的一个工作日中午的照片，除了展示停车对城市形态的影响外，它还展示了共享停车的潜力。一些停车设施是停满的，而另一些则有很多可用的停车位。这意味着，如果与未充分利用停车场的所有者达成共享停车协议的话，新的用地（或增加现有用途）可以不增加停车位。

图 8.3 俄亥俄州克利夫兰市中心的共享停车潜力
图片来源：Serineh Baboomian 提供。

在这些地点，业主和租户对片区停车资源提出不同要求。例如，邻近商业区的居民通常会把附近的路内停车位作为他们的专用停车位，而大街上的零售商则要求路内停车位为他们的顾客服务。这些相互竞争的要求可以通过停车管理工具来解决，比如停车时长限制、停车许可和停车收费。然而，共享停车潜力可以应对这些挑战，土地用途的多样性以及公共停车场和私人设施的存在带来这种共享停车潜力。

加利福尼亚州旧金山湾区的大都会运输委员会（Metropolitan Transportation

Commission，MTC）为协助司法管辖区寻找停车新方法进行了努力。MTC发行了名为《支持精明增长的停车政策改革》的报告（2007），它由威尔伯·史密斯协会（Wilbur Smith Associates）和一个包括作者在内的顾问团小组共同努力完成。它制定了一个停车模型来帮助司法管辖区逐个分析街区或片区级的停车位利用率。这个模型可以从 MTC 免费获取，其网址为：http：//www.mtc.ca.gov/planning/smart_growth/parking/parking_seminar.htm。

本节简要论述如何使用 MTC 模型来分析混合使用片区的停车位利用情况，使用了第 5 章工具包程序的技术框架。MTC 模型的结构是建立在停车位利用率和开发规模的基础上的，调整系数可以减少停车位利用率，比如使用公共交通或共享停车。

工具包 1、2、3——确定现状和未来停车位利用率以及决定最佳基准指标

在混合使用地区收集特定用途的停车位利用率数据是一项挑战，因为很难将停车位占用情况归因于具体用途。不同于独立场地的开发其所有的停车位占用率都可以归因于该场地的用户，而在一片区域的某一具体用地的停车位利用率可能分布在不同的路内和路外位置上。解决这一问题的办法是，开展片区级的统计生成整个片区的占用率，用每 1000 平方英尺的整体建筑面积产生的停车位占用量来进行表示（将居住户数转换为面积）。如果停车被认为是由商业和居住用途产生的，那么也可以通过将商业面积从居住单元中分开来计算。这种方法支持停车标准采用“混合指标”，即所有用地都采用相同的停车标准，假设用地之间指标的变化由于共享停车最终达成一个平均值。如果需要估计具体用地的停车标准，那么可以采用前面所描述的基于人口普查和问卷调查的方法。

研究发现，片区的停车位占用率明显低于公众的认知。通常情况下，在核心区的路内停车位占用率接近 100%，但其他路内和路外停车设施的空置率更高。这些数据的图形显示有助于让利益相关者相信，他们所感知到的停车“短缺”不符合实际情况。

未来的基准利用率概念和基础配建指标（工具包中第 2 和第 3 步）可以按照本章前几节所述的类似方式处理。一旦考虑了这三个步骤，通过修改 MTC 模型中每个土地使用的“单位高峰利用率”输入值，就可以将步骤 3 的指标纳入 MTC 模型。基准 MTC 模型使用标准的 ITE 各类利用率，优先为使用公交进行调整。

工具包 4、5、6——考虑项目与环境、停车收费、公共交通

MTC 模型允许分析人员根据步行出行、自行车出行、公共交通出行次数和较低机动车保有量来调整每个峰值的单位利用率。这些比例调整考虑了工具包第 4 到 6 步骤中所述因素：使用趋势、环境变化、未来交通发展、停车收费和替代交通要求。

如图 8.4 所示，输入调整因子是 MTC 模型一个简单的程序。当然，更难的问题是这些调整因素的基础。如果这些调整能够得到现有的停车位利用率研究的支持，而被考虑的地区与这些研究案例有相似的条件，那么调整就具有最大的有效性。如果有这些信息，模型和调整因子可以用来预测现有的条件,它可以与实际的停车占用率相比。如果模型和实际数据不一致，则调整因子可以进一步进行研究和校准以更好地表示当前条件。虽然 MTC 模型比 ULI 共享停车模型复杂，但它提供了一种简单的方法来实现片区停车位利用率分析，并且可以通过片区方式来考虑停车标准。

用地停车需求率调整系数

	用地类型	单位高峰利用率	短时需求比例	高峰小时调整	步行系数	自行车系数	公共交通系数	小汽车拥有量系数	共享停车系数	短时停车需求	长时停车需求	合计停车需求
2	多户住宅	1.5	0.1	1	0	0	0	0	0	0.15	1.35	1.5
4	零售	5	0.9	0.9	0.03	0.02	0.05	0	0.3	2.43	0.27	2.7
5	自动售卖	4	0.9	0.2	0.03	0.02	0.05	0	0	0.648	0.072	0.72
6	餐馆 / 酒吧	11	0.9	0.9	0.03	0.02	0.05	0	0.6	2.673	0.297	2.97
7	一般办公	3	0.3	0.8	0.03	0.02	0.05	0	0	0.648	1.512	2.16
8	行政办公	3	0.2	0.9	0.03	0.02	0.05	0	0	0.486	1.944	2.43
9	宗教	9	0.5	0.1	0.03	0.02	0.05	0	0.5	0.18	0.18	0.36
10	图书馆	2.3	0.9	0.5	0.03	0.02	0.05	0	0.1	0.828	0.092	0.92
11	剧场 / 会堂	5	0.8	0.1	0.03	0.02	0.05	0	0	0.36	0.09	0.45
12	体育俱乐部	4	0.8	0.5	0.03	0.02	0.05	0	0.3	0.96	0.24	1.2

图 8.4　大都市交通委员会停车模型的输入屏幕

图片来源：大都市交通委员会。

工具包第 7 和 8 步——检查车位效率和异地停车分担

在 MTC 模型之外，必须考虑车位使用效率和对某一特定项目的路内外

专用车位等因素。该地区的共享停车在第 9 步中考虑。

工具包第 9 步——评估可能的内部共享停车折减

不同于 ULI 共享停车案例，一个混合使用片区的共享停车涉及整个片区的停车资源。MTC 模型要求分析人员将减少系数应用于每类用地的预期高峰停车位利用率，每类都会有一个高峰小时减少调整系数。高峰时间调整系数用来减少具体用地预期的工作日中午高峰，还设置一个共享停车系数用以考虑非附属出行的额外减少。该模型生成一个高峰停车位利用率水平，可以与片区停车资源进行比较。关键的挑战是将这些片区的停车资源按照它们是否适用于共享停车池进行分类。除非 100% 的停车位共享都没有时间限制，否则片区停车资源的有效容量可能会减少。分析人员设定了高峰小时调整系数为 1、共享停车系数为 0，来消除共享停车池里的特定用地。

工具包第 10 步——计算期望的停车位利用率、评估结果、迭代工具包

MTC 模型在第 9 步产生一个预测的停车位利用率。接下来应该完成对这个停车水平的评估，正如所讨论的混合使用综合体那样，需要更多的关注片区的发展目标。对每个步骤进行调整直到停车标准与发展目标一致。

工具包第 11 和 12 步——平衡车位尺寸效率和探索子母车位 / 代客泊车 / 机械停车

虽然类似的考虑适用于路外停车位的尺寸效率，正如前面所讨论的，但路内停车尺寸效率也是片区的一个关键问题。在许多这样的地区施划平行停靠的路边停车位，如果车辆不在停车线内停放就会被罚款。这种操作的目的是在不影响交通流的情况下方便进出停车位。有时这种划线停车的做法会降低不必要的车辆密度。实际上，有些地区根本就不划停车位；司机可以沿着街面停满汽车（当然除了红色路缘石标志）。这就增加了路内平行停靠的每延尺车位数量。它还可以弥补因其他目的而损失的路内停车位，如拓宽人行道、交叉口缩窄，或开放空间。使用多车位支付显示型咪表与路内停车收费政策结合。

在街面每延尺设置更多的停车位会减慢交通，因为进出这种紧张的停车位很麻烦，但是很多社区正在寻求各种交通稳静化措施。在图 8.5 中所示的车辆驾驶者已经将路内停车效率用到了极致，这样设计的想法是让饱含价值的路内停车资源变得更有用。当然，另一种增加每延尺停车位数量的选择是斜列式停车。

代客泊车是一种很有价值的方法，可以增加路外停车设施内的停放数量，特别适用于片区停车。它还可以用来吸引那些拥有多余停车位的业主来参与共享，因为他们的停车位可达性比公共停车位更受控制。一个共享的代客泊车项目让车辆可以在片区不同地点上下车，从而提供最大的顾客满意度，使固定的停车供给量能产生更多的停车使用次数。

图 8.5　路内停车效率极限

混合使用、公共交通导向区域的停车管理

停车管理在混合使用的开发项目和混合使用的邻里片区尤其需要。战略管理措施可以包括替代交通方式、交通管理机构（TMO）、路内停车管理、共享停车池，以及第 7 章讨论的停车外溢措施。共享停车需要明确的法律协议、对停车模式的监控和规则的执行，以保护共享各方之间的停车安排。例如，我了解到郊区城市中心的一个共享停车安排，它要求办公员工在停车楼的顶层停车、让零售顾客在底层停车。由于缺乏执法，员工开始在低层停车，导致顾客停车位短缺明显。这需要积极地执行共享协议，但是执行

不利的糟糕教训会导致政府官员和开发商认为共享停车不值得做。这是错误的，因为共享停车的巨大成本节约和环境效益优势是非常明显的，并被正在进行的停车管理工作所证明。这个问题也存在于传统的零售区，员工在商店门前停车，占用了顾客最方便使用的车位。如果没有停车管理，这可能很难改变，因为如果一个商店的员工离开了这些车位，另一家商店的员工可能会继续占用这个车位。

总 结

制定混合使用、公共交通导向型开发项目和片区的停车标准，与单一用途相比是一项更加复杂的工作。由于存在多种用途，采用传统分区方式规定的每一类用地停车标准都不适当。维护这种方法的司法管辖区将会过量配建停车位，因为他们没有利用共享停车效率的优势。这种提供额外停车位所造成的负担很可能阻碍其他所需要的开发。虽然共享停车增加了管理的复杂性，但是它提供了效率、改进了城市形态，促进了可步行性。

本章阐述了第 5 章中 12 步开发工具包是如何与 ULI 共享停车模型以及 MTC 模型相关联的。虽然这些模型压缩了 12 步工具包中的许多步骤，这 12 个步骤可以考虑整合，然后作为调整系数的一部分输入到 ULI 或 MTC 模型。在论述了三类用地如何建立新的停车标准的方法后，下一章将讨论在区划法规中落实这些概念的方法。

第 9 章

编制停车标准改革

对于每个复杂和困难的问题，都有一个看似简单、明了，但却错误的答案。

——亨利·路易斯·孟肯

每一位区划法规编制者都明白，搞清楚期望的停车配建指标和其他停车要求只是打赢了战斗的一半，另外一半是将政策意图和期望的停车配建指标转化为可行的法规，能够被社区理解、被民选官员采纳，并被工作人员合理执行。停车标准常常比“简单、明了，但却错误”更加复杂、难用，并且错误。

“复杂、难用”这个评价来自于错综复杂的标准和频繁的修改，导致阅览陈旧的停车标准非常困难。当我为需要解决停车问题的开发商工作时，总会成为这些停车条例的第一使用者。通常情况下，如果没有工作人员帮助解释是否有特殊区划覆盖分区、例外情况或其他章节的规定，人们很难准确理解这些规定。“错误”这个评价来自于错误的数据，如第 2 章所述；也可能是与社区的综合规划不匹配，例如在以公交导向开发为目标的区域实施较高的停车配建下限指标所造成的不一致。当然，区划法与综合规划错配是一个长期存在的问题，它伴随区划法出现，在编制综合规划之前就已经存在了。从那时起，出于政策和规定连贯性以及法院判决对一致性的要求，司法管辖区一直致力于在规划方案和区划法之间建立更好的一致性。停车标准是一个逃脱了审查的领域，因为其不一致性比其他规定更微妙，例如规划方案中的密度目标和区划条例中的退线要求与高度限制。

本章不是提供模式化的停车配建指标或法规条文。因为停车标准并不是放之四海而皆准的——它们应该基于当地情况进行编制并建立在当地的管控方法之上。此外，强调一种“绝对正确”的停车标准的想法违背了本书关于环境和政策响应的理念。相反，本章概括了在起草停车标准时应考虑的使区划条例生效的原则，并提出适用于更广泛社区设计和区划条例改革的停车标准改革方法。然后，本章提供了一份改革思路清单，能够用于评估和应用于具体的停车标准条例编制工作。

编写有效的管制工具是艺术、科学和法律的综合。编写区划法规需要有敏锐的头脑来衡量不同竞争目标，而不是普通的样板式语言汇编。例如，我们在停车标准方面寻求可预测性——简单而透明的规则可以很容易被理解，但如果我们过于简单化，它们就难以适应不同司法管辖区不同的特定场地和背景条件的差异。另一方面，要求预测每一个开发项目的细微差别可能过于复杂，而且服务效果也不会太好。如果我们放弃编制规则让大多数项目的停车义务可以自由裁量，这样虽然提供了灵活性，但不能满足社区和开发商寻求的可预测性。

在讨论更广义的区划条例改革时，塔伦（2012）指出一些城市形态条例倡导者如何相信通用的城市设计原则，这导致他们提出不受本地和场地规范影响的建筑规则。引申到停车标准方面，他们要求某些停车配建指标普遍适用才是“好的做法”。城市设计向环境敏感型转变需要一个不再将规则视为“至高”标准的区划法规体系，而是与当地交通、土地利用、社区发展和环境因素协调一致的政策决策。

如第 5 章所示，停车标准取决于背景环境——多少车位适合一个具体场地，这与其他路内外的停车设施、共享停车制度安排、停车收费、公共交通、步行和自行车基础设施以及社区人口结构有关。由于停车设施是社区可达性系统的一个不断演变的元素，所以停车标准必须响应当地条件并具备灵活性。正如设计师们提出的“生成”条例的想法，在与参与者的互动中标准逐步出现，这是一种将停车标准视为更加“本土生成”化的方法，它反映了现有交通资产和负债、地方停车管理能力、共享停车资源和市场经济等情况。

工作范围

停车标准改革可以通过多种方式进行。第一种方法最具雄心，是进行全面的区划法规修订，并将停车标准修编作为该工作的一部分。这样能够详细考虑区划法规在用地类别、区域策略、区划边界等方面的工作方式。科罗拉多州的丹佛市最近进行了这样的工作，它尝试将区划法与城市综合规划结合起来，创建更加一致性、简化复杂性的程序，并提供标准化、用户友好的格式。这项工作于2005年开始，并已制定出一套以片区为基础的区划分类，其中包括新的停车标准。2010年获得批准，划定7个分区分别制定停车标准，将停车方式与社区类型联系起来。亚利桑那州的弗拉格斯塔夫可以代表中型城市的做法，它在修订区划条例内容时起草了新的停车标准。

第二种方法是全面的停车标准修编，将停车标准整合并重新考虑。采用这个方法的一个案例是华盛顿州的西雅图市，该市正在审查可能阻碍经济增长的监管问题，停车标准被认为是三个监管问题之一。在这种情况下，西雅图正在努力编制新的停车标准，特别是在公共交通发达地区。这项工作建议在一些地区依据标准取消停车配建下限指标，包括公交服务地区、公交线路交叉地区、自行车和行人优先区域、空间营造有利场所和步行街等。只关注停车标准的停车改革措施不需要过多考虑政治和经济资本因素，如果基础区划法规有效发挥作用的话，这是一个好的策略。

第三种方法是特定区域或特定用地的改革，例如社区制定一个区划叠加分区来处理新的土地利用问题。除非精心设计，否则这将导致一系列渐进式的改革，而这些改革并不统一，但通常，渐进式工作就是利用现有的政治承诺和财政资源所能做的一切。虽然这种方法不全面，但通过集中改革可以做很多有益的事情。这类案例包括加利福尼亚州的两个城市：一是洛杉矶的《适应性再利用条例》(Adaptive Reuse Ordinance)，它通过“不损失车位”标准来代替正常停车标准，将空置的历史办公楼改造成住房；另一个是圣迭戈的可支付性住宅停车标准研究，它可以提高可支付性住宅的供给。在一个方面的成功可以帮助促进后续的、更全面的工作获得支持。

区划法的类型

对停车配建标准的改革是在区划实践不断变化的背景下进行的，在这方面有许多改善活动。表9.1总结了5种区划传统方法，从欧几里得式的单一用途分区到形态条例再到混合系统。对于每种传统方法，该表都列出了其中包含的停车标准。整个区划方法的演变从寻求将用地分开的欧几里德区划方法开始，到使建筑法规对背景环境更具有敏感性并与政策联系更加紧密。这些正是本书的主题，所以最近区划条例的创新方法为新的停车标准制定方法提供了机会。

区划法的类型及与停车标准的关系 表 9.1

	主要概念	与停车标准的关系
欧几里得式	将城市划分为单一区域，限定用途和建筑外立面	最初的区划法规中没有停车标准，后来添加，通常将全市范围的标准单设一章
	随着它的发展，变得更加复杂。重视一致性和妨害预防	欧几里德停车标准越来越复杂。在减少建筑物对道路拥堵的影响方面符合妨害管理理念
规划单元开发（PUD）式	为新开发区域商议特定标准。通过条约允许更多的场地、景观和建筑控制。寻求更多环境响应	提供停车标准更符合当地条件的可能性。强调灵活性和协商性，鼓励停车标准创新。不适合填充式开发，适用于大型未开发区域
绩效式	采用妨害规避措施替代标准，例如退线要求。寻求克服欧几里得区划法僵化的方法	不强调避免外部影响的方式，而更倾向于避免实际的影响。这种方法导致从可达性、交通拥堵等更宏观的体系中考虑停车标准
形态条例式	强调建筑形式和设计，更灵活地使用这种形式。寻求避免单一用途区域。更具体地期望设计和形态特征	增加有关停车位置与街道和行人设施关系的具体说明。使用混合停车标准（一个片区所有用地采用一个指标）呼应城市形态方法
混合式	以欧几里得方法为根本，在特定地区采用 PUD 方法，增加一些绩效方法措施，一些地方采用形态条例方法，有时选择普通法规	将会出现改革停车标准的地带。关键问题是使停车标准具备环境敏感性和政策敏感性，避免过分复杂或缺乏透明度

欧几里得式区划法的许多替代方案都显示在停车标准方面的潜在创新。改进方法包括设置环境敏感性更高的停车配建下限指标，例如规划单元开发（Planned Unit Developments，PUD）方法所体现的区域特性；其他案例包括使用宏观可达性体系来考虑众多可达方式中的停车问题，这在绩效式或形态条例区划方法中是可能的。

现在是改革停车标准的最佳时机，利用学术和专业实践领域对区划法规改革的兴趣，通过同时考虑什么是好的城市形态和好的停车，我们可以确定以设计为中心的土地利用规则和以交通运输为中心的停车标准之间的联系。

有效的区划原则

唐纳德·艾略特（2008）写了一篇令人信服的关于改革区划方法必要性的文章，他基于长期编制和使用区划法规的经验，提出了一个评估区划法规的评估体系，其中的关键原则包括有效性、响应性、公平性、效率、可理解性和预测灵活性。表 9.2 列举了这些具体原则，并指出如何应用到停车标准中。

区划法规的管理原则　　　　表 9.2

类别	区划法中的观念	停车标准的问题示例
有效性	条款是否达到预期的结果?	停车标准容易理解吗? 它们是否会导向社区规划的广泛目标? 它们是否阻碍了社区规划的实现? 是否会频繁申请和批准停车差异?
响应性	区划法是否相应当前目标? 哪些组织负责常规响应?	停车标准是否更符合短期的邻避主义利益，而不是更广泛长远的社会利益?
公平性	三个维度: 结果相似度（相似案例中的相似决策），社会公平，程序公平	结果相似度: 法规是否要求类似的项目提供类似的停车义务? 社会公平: 停车标准是否阻碍了可支付性住宅和 / 或小型创业公司? 程序公平: 在停车标准中，管理的自由裁量权是否适当并不受政治影响? 差异判定是否一致?
效率	两个维度: 司法管辖区和申请人的时间与成本负担，以及与需求不确定性相关的损失。	对停车规则的解释中，是否有很大比例需要自由裁量? 停车标准是否足够清楚，以避免让申请人意想不到?
可理解性	区划法规只能让律师和区划专家理解吗?	在法规中有多个章节来叙述停车条款吗（经常发生在更新或修改中）? 配建指标计算程序和开发规模是否清楚?
预测灵活性	任何极端在区划法中都有问题: 有适当的区别吗?	在明确的停车标准背景下，是否存在微小调整的容许系数，例如由于场地尺寸问题而减少一个车位?

这些原则可以指导起草停车标准改革方案，表中的几个示例有必要进一步讨论。在公平问题上，艾略特指出，对公平的不同定义在考虑区划方法变化时起着重要作用。第一个定义称为“结果相似度”，它询问在类似的情况下是否会做出类似的决定。停车标准的统一性质意味着，传统的停车标准在这种维度下是公平的，但是使用差异化的停车标准又是另一种情形。第二个问题是社会公平，它与停车标准有特别的关系。在表面上，停车标准似乎是一个中立的技术问题，但第 6 章认为它们存在社会影响。例如，传统的停车标准抬高了可支付性住宅的成本，拒绝了无车家庭对低成本住房的选择；它们也可能会阻碍小企业的发展，因为它们不可能在成本较低的、已建成的商业区开展业务，并且价格与新的郊区相比也没有优势。

最后一个标准是预测灵活性，听起来有点矛盾，但艾略特是在寻求避免标准过度僵化，在定义参数时提供灵活性，以避免任意性或腐败的机会。我曾多次参加市议会因为某个地点或场地的停车位有特殊性要求而对停车标准进行微调的会议。这个调整需要城市委员会核准报告，市议会的时间花费在审查、收费和会议推迟上。对停车标准的微调增加了反对开发的邻避主义风险。停车标准的预测灵活性，可能意味授予审批管理人员对定义的自由裁量权，以行政许可的方式并以明确和令人信服的理由批准微小的变更。

区划改革对停车标准的影响

在回顾当代的区划法规时，艾略特提出了区划改革的议程，阐明了应考虑的 10 个观点，其中有 7 个与停车标准改革有直接关系，它们包括更灵活的用途、混合使用规定、住房可支付性、成熟地区标准、动态开发标准、大型开发协商以及最终批准的去政治化。下面详细讨论这些观点。

- 更灵活的用途。为了将更灵活的土地用途要求转化为停车标准，规划人员将不再强调用地配建指标，而是更多地依赖于开发规模（面积）。这是“混合指标”的概念，即对同一地区所有用地提出相同的停车标准。例如在商业区不需要指定零售、餐饮和办公的停车标准，对任意商业用途都采用 1 车位 /1000 平方英尺。同样，1 车位 / 户的指标可以适用于多户住宅，无论户型大小。从哲学上讲，这是远离根据不同用途的特定使用特性来分配停车责任的方法；相反，它关注片区级停车资源和使用灵活性。在中心商务区（CBD），混合指标的概念将使餐饮用途受益，因为它的具体配建指标通常高于其他零售用途。

城市还可以通过合并类似停车利用模式的用途配建指标、减少总的指标数值，或考虑适用于多用途类别的配建指标，来提供更灵活的土地利用方式。定义太多相似的用途会导致经常修改的停车标准。定期考虑哪些用途具有类似的停车位利用率特性，可以支持简化停车标准中的用地类别。

- 混合使用规定。共享停车的规定，无论是通过公式计算还是通过特定研究得出，都是对法规中出现的混合使用区域的必要反应，这已经在很多法规中得到反映。艾略特提出的另一方面建议是将土地利用类别如生活 / 工作或商业 / 轻工业用途的界限模糊，建筑物的使用性质可能随时间而改变。停车标准必须对使用定义模糊、重叠和不断演进的用地类别做出反应。例如，流行的“立墙平浇”（Tilt-up）结构建筑可能会是仓库、轻型工业、办公室和 / 或陈列室。两个相似的建筑结构可能有完全不同的用途和相应的停车位利用率。如果停车标准是基于最高停车需求的用途来设置，那么大多数项目将会过量建设停车位。一个模糊使用定义和 / 或变动用途的解决方法，是使用停车管理来应对较高停车需求用途的停车问题。虽然这些管理工具大多没有包含在区划法规内，但区划法规应强制业主提供停车位利用率数据、参与协调工作，并采取停车管理措施。

- 住房可支付性。停车标准并不是区划法中妨碍可支付性住宅建设的唯一因素——密度限制、冗长的设计审查和对福利设施的过度要求，都可能产生类似的效果。然而很明显，减少或解除对中等收入和可支付性住宅的停车配建下限指标将降低住房成本、增加住房建设、使小型场地开发可行，并为没有车辆或少量车辆的居民降低更多的住房成本。当然，这应该与路内停车管理相配合以避免不利影响。根据圣迭戈最近的研究，司法管辖区可以根据单元面积、单元类型、土地利用和交通情况，编制出一套可支付性住宅的停车标准系统。

- 成熟地区标准。艾略特认为，社区需要“成熟地区”标准。这种方法并不期望成熟地区会重新开发并采用与未开发地区一致的停车标准，而是尊重那些成熟地区的财产，如方格网街道、街道景观和多样性用途。很多城市都有错误的假设一个地区将通过再开发彻底改变的“案例教训”，例如侵占人行道的道路拓宽工程一直没有结束，或者退线建筑从街道生活中消失。同样错误的停车假设是一个较老的地区按照郊区的停车供给水平重新开发，而一个成熟区域的停车标准将会认识到在这一区域实施区域共享停车的现实性。

认识到成熟地区可以保留现有的特征，并通过建立对重新开发和业务形成过程敏感的停车标准来促进再投资。这将包括了解当地的土地权属问题和历史建筑限制、现有街道景观资产，以及共享停车的可能性，通常也需要社区范围的停车管理方案。该司法管辖区可能降低配建指标，允许将路内外停车位都计入法规所要求的配建数量，或者取消所希望用地类型的停车配建指标，例如历史建筑的适应性再利用项目。采用停车标准的混合指标与此方法一致，因为它们预测共享停车池（Shared Parking Pools）能够容纳特定用地间的高峰停车需求。

- 动态开发标准。大多数停车标准都是静态的，因为它们规定了与开发规模固定的比例关系。动态开发标准可以根据项目特征、背景环境或发展条件进行调整。区划法规的一个动态标准例子是，在认识到大型办公楼与小型办公楼的功能差别后，办公停车配建标准随着项目规模增加而下降。

另一个动态停车标准的例子是停车配建下限指标根据公共交通投资规模自动减少，避免立法机构对每一次配建指标调整都要采取行动。例如，该指标可能根据某些因素触发，如某一水平的公交客流或停车位占用率。同样，可以将适用的停车配建下限指标与片区级的停车资源挂钩——如果有足够的片区停车能力，可以先采用较低的配建指标，当达到规定的停车位占用率阈值时，配建指标可以增加。最后，一个片区水平的停车帽上限可能与道路拥堵水平有关,在拥堵水平超过标准的情况下将禁止额外的停车。当然，必须对动态标准进行系统设计，以充分解答业主对类似项目能否有类似处理方式的担忧。

- 协商大型开发。如第 8 章所介绍的，混合使用、公共交通导向型开发具有特殊性。即使用地混合条件是相似的，其背景环境也不同，这反映在开发市场、周围用地、公共交通的可用性等方面。可以使用像 ULI 共享停车位（Smith，2005）或 MTC 模型（Metropolitan Transportation Commission，2007）这样的停车模型取代已定义区域的传统配建指标。在区划法规中不设定配建指标，而是指定模型的应用方式、公共交通调整系数等。在理想的情况下，这个程序可以在网上查询并且易于使用，因此完成停车责任并不神秘。

- 最终批准去政治化。交通规划的公共投入中包含停车标准，是地方参与的重要因素。然而，在开发过程的后期，对停车方面的反对意见可能成为邻避主义者的工具，以此来反对没有强大公共利益基础的项目。给予专业人员在停车问题上的自由裁量权可以帮助避免这个问题。例如，一些城市允许专业人员根据供求关系改变市中心的停车收费标准，而不需要经市议会批准。这种自由裁量权也适用于区划法规中停车配建指标的合理调整。民选官员将确定调整的参数，并定期检查结果。

停车标准改革措施清单

由于项目特点、背景环境和政策偏好等因素更能够塑造停车标准，所以停车标准没有一种“模式化”的规定。相反，本节提供一些创新思路的清单，以供在起草停车标准时参考，并列举了一个城市的案例以便进行后续研究。该清单包括以下内容：将停车作为政策问题、配建下限指标、共享停车、停车上限、停车收费 / 配建拆分 / 停车变现、多模式交通和绿色交通、停车管控措施、组织和技术、监控和管理。这个清单是那些为实现这些特性以支持停车标准开发程序的城市后续研究的起点。这一领域的可用资源包括 2011 年的《最佳停车实践：美国和国际城市的区划法规和政策综述》（Parking Best Practices：A Review of Zoning Regulations and Policies in Select

US and International Cities）报告，该报告由纽约市城市规划部门编制（New York City，2011）。

把停车作为政策问题

- 确定把停车标准作为土地管理和交通运输系统规划的核心要素（宾夕法尼亚州费城）。
- 根据广义的可达性策略阐明路外停车位的目的和目标；指导相关调整（俄勒冈州波特兰）。
- 将停车标准作为经济发展的一个关键要素（华盛顿州西雅图）。

停车配建下限指标

- 选择性或大规模地取消配建下限指标（俄勒冈州波特兰）。
- 停车标准由项目中包含的交通需求管理（TDM）因素数量决定，服从全市范围的 TDM 条例（加利福尼亚州南旧金山）。
- 对于再利用项目，配建指标要求保持现有的场内停车水平，而不是满足新建建筑的配建指标（加利福尼亚州洛杉矶）。
- 降低停车标准（华盛顿州西雅图）。
- 允许多户住宅采用子母车位；一组子母车位（两个相邻车位采用一个通道）按 1.5 个车位计算（华盛顿州西雅图）。
- 减少特殊人群的停车标准，比如那些住在可支付性住宅或老年人住房的人（纽约州纽约）。
- 自由裁量是否取消历史（地标）建筑的居住用途停车配建下限指标（华盛顿州西雅图）。
- 历史（地标）建筑的停车标准限定在某一日期之前的停车供给现状水平（安大略省多伦多，提案）。
- 混合停车标准基于建筑规模而不是基于特定片区的具体用途（加利福尼亚州圣克鲁斯，提案）。
- 公共交通服务区域此类的覆盖分区（威斯康星州密尔沃基）。
- 停车折减因素鼓励自愿减少停车位——公交枢纽、自行车停车等（俄勒冈州波特兰）。
- 对于特定分区的某些土地用途的小型、混合使用项目，豁免其停车配建下限指标（科罗拉多州丹佛）。
- 为停车或者广义的可达性改善目的提供替代费选项规定（弗吉尼亚州阿灵顿县）。

- 片区配建指标关联更广义的规划和分区目标（科罗拉多州丹佛）。
- 动态停车配建下限指标随着混合使用开发和多模式交通运输的发展下降，包括自动共享停车或人口减少（宾夕法尼亚州费城）。
- 为了复兴 / 再开发目的，在一个地区豁免停车标准（加利福尼亚州惠蒂尔上城）。
- 减少停车配建下限指标以提供共享车辆停车位（科罗拉多州丹佛）。
- 将路内或其他路外停车位计入来满足停车标准（加利福尼亚州洛杉矶，伊格尔罗克社区）。
- 停车配建下限指标异地建设规定，或是在步行距离内，或是在截留基础上（加利福尼亚州洛杉矶，中心商务区）。
- 可转让停车权利（俄勒冈州波特兰）。
- 基于绩效的停车标准与业主的义务有关，例如土地存储直到 / 除非需要停车位（加利福尼亚州圣迭戈）。
- 将配建下限指标集成到形态条例区划方法中（科罗拉多州丹佛）。

共享停车

- 在区划法规中定义主要用地类别的折减比例（宾夕法尼亚州费城）。
- 专题研究，酌情决定减少（加利福尼亚州安大略）。
- 为共享汽车项目提供专用车位的激励措施（不列颠哥伦比亚省温哥华）。
- 异地停车可以通过适当的条款批准（华盛顿州西雅图）。
- 异地停车距离限制 800 英尺（华盛顿州西雅图）。

停车上限

- 定义上限指标（伊利诺伊州芝加哥）。
- 下限指标的比例值（宾夕法尼亚州费城）。
- 特定类型停车从停车上限中排除，如无障碍停车、班车 / 拼车、共享汽车、地下或地上停车位（宾夕法尼亚州费城）。
- 基于停车设施规模设定上限，例如不管项目大小都不超过某个停车位数量（华盛顿州西雅图）。
- 区域停车帽 / 无车区（英国伦敦）。
- 停车冻结，严禁不经批准擅自建设或扩建（马萨诸塞州波士顿）。

停车收费 / 配建拆分 / 停车变现

- 路内停车收费项目支持减少路外停车位（加利福尼亚州旧金山）。

- 居住停车配建拆分（加利福尼亚州旧金山）。
- 停车标准变现（加利福尼亚州，AB2109）。

多模式交通和绿色交通

- 提交开发申请时要求提供停车管理方案（加利福尼亚州旧金山）。
- 包括自行车停放标准，自行车架、自行车柜、骑行者设施（明尼苏达州明尼阿波利斯）。
- 对短时和长时的自行车停车位有不同的标准（安大略省多伦多，提案）。
- 电动汽车停车位和充电设备（《加利福尼亚州绿色建筑标准条例》第 24 篇，第 11 部分，2011 年）。
- 为拼车、班车或替代燃料车辆指定优先停车位（宾夕法尼亚州费城）。
- 停车替代费用于公共交通建设或运营（华盛顿州西雅图，如果 6 年内不用于停车的话）。
- 停车替代费用于公共交通战略区域的停车楼建设，支持停车换乘（英国和德国政府）。
- 停车替代费用于支持合乘出行、摆渡车、出行需求管理（加利福尼亚州蒙特雷）。
- 摩托车停车标准（俄勒冈州波特兰）。
- 超过阈值的开发项目对共享汽车停车位的要求（加利福尼亚州旧金山）。

停车管控措施

- 道路规定旨在加强行人的流通（俄勒冈州波特兰）。
- 禁止在住宅项目地面和地上停车（不列颠哥伦比亚省温哥华）。
- 禁止在确定的商业街道前同一水平面上停车或建设停车楼（加利福尼亚州帕萨迪纳，《中心地区详细规划》）。
- 特定分区的地面和地上停车库需要特殊的例外批准（宾夕法尼亚州费城）。
- 基于环境的停车楼高度限制（加利福尼亚州帕萨迪纳，《中心地区详细规划》）。
- 禁止地面停车位采用机械停车；限制车库里使用机械停车（宾夕法尼亚州费城）。
- 限制地块建筑物正面作为车库门的比例（俄勒冈州波特兰）。
- 每个场地地面停车位的出入口路缘坡限制，确定临街面比例（宾夕法尼亚州费城）。

- 对停车位立面和内部循环方式以及出入口位置的自由裁量审查（宾夕法尼亚州费城）。
- 要求在指定区域的建设停车楼，将地面层用作地面商业或地面行人导向用途（加利福尼亚州帕萨迪纳市的《中心地区详细规划》）。图 9.1 展示了加利福尼亚州帕萨迪纳老城的一个案例，车库底层作为餐馆使用。车库是由停车替代费建立起来的一个共享停车设施；背景中的项目没有配建场内停车位，因为它购买了共享停车资源。
- 对地上停车位的立面要求，指定不透明元素和隐藏元素（宾夕法尼亚州费城）。
- 对已完工的地面层立面的顶棚高度要求，可使人行道或公共空间满足土地利用要求（宾夕法尼亚州费城）。
- 要求在规定的年限内，所有铺装面积的树荫比例（加利福尼亚州萨克拉门托）。

图 9.1　停车楼的地面层用作餐饮

- 绿化点状系统特征，如树冠、铺路材料、植被保护和行人设施（加利福尼亚州西好莱坞）。
- 车道和停车位可渗透路面的要求（加利福尼亚州洛杉矶，提案）。
- 设计标准允许行人和车辆协商路权（加利福尼亚州雷德伍德）。
- 鼓励使用停车位和停车楼作为绿色基础设施解决方案，如太阳能装置（加利福尼亚州圣莫尼卡）。
- 允许压缩车位（宾夕法尼亚州费城）。
- 所有车位的小型车位尺寸要求（俄勒冈州波特兰）。

组织和技术

- 用图示来表现设计标准的更新（亚利桑那州弗拉格斯塔夫）。
- 使用基于网络的、可查找的表格来交叉引用停车标准和形态条例元素（科罗拉多州丹佛）。
- 设立统一的停车标准章节（宾夕法尼亚州费城）。
- 管理人员有自由裁量权进行一定的调整（不列颠哥伦比亚省温哥华）。

监控与管理

- 路内停车控制，使用时间限制和价格，管理停车外溢，最大化利用路内停车（加利福尼亚州旧金山）。
- 建立路内与路外停车资源数据库；对片区或全城的停车位占用率动态监控（华盛顿州西雅图，开发中）。
- 基于绩效的停车标准，例如停车上限根据提供的公共交通服务水平校正，比如说较少的公共交通座位 = 更高的上限值（华盛顿州西雅图，《中心城市交通管理规划》）。
- 定期审查和评估规定的充分性（俄勒冈州波特兰）。

正如上述一系列措施所展示的，这是开发新的停车标准规定非常富有成效的时代，并且其中的很多实践可以纳入到标准起草中。许多创新都发生在对停车配建下限指标的结构和数值调整上，降低或取消停车配建下限指标可能会减少采取控制措施以减轻停车影响的需要。最常见的创新是在停车控制领域，从设计规则到减轻对其他出行方式的影响。

关于停车上限，它们显然可以在某些地方的停车标准改革中采用，但是考虑到一些在第 2 章提出的反对它们的论点，它们应该谨慎地应用。如果采用的话，停车上限应与政策目标明确挂钩，以避免潜在的负面影响。规划人员不应该本能地认为必须对路外停车的上限水平进行监管，因为在大多数情况下，建设停车位的高昂价格限制了过多的停车供给。如果竞争对手都以更合理的停车供给来建造低成本的项目，那么不会有开发商可以通过长期提供过量停车位获胜。

将“所有”这些条款列入停车标准，将形成一份繁重而复杂的文件；相反，应该评估潜在的停车标准条款，看看它们在处理好当地的停车问题、避免烦琐的标准以及易于实施方面做得怎么样。除了上文提到的各种改革的个体因素之外，检查综合的停车标准修编可以帮助展示这些个体因素是如何组合在一起的，正像费城最近所完成的那样。

形态条例中的停车规定

形态条例已经成为改革区划条例的常用工具，需要特别注意。这些条例强调各种设计关系——建筑内部和公共领域、建筑之间的形态和质量、街道和街区的规模和类型——而不是用地之间的细微差别。它强调对标准的视觉呈现，通过易于理解的图形进行展现。通常情况下，形态条例并不适用于司法管辖区的所有区域，而是适用于那些“横断面”，即“主要街道”“城市核心”或“社区”等形态类型。与关注特定的土地用途不同，横断面侧重于不同城市类型的形态。

城市经常修订这些横断面区域的停车标准。这些标准倾向于不对一般的土地利用类别进行细分，例如住宅或商业。这种方法的扩展是基于任意一种用地类型的开发面积来建立的停车标准。横断面停车标准出现在横断面规定汇总中，而传统的停车标准则分散描述。停车配建下限指标显然以数字表示，但是也为建筑退线、设计方面的要求提供了图表显示。最近的一个案例是，亚利桑那州弗拉格斯塔夫市编制的新区划条例将停车标准整合到了形态条例中。

形态条例提供了一个重新思考停车标准的机会，但是如果过多的停车标准加入到形态条例中，它们将阻碍目标的实现。哈纳努齐（Hananouchi）和努沃索（Nuworsoo）检验了（2010）迈阿密市的 21 号形态条例以及由杜安尼（Duany）与普雷特 - 兹伯格（Plater-Zyberk）合著的《精明增长指南》（Smart Code）中的停车标准，并得出结论说该方法与传统的停车标准没有太大的区别。哈纳努齐和努沃索支持将停车标准改革作为形态条例编制的一部分。在评估批准形态条例的政策时，改革者们可能会认为，改变停车标准的潜在争议太大，无法在提出一种全新的分区管理方式时加以解决。如果是这样的话，停车改革应该加快跟进；否则，这些停车标准可能会破坏形态条例目标的实现。

填充式开发和再开发的停车标准

在早期的停车标准编制者的头脑中，最主要的印象是为未开发用地（greenfield）的项目制定规定。当大部分的开发都处于郊区扩张时期时，这种方法比较合适。但是，展望未来，在未来几十年里的大多数开发将会是填充式开发、场地集约化或者场地再开发。这在市区是真实发生的，如图9.2所示，它显示了加利福尼亚州圣迭戈市中心的一个大型地面停车场。在某一时刻该场地将会被开发，从而取消这个服务周边的公共地面停车场。这一前景令一些市中心的规划人员感到担忧，他们预计随着需求和供应关系的收紧，市中心的停车资源将会减少而停车费将会增加。有时，规划人员要求开发商更新现有的停车资源，并为新的开发提供区划条例规定的配建车位。这个要求给开发商造成了巨大的经济负担，可能导致项目缺乏可行性。由于许多市中心正在投资轨道交通和常规公交设施，一个较好的应

图 9.2　具备开发潜力的停车场

图片来源：由 CDM Smith 公司提供。

对方法是通过预测公共交通对停车位利用率的影响程度，从而允许每平方英尺的总停车资源随着时间的推移而下降。基于绩效的停车标准通过将停车标准与公共交通出行比例或其他替代交通方式联系起来，可以用来实现这一目标。

填充式开发、场地集约化或者场地再开发不仅仅在市中心实施。图 9.3 是在加利福尼亚州欧文交通中心上跨铁路轨道的楼梯上拍摄的一个情景，照片中能看到一个低密度的土地利用模式，包括宽阔的道路、巨大的退线，以及低强度的立墙平浇结构（Tilt-up）的商业和工业建筑。这是最近的建筑形式，一般不考虑重建。然而，这个城市的开发活动表明，这些立墙平浇结构建筑的保质期相对较短。当考虑场地集约化使用时，它们经常会被拆除。通常情况下，当发生这种情况时地面停车位会被替换为停车楼。那些规划了更多公共交通服务的通勤铁路车站和公共汽车终点站增加了集约化开发的可能性。在这种情况下，可以考虑设置一个服务车站周边的停车场服务

图 9.3　郊区的集约化开发潜力

范围区，通过改变停车标准来支持区域的开发密度提高，以避免要求超出实际使用的停车量。

总　结

编制停车标准条例的建议与对停车配建指标本身的建议相同——都要避免使用“复制粘贴”方法来拼凑“最佳做法”法规条文。相反，规划人员和其他公职官员应该制定出执行当地政策和技术意图的法规条文。这些规定必须符合当地的区划实践，并力求达到有效性、响应性、公平、效率、可理解性和预测灵活性。改革议程的范围根据当地对该活动的支持程度评估来确定，可能从对现有区划条例的更新到完全编制新的停车标准章节。本章论述的停车标准改革方法，为使停车标准更加合理和改善停车管控措施提供了更多机会。

第 10 章

社区参与和社区政治

> 我已经两年没有客人来访了，因为没有足够的停车位！
>
> ——愤怒的匿名居民

一位居民在社区会议上如此说道，他反对哪怕对居住密度的轻微上升，因为郊区社区的路内停车水平已经很高。我在与洛杉矶市中心年轻的阁楼居民举行的利益相关者会议上也遇到了类似的情绪——他们想要精明增长式的宜居性和郊区风格的场内停车。当然，不仅仅是居民想要最好的停车安排，当交通经济学家丹尼尔·麦克法登（Daniel McFadden）在 2000 年获得诺贝尔奖时，他声称最大的收益是"'令人梦寐以求的停车证'——这是伯克利大学奖励诺贝尔奖得主的传统方式——颁发终身停车位"（UC Berkeley, 2000）。而且，商人们经常会咆哮——我就是指"咆哮"——停车短缺杀死了他们的生意，但与此同时，他们和他们的员工会在自己商店门前停车。在这种抱怨和期望的环境下，我们如何让利益相关者参与到停车标准改革中来？

本章讨论应该参与停车标准改革的利益相关群体，并提出了实现有效社区参与的程序。如果数百名愤怒的选民聚集到议会大厅反对，选举产生的官员将不会采用停车标准改革，不管这是否明智；然而，如果利益相关者相信令人信服的宜居性成果能够克服公众在讨论停车问题时占主导的个人利益，改革就可以使实现。

一些公职官员通过设置高水平的停车标准来避开争议，忽视对变革的呼吁，或者将其描述为工程手册中的"标准惯例"、"良好"规划原则或场地规划标准。将停车标准描述为一项技术问题，这传达了一种观点，即利益相关者没必要参与，因为它应该按照由停车专家确定的停车标准来执行。在一些情况下，政府官员会指责贷款方、投资者、开发商、设计师和 / 或租户的现状停车标准，他们声称如果没有这些停车标准，这些相关方也要建造同样数量的停车位。这些就是为什么停车标准常常在关于司法管辖区和社区的规划辩论中不受关注。如果这本书中提出的观点是可以接受的——停车标准是一种政策选择——那么它们本质上是政治性的，必须与社区联系起来。政策问题通过参考价值和目标来解决，由技术分析支持但不是由其来决定。

吸引利益相关者的好消息是，几乎每个人都是停车专家——他们都停过车——而且对这个问题有强烈的兴趣。当有问题需要解决时，公众参与往往是最重要的，而停车往往被视为一个问题。坏消息是，组织富有成效的社区参与很困难，原因有三：第一，许多人想要的是注定无法得到的停车位——他们想在哪里停就在哪里停，想何时停就何时停，而且是免费停。如果不能满足的话，理性的人在停车的时候也会采取不理性的立场，往往会做出不支持停车改革的主张。第二，停车标准是一个抽象概念。不同于让社区对街道景观改造那种可视化的提案给予反馈，停车标准改革涉及的是条文和停车配建指标。每 1000 平方英尺 2 个车位和每 1000 平方英尺 2.5 个车位之间的差异会导致显著后果差异，但对利益相关者来说可能很难把握。第三，是很难管理参与的范围。在社区会议上，讨论将从停车标准扩展到停车管理、公共交通政策、市政管理普通问题、社会政策、环境政策、财产价值以及其他各种各样的问题。虽然这是社区参与不可避免的部分，但停车标准的狭义性要求会议组织者和主持人在“欢迎和鼓励所有投入参与”与“努力让讨论集中在停车标准问题”之间小心行事。当然，由于停车标准与广义的政策问题有关，因此对这些问题进行一些查问是适当的。一个关键的挑战是创建一个程序，让利益相关者决定超越个人利益，开始意识到停车标准对更大利益的广泛影响。

我最近在一次社区会议上的经历说明了与公众合作的困难。我向一个规划委员会提交了数据，他们所在的城市租户家庭平均每户可用车辆是 1.68 辆。这一数据支持了该市条例中规定的停车配建下限指标，这一规定接近这个数字。社区成员认为这个指标不满足停车需求。在公众评议期间，一名公众人士说：“没有人拥有 1.68 辆汽车！”这让那些反对开发项目的听众大笑起来。在他们眼中，这句话表明我的分析是错误的，因为没有人可能拥有小数点后那部分车辆。他们的观点是每一间卧室“都配一辆车”，因此，一个两居室户型应该有两个停车位，而忽视了这一现实：在两个卧室的户型中，无车家庭、一辆车家庭、两辆车家庭和三辆车家庭的平均值是1.68。这个社区团体有一种强烈的不满情绪，不愿意听取这个证据。

同利益相关者合作

停车改革需要一个多方利益相关者参与程序，以创造足够的政治支持以供采纳和实施。这个过程必须把对现有停车条件的抱怨变成双赢的停车标准解决方案来获得支持。一个双赢的解决方案是降低停车配建下限指标并配合简化共享停车的程序，这可以促进开发活动同时更有效地使用现有的停车位。这样的改革将通过降低成本来吸引开发商和潜在的企业，同时为业主提供出售停车许可或停车租赁相关的收益机会。

成功的改革需要理解、参与并以一种实质性的方式回应一系列利益相关者的利益。如果这很容易的话，大多数停车标准就已经改革了，但事实并非如此。这个工作需要工作人员足够的时间和努力、民选官员的政治资本和利益相关者的理性。

以下描述了参与停车改革的主要利益相关者:（1）规划人员和其他政府官员;（2）选举和任命的代表;（3）开发行业;（4）停车行业;（5）居民;（6）企业及其客户;（7）企业及其员工;（8）其他利益相关者。对于每一群组，我们描述了他们典型的观点和问题，提出了吸引他们参与的方法，并确定了接受改变的诱因。

规划人员和其他政府官员

实施法规的建设部门官员、管理交通服务和基础设施的工程师或市政工程官员之间，通常存在一种对停车标准负不同责任的紧张关系。此外，城市律师确保条文在法律上是站得住脚的；与重建、经济发展、可持续性和社会服务有关的部门也对停车标准感兴趣。此外，警察和消防部门是关键的部门，前者经常执行路内停车规则并管理停车的拥堵影响，而后者则关注消防和应急车辆的通行。还有，市政部门或停车管理局可能运营所有的公共路外停车场，因此有兴趣了解停车标准改革如何影响公共停车场运营。最后，财政部门也对停车感兴趣，他们的角度是关注停车罚款的收入和对税收收入总体水平的影响。

启动停车标准修订程序需要一个内部工作组，由这些部门的代表和其他在停车方面发挥作用的人员组成。为了得到这些部门的支持，规划人员需要了解和联系他们关心的问题，无论是简化开发审批流程，还是执行完整街道的建议。新的停车标准可能需要对各个部门如何解决停车问题进行内部重组。

改革的阻力可能来自规划部门本身。第一种形式的阻力是规划人员可能会担心一些法律上的挑战，这些挑战可能来自于声称类似的财产没有得到平等对待。这方面的一个例子可能是一项指责，一个特定地区的新开发商会比以前开发类似项目的开发商获得经济优势（因为停车成本较低）。第二种形式的阻力是当地的规划人员有时会把多余的停车标准作为从私人开发商那里提取公共物品或资源的工具。虽然对公共利益的关注是政府一项适当的职能，但这种“提取”往往更多地倾向于停车而不是其他交通方式或其他公共物品。一些规划人员知道他们城市的停车标准太高，但他们这样做是为了让他们有一些对其他公共利益的谈判杠杆，也就是通过放松停车标准以换取其他公共设施。

在一个更微妙的层面上，规划人员有时会发现他们的建议并没有被决策者采纳，认为他们的专业权威没有得到充分的认可。然而，规划人员通过法规解释掌握了相当大的权力。这种权力来自于他们对法规体系的独特知识和他们所能做出的自由裁量的解释。用耗时过长和需要公共调整程序来威胁开发商，通常会让开发商遵从规划人员的建议。我不能说传统的停车标准所提供的手段是否让一些规划人员不愿意改革或取消停车配建指标，但改革者至少应该承认这种可能性。

规划部门通常是停车标准研究和改革程序的召集人。他们可能最了解现有法规的缺陷，以及当前的停车标准方式可能阻碍实现其他社区目标。他们必须从三个方面来支持这项工作：首先，说服其他部门，如公共工程部门，告诉他们这项工作将产生效益；其次，建立委员会和选举机构的兴趣点；最后，接触商业和社区团体。经常会有一个特定的事件为发起这样的工作提供动力，比如新规划的采纳、相关利益者对停车的抱怨、有可能得到的更高级别政府拨款，或者由于意识到或真正的停车问题而失去重要业务。

选举和任命的代表

在改革停车标准方面，民选和任命的代表处于困境之中。对他们来说选民就是顾客，因此他们很难告诉选民你们想要的是不合理的。因此，除非一位政治领袖以精明增长和停车改革作为立场，否则这些代表们在支持改革之前，他们自己先要需要获得大量支持。数据分析和政策逻辑必须清晰易懂。对清晰易懂的判定标准不仅仅是当规划人员解释改革提案的时候政治领袖们能够理解，而且要他们可以向愤怒的选民解释自己的理由。

民选官员不愿支持改革的一个原因可能是他们不知道停车标准和他们关心的其他问题之间的联系，包括经济发展、可持续发展还有城市设计问题。由于这些影响很大程度上是隐蔽的，所以很难认识到停车标准对吸引、保留和扩展业务的影响。民选官员可能会听到一些商业业主停车短缺的传闻，通常都很夸张，但他们可能不知道当一个企业家因为无法满足停车标准而被阻止开办业务的事情。

更广泛地说，当地民选官员不直接承担由于当地停车标准过高而导致的城市边缘区域蔓延的成本。例如，大多数形式的空气污染所造成的环境成本由整个区域共同承担，而不是某一司法管辖区单独承担。地方司法管辖区的指派官员，如规划、运输部门官员或停车专员等，可以帮助详细研究这个问题，将技术分析转化为政策提案，并为议会审议铺平道路。

如果没有给民选官员足够的教育和考虑时间，就很难对政策和法令进行改革。可以通过多个停车改革的专题研究、实地考察其他地方经验，以及有足够的时间考虑共同的利益以获得民选官员的认可，来很好地支持教育程序。除了对社区的好处之外，停车标准改革还可以提高城市效率，通过减少工作人员柜台工作时间，减少不必要的调整请求，并为开发商、投资者和企业提供更大的确定性，这些都是民选官员所感兴趣的内容。

开发行业

开发行业包括广泛的利益相关者：房地产开发商、投资者、贷款机构、咨询顾问、用地和房地产代理、出租代理和房地产经纪人、全国零售连锁店代表和个人租户。停车是开发行业关注的问题，因为它是项目开发成本中的重大部分和吸引租户与买家的便利设施。

这些开发群体的利益各不相同。例如，开发商不喜欢停车标准有意外。他们根据配建指标计算出正确的配建数量，并在土地购买成本中考虑配建车位所需的费用。要求配建的停车位越多，他们就越不愿意为这片土地支付费用，因为停车收入很少能够弥补运营成本，更不用说土地和资本成本了。已经遵守执行了多建停车位停车标准的开发商和业主，可能会抵制合理的停车标准减少，因为那样会给新的开发商带来成本优势。相反，房地产所有者喜欢降低配建指标，因为这增加了他们的土地价值——在一个给定的地点可以获得更多创收型开发。

开发商会对预期租户的目标做出响应。他们可能把停车配建下限指标的降低视为提供所需的灵活性，但他们可能会反对停车上限，因为那可能会与租户的期望的配建指标相冲突，特别是零售和办公的停车配建指标。以下是一些全国性零售连锁店所青睐的停车配建指标：

家得宝（Home Depot）……每 1000 平方英尺的店面至少需要 4 个停车位。好市多（Costco）每 1000 平方英尺需要 5 个停车位。商人乔（Trader Joe 's）希望为它的建筑提供 80 个停车位（International Council on Shopping Centers，2010：23）。

另一个可能的变革阻力是，令人困惑的错综复杂的停车标准是咨询顾问赚钱的方式。如果不知情的企业家或房地产投资者在购买或租赁财产时对停车标准不彻底了解，那么他们可能会面临难以实现的停车标准，或者是一个漫长或昂贵的调整过程。以解释法规为生的咨询师和律师们可能对改革努力很冷淡。相反，他们对现行停车标准如何工作以及无法预料的改革工作有关后果有直接的了解。在理想的情况下，他们可以被说服与司法管辖区的律师一起工作，以确保停车标准改革以清晰和明确的条文起草。

停车标准是项目批准和社区冲突的一部分，其中人们对未来停车问题（真实的或想象的）的担心起着重要作用。开发商试图减少停车的行为被描绘成试图牺牲社区利益来换取降低项目成本。此外，互相竞争的开发商之间有时会利用停车问题，通过质疑环境影响文件和支持对停车外溢的社区担忧等方式，来阻挠竞争项目的开发。减少停车标准不确定性的策略对这一群体很有吸引力，特别是如果它们能减少延迟、风险和政治风险（与申请共享停车或降低标准的自由裁量权有关）的话。

一般来说，开发商通常会与规划人员在停车改革上形成同盟，因为他们最能直接感受到过量配建所带来的成本压力。他们担心改革会让自己处于竞争劣势，但一般都理解有关减少未充分使用的停车位、让市场在决定停车供应方面发挥更大作用的观点。他们不太支持停车上限，因为这限制了他们对市场的反应能力。

停车行业

在市区范围内，停车行业是停车改革的重要组成部分，它包括停车位和车库业主、停车设备供应商和管理停车设施的停车场管理人员。该群体对现有的停车利用模式、消费者对停车价格的反应以及运营策略有第一手了解。他们也可以代表为投资目的持有土地但将其用作地面停车的地产投资者的利益，在一些中心商务区（CBD），这种地面停车位常常是停车供给的一个重要方面。停车行业代表通常对参与停车改革工作感兴趣，对提案提供实践检查意见。如果较低的停车配建下限指标增加了停车供给和需求的紧张关系，他们会从更高的停车费和停车位市场价值中受益。

居民

独户住宅：单户型社区通常都大量提供停车位，包括路外停车位、内部路道和散水（apron）停车，以及路内停车。如果许多家庭或住户住在一起或者大家族住在一起，都会增加车辆的数量，这可能会导致停车短缺。对于居民来说，把车库用作停车以外的其他用途也是很常见的，因此明显的停车短缺可能源于这种做法。

单户居民觉得自己有权享用社区的所有停车位，包括路内停车位，并且担心附近商业区或多户住宅的停车外溢效应。出于公共安全因素，一些城市禁止或限制路内夜间停车，这可能会给访客和高汽车保有量家庭带来麻烦。

意图反对集约化开发的居民团体可能用社区停车外溢的可能性作为反对或降低开发规模的杠杆。高停车标准可以降低目标密度，或者使它在经济上不可行而停止项目。例如，直到最近，《加利福尼亚州环境质量法案》（California Environmental Quality Act）要求将停车"影响"列在最初的环境影响检查表上，迫使开发商采取措施，避免以环境的名义影响当地的停车资源。最近，检查表中删除了停车选项，但它仍然是环境影响报告中分析的问题。鉴于过量停车所带来的广泛负面环境后果，考虑将停车不足作为一种环境影响，用最狭义的术语来定义这种影响——停车外溢——而忽略了私家车为导向的交通运输系统所产生的一系列二次空气污染、水污染、温室气体、噪声和其他环境影响。

独户住宅社区的居民可以通过现有的社区团体、邻里监督组织、学校、运动队、宗教机构或其他民间团体参与停车改革工作。外联工作应广泛吸引居民参与，寻求扩大参与规模，从传统家庭户主到青年和老年居民、非传统家庭，以及各种文化群体和语言使用者。由于这些群体可能会倾向于邻避主义，因此需要创造性的诱导来获得他们的参与和支持。例如，如果路内停车位会给附近的商业用地提供共享使用权，那么可以对这些外部用户收取停车费，而这些收入又返还给社区，用于附近的人行道维修、照明工程、停车改善、街道树木等。通过这种方式，社区可以从共享路内停车中获益，从而可能更愿意支持降低停车配建下限指标。

多户住宅：多户居住区的停车供给情况视法规标准和单元户数而有所不同。在较新的郊区，这些项目从停车的角度来看通常是自给自足的，尽管可能会有人抱怨缺乏访客停车安排。在市区环境中，停车需求可能会超过场地供给，从而给路内停车带来压力。一些社区在施行停车标准之前就已经存在，因此必须基于片区来设置停车供给和停车收费价格。和独户住宅住房一样，拥挤的单元会造成停车外溢，导致居民抱怨停车供给不足。

停车改革举措在面对高周转率的出租型社区居民时面临挑战。吸引这些居民的策略包括与物业经理联络，以及使用租客组织和公寓协会。在感觉出现停车短缺的地区，如果将停车管理措施纳入考虑范围，这些利益相关者会更感兴趣。例如，在停车标准改革中可以提出与当地工作场所的共享停车安排，从而利用工作场所晚上和周末空置的停车位，或者创建汽车共享方案以减少车辆的保有量。管理路内停车可以在居民区引入收费工具，包括夜间停车许可收费。

商业企业及其客户

零售、餐饮/娱乐和酒店业务都是为了让停车环境与它们内部设施的体验相同。他们感兴趣的是停车位的可用性、价格、易可达性、易查找、时间限制类似规则的便利性。许多企业都租用他人建造、拥有的建筑物，因此他们是在停车标准已经确定、并在开发商和投资者做出停车供给决定之后才开始涉及停车问题。当然,大型连锁经营企业可能有自己停车供给标准。

在现状商业区，长期的企业可能会想要维持现有停车标准中的停车安排和路内停车政策。这个利益相关者群体可以通过商会和其他商业团体来参与停车改革。他们的客户可以通过拦截访问调查（在购物者进入或离开商店时进行的简短调查）、焦点小组（小群体促进讨论组织）和会议进行接触。与居民的情况一样，如果将停车标准改革与停车管理研究进行分组，结果对这个利益相关者群体来说更有趣。诸如促进新的共享停车安排、公共代客泊车项目以及建造共享停车设施的替代费规定等都很有吸引力。吸引这些团体参与的机会包括商会、商业改善区和行业协会。

虽然不作为本书的重点，但生产配送企业和货物运输行业都对装卸领域很感兴趣。在郊区这些装卸区设置在场地内部，但在市区它们可能是路外与路内专用装卸区的组合。如果这些利益相关者在装卸车位上存在问题，那么应该扩大停车标准改革的范围来包含这个问题。随着建设停车楼和地下停车位的高密度、混合使用场地的增加，装卸区域可能会成为项目设计和操作的关键问题。

雇主和他们的员工

雇主们关心的是交通可达性，这将使他们能够通过停车设施吸引到一个广阔地理区域的劳动力市场，并为访客提供停车位。与商业企业一样，他们通常在停车供给决定以后才参与进来。他们可能对创造共享停车机会的停车标准改革感兴趣。企业可以通过人力资源部门、运输管理组织、商会、工会和特殊行业组织来参与。员工可以通过他们的雇主或直接通过问卷调查和焦点小组参与。吸引雇主和员工进入停车标准流程的是为雇主和员工而制定的停车解决方案。例如，一个解决方案可能是停车标准中包含交通需求管理措施的承诺，如定制公交或异地停车的摆渡车。

其他组织

一些组织对停车标准感兴趣，因为它们间接地支持了一个期望的议程。例如，可支付住宅组织最近反对一项加利福尼亚州法案（AB 710-Skinner），该法案将要求当地政府在公共交通服务区域降低停车标准。换句话说，加利福尼亚州法律会在规定的地区推翻当地的法令。有人可能会认为可支付性住宅倡导者会支持这样一项法律，因为它使住房开发成本降低，但他们想要保持现有法律规定的可支付性住宅平衡手段，该法律规定如果开发商提供收入受限家庭的可支付性住宅，才可以减少停车供给。AB 710 法案最近被重新引入（AB 904-Skinner）。在最新一轮讨论中，美国规划协会加利福尼亚州分会（California Chapter of the American Planning Association，CCAPA）表示反对，除非它被修正。CCAPA 同意降低公交站点附近停车标准的想法，但他们保护地方政府的自由裁量权，从而反对州规定。尽管法律并没有阻止开发商建造超出停车配建下限指标的建筑，而且它允许城市在特定条件下不受限制，CCAPA 还是强调地方控制权利。问题在于在许多城市，地方控制意味着超量的停车标准，因为规划人员要么不想改变它们，要么无法得到支持来进行改革。这个例子表明，任何停车标准的改革都必须分析可能的反对意见和相关者的利益，以产生最有力的提案。它还表明，如果当地司法管辖区不改革停车标准，其他级别的政府可能会为他们做这些，但改革方式可能不会对当地条件敏感。

停车改革的程序

停车标准改革需要一个精心设计的，让利益相关者和决策者参与进来的程序。由于停车标准可能被视为一个枯燥的、技术性的课题，需要特殊的工作来创造一个参与式改革程序，并与利益相关者所关心的问题联系起来。这些问题可能包括对停车条件的直接关注，以及广义的宜居性、可持续性或经济发展问题。可能需要教育活动来确定停车标准与其他紧迫利益之间的关系。

需要广泛利益者的参与以避免某些利益在改革中占比过高——这可以采取邀请新企业加入与老牌企业一起参与、租户和房主一起参与、新的少数民族企业家和商会老资格会员一起参与的形式。以下内容是为设计和参与停车标准改革程序所提的建议，其中包括：（1）明确问题；（2）组织会议和研讨会；（3）宣传和媒体事务；（4）逻辑分析和建议；（5）结束论证。

明确要解决的问题

尽管一些利益相关者清楚地看到了停车短缺问题，但他们没有清晰地认识到法规带来的过量停车问题。向他们展示尚没有发生的停车标准缺陷需要熟练的分析技巧和有效的图表交流方法，改革者需要用图表来讲述这个故事。可以用改革工具包中步骤 1 和步骤 2 所做的地图和数据库来显示现有的停车位占用率、开发模式和趋势，并预测未来的停车位利用率。它们可以让利益相关者对停车问题的理解达成共识。工具包步骤 3 ~ 步骤 10 可用于教育相关利益者在停车标准中需要做出的任何政策决策。虽然不能将技术权力移交给利益相关群体，但他们在确定问题和影响因素的工作中参与越多，就越可能实现他们支持的长期目标。

组织会议和研讨会

改革停车标准需要召开多次公开会议来介绍这一工作的进展，让利益相关者参与确定问题、审查替代方案，并为改革提案提供支持。在开始之前，规划人员需要整理利益相关者群体的完善信息、他们关心的初始问题，以及改革工作潜在的政治和社区“比选方案”。会议的组织通常包括如下内容：

- 对停车问题的介绍以及在实现广义社区目标的背景下构建停车标准的研究工作，包括民选官员的祝福和为这个问题招募“比选方案”。如果有对问题和解决方案的图示会更有效。

- 设计旨在让参与者理解和思考停车标准问题的练习，比如设置 6~10 人的会议桌来让不同群体讨论停车问题。那些具有现行停车标准经验的群体可以讨论有关标准的问题。这些群体在便利贴上提出意见，会议主持人进行总结，将它们聚集在一个大型会议板上。图 10.1 显示了一个典型的会议室。这项工作需要图纸材料支持，例如大型场地规划、建筑和地区透视图，来显示不同的停车标准（配建下限指标、停车位置规定等）对城市形态的影响。每张桌子上都应该有大的地图和场地规划方案，这样参与者就可以在上面标记问题和因素条件。这些会议的结果被放在项目网站上，以电子邮件列表和其他传播方式向公众提供。这个文件可以帮助避免有新的利益相关者加入时重新开展讨论会议。

图 10.1　停车讨论会议布局
图片来源：Michael Baker 集团的 Anthony Hernandez，RBF 咨询公司提供。

- 考察，参加者步行前往会议地点附近的地方观察停车问题，或实地考察采用新方法的项目。参与者被组织成小组，每个小组由工作人员或咨询团队成员协助。理想情况下，这些小组包含不同的利益相关者，可以进行跨领域的讨论。
- 简要介绍现行停车标准、停车位占用情况及停车标准改革的最佳案例，用丰富的图表来说明。

- 整合活动，由会议主持人来寻求一致意见、机会、有待解决的问题等。这通常是一个循序渐进的过程，在这个过程中，一般原则可以达成一致，然后是关于停车标准和配建指标建议的协商。在其他情况下，这一进程需要后退，从可以达成协议的改革提案开始；如果棘手、仍然没有办法解决，那么允许一般性原则的分歧存在。

- 一旦停车标准改革的想法被确定，就应该注意记载、审查和讨论会议记录。这些会议记录提供一份过程报告，可以帮助那些迟来的参与者参与进来。随着时间的推移，这些工作记录可以演变成建议，并在最终报告和提议的停车标准条文中被推荐和记录，它们应该设计成认可和记录不同意见的方式。这项工作应该使用多种收集反馈方法来反映所有观点，确保没有任何利益相关者群体意见或观点被排除在外。会议主持人评估关于改革的各项协议达成水平，并就拟议改革的范围提出建议。有时候从试点项目开始比较有效，即在某一特定地区实施和评估一个新的停车标准制度，然后再将其应用到司法管辖区内。

必须就如何使任命和当选的官员参与这些努力做出战略决定。一个好的选择是让他们参与会议，这样他们就能认识到利益相关者的观点和看法。在早期阶段他们就可以提供关于约束条件的反馈。这些约束条件包括新的综合规划的时间问题、资源问题、和 / 或司法管辖区组织能力，以便采取可能伴随停车标准改革的停车管理措施。民选官员可以帮助确定竞争目的和目标之间的优先次序，从而使新的停车标准与潜在目标更加一致。

宣传推广和媒体事务

宣传推广对于编制法规这样的技术导向型活动来说，似乎是一种令人厌恶的东西。然而，正如前文表明的，技术法规需要嵌入到政策中，因此它本质上是政治性的。可能有既得利益者试图阻挠改革、想要维持现状。一个基于良好社区接触和扎实分析的停车标准改革方案应该被宣传推广。宣传方式包括采用传单、明信片和报告文件、嵌入市政票据、公交站候车亭标志、公共汽车车身广告、社区电话亭、电子邮件、网站、电台和电视宣传活动、公共事务项目、挨家挨户的宣传、新闻发布，以及服务于所有语言的社交媒体。

展示分析和解决问题的逻辑

12 步工具包提供了一个系统结构，可以引发利益相关者对纳入停车标准的不同策略决策产生思考。它可以用来回答这个关键问题：“他们是如何得出这个指标的？”以黑盒子方法声称这是一个技术问题通常会引起怀疑。相反，使用这个工具包，可以打开盒子并揭示每个技术和策略步骤。当利益相关者能够看到一个建议是如何被提出的时候，很可能分歧意见不会危及整个建议方案，而是可以指向关键的分析步骤或政策决策。例如，假设一个利益相关者认为推荐的办公配建指标过低，那么通过使用该工具包，会议主持人可以与其讨论是否同意每一个政策步骤。这个过程中可能会因为采用平均值还是第 85 百分位数作为基础配建指标而产生不同观点。这是一个考虑不同基础配建指标的收益和成本的邀请式参与方法，是一种更合理的方法，而不是简单地争论整个指标对或不对。在如何制定配建指标问题上保证透明度，允许一些没有遭到利益相关者全盘否决的分歧。

另一个有效的方法是不仅仅制定一套推荐的停车标准。利益相关者和决策者希望能够权衡——“如果降低配建标准，我们必须增加路内停车管理”而“如果我们过度要求配建停车，我们就有可能失去经济发展机会，无法实现某些特定城市设计目标。”利益相关者和决策者喜欢被替代的停车标准，并根据一套确定的评价标准对其进行评估。

这些分析的赞扬性文章必须在利益相关者能够接收到的媒体和传播方式上得到反映。大多数人都希望有一份报告大纲，使他们能够轻松高效地深入了解他们想要的技术细节。

结束争论

无论如何构思停车标准的改革过程，以及如何巧妙地运用该工具包，停车改革对利益相关者的利益都有着不同的影响。尽管这些改革努力往往兴致勃勃地开始，但随着改革性质变得清晰起来，当利益相关者评估他们是获益还是受损时，就会有很多冲突。因此，通常必须对一些“令人信服的”改革做最后一推。

多年来，一些类型的论点与成功的改革有关。下面总结了一些工作中的关键论点。

- “这是双赢。”一个例子是停车标准改革通过降低成本、提高可持续性来提高经济发展（绿色经济发展）。
- “我们已经改变了。”这一观点承认充足的、免费的停车方式有它的作用和时代价值，但由于环境、经济或社会原因，时代已经不同了。
- “这是一个综合规划。”通常情况下，社区制定规划来提倡多模式交通、增加可步行性，以及其他改革后的停车标准所支持的目标。在这个观点中，停车标准改革看起来不像一个激进的方向改变，更像是一个综合规划的正常实施活动，就像一个增加公园的基本建设工程一样。

- “某城市这样做了。”政府和民选官员关注附近的城市在做什么，并经常与它们竞争税收。尽管本书建议不要抄袭相邻司法管辖区的停车配建指标，但与其他成功的、进步的地方保持一致，经常是促使本地政府采取行动的动力。同样，能够看到一个类似的地方进行了改变而不产生消极的后果也是一件好事。
- “我们可能会失去财政支持机会。”与区域、州和联邦目标步调不一致，可能会导致当地司法管辖区对争取政府资助或选择性拨款时缺乏竞争力。大多数地区、州和联邦的财政项目都支持因为环境或交通原因进行的停车标准改革。
- “风险比你想象的要小。”不同于建造昂贵的交通基础设施，如高速公路或轨道交通系统这些一旦建成就不能轻易改变的设施；停车标准随着时间的推移可以根据条件变换而改变，而停车供给可以在片区基础上增加或减少。停车管理工具也可以帮助解决任何意想不到的结果。
- “让我们从一个小小的改变开始”。对于那些只对停车标准改革有部分信心的民选官员来说，这是很常见的缓兵之计。他们不采取全面的改变，而是赞扬各种研究和利益相关者的参与，认可这种努力是很好的“想法”，并建议在将来会改进和采用。这是因为他们没有充分评估利益相关者对采取行动的响应程度。随着政治注意力转向其他紧迫问题，对于停车的改革努力将会结束。这是局部改革提案可以用来创造一个小的改变的案例，这种微小改变能够被实施和评估，并用于作为建立一个支持综合方法的基础。
- “我来说说好处。”任何立法提案都涉及降低风险或为利益相关者群体提供补偿利益的措施，这些利益相关者群体担心他们可能会因为改革而失去一些东西。例如，接受较低停车配建下限指标的好处包括停车收费的收入返还、新的共享停车安排，或承诺防止停车外溢。

显然，支持停车标准改革的论点可以沿着上文介绍的论点，但应对利益相关者所关注的问题做出实时的策略响应。改革很少能在单一选民组织的支持下进行，因此引入尽可能多的利益相关者能够产生强有力的支持，能够经受住任何政策和条例重大变化带来的争议。

实施

如果在提议改革的同时制定一个明确的实施计划，那么实现停车改革的机会就会增加。定期进行停车位占用率研究，并从利益相关群体处获得反馈，可以帮助规划人员了解新规定的效果。这种监测性能和适时调整的思路正被应用于各种领域，例如路内停车。在加利福尼亚州的旧金山 SF Park 项目通过监控路内停车位占用情况并定期调整价格，以达到街区停车位占用率目标。停车标准不会经常改变，但承诺监测停车位占用率会使利益相关者和决策者确信，如果检测结果发生偏离或条件变化比预期快时将及时做出调整。

总 结

停车标准改革远非是改革者带领小团队可以解决的技术问题，它会引发争议，这就要求广泛的利益相关者参与，并巧妙地操纵来平衡政治和利益相关者之间的竞争。面对这个现实准备得越好，改革工作将越会成功。虽然人们可能倾向于简化参与工作以避免争议，但这种策略很少奏效。在改革工作即将结束时才出现争论可能会对改革产生致命的影响。更好的方法是尽早让利益相关者和民选官员参与进来，为推广和宣传改革提供实际的预算时间和资金，并将改革工作与社区的更宏大的目标联系起来。通过这种方法，停车标准改革可以取得成功，正如最近在费城、弗拉格斯塔夫和其他采用新的区划法规和停车标准的城市所证明的那样。

第 11 章

重新审视停车天堂

伟大的事业不是靠一时冲动来完成的，而是由一系列小事情拼凑而成的。

——文森特·梵高

我们需要重新审视由过量的停车标准所设想的停车天堂，并把它们摆正位置。把停车标准“摆正位置”，是把它们作为一种提供可达性的方式，而不是标准本身。尽管停车标准几乎无处不在，但它们只是确保使用私人车辆进行交通运输的众多方式之一，如图 1.5 所示。反过来，私人车辆交通方式也需要摆正位置，因为它只是提供可达性的众多选项之一。这种观念的转变是打破常规思维、开展富有成效的停车标准改革的前提。我们需要改变几十年来在考虑项目可达性时只能想到停车位和车行道的老做法。当一个如图 11.1 所示的凄惨的“你在哪里停车？”标志孤零零地戳在一个空旷的停车场中间时，很明显需要进行改变。

在城市和区域规划中有一个新的实际问题，是对更宜居场所的渴望和与资源环境问题有关的限制。因此停车标准必须做出相应的改变。尽管费城、俄勒冈州波特兰市、不列颠哥伦比亚省温哥华市以及其他城市展示了在停车标准改革方面取得的进展，但许多停车标准都是过去遗留下来的古董，只在边边角角进行调整，反映了过去很长时期内的变化过程。它们应该放在古董箱中，必要时拿出来进行抛光，在历史游览中进行展示。

把停车标准摆正位置意味着让我们自己摆脱停车标准的教条、习惯和黄金法则。在图 11.2 所示的一个创造性的花样设计中，停车位的设计者用波浪线来标记停车位。这个停车位标线的不确定性可能不是最好的方法，因为车辆不能停直，但是我们应该把这些波浪线看作是对传统的停车标准的挑战。我们过去的做法是直线的标线、固化的停车标准，并且不愿意尝试

图 11.1　你在哪里停车?

图 11.2　波浪形停车线和非直线停放的汽车

偏离标准，即使那是有意义的。“标准”的方法是建立在工程的认识论和方法上，它重视计算精度和一致性，但低估了当地变化、政策关系和人类行为的维度。规划人员和政府官员往往在停车标准的各个方面寻求“保持在合理范围内”，这不利于精明增长。现在是时候让停车标准成为综合规划的实证支持和政策合理因素了。如果不改革停车标准,世界上所有的愿景规划、土地利用规划、设计审查和街道景观规划都不会产生预期的效果。

行动呼吁

第二次世界大战后的停车标准与单一用途、资源密集、不健康和社会排斥环境等因素难脱干系。我们怎样才能变得精明起来？对于物质滥用来说，恢复方案的第一步是承认存在个人无法解决的问题。以停车为例，许多规划人员在面对传统的经验法则和良好的实践时感到无能为力，即使它们产生的结果与规划目标不一致。感谢那些对停车问题的研究和倡议，规划人员知道了传统的停车标准存在问题，但挑战在于如何在有争议的环境中向前推进。说规划人员对现状停车标准已经上瘾了是不公平的，但他们中的许多人确实无法找到一条出路，无法摆脱那些被锁定在法规中的先例。在这本书的帮助下，我希望规划人员能够成功地改革停车标准。

这本书并没有提供更高能量的帮助，而是提出停车标准是基于理性的。正如这里所描述的，理性意味着两件事:（1）有坚实的经验证据来理解;（2）设计标准支持明确的规划价值和目标。综合考虑，这两项改变将改革停车标准以支持综合规划。它们将通过提供其来源的透明度并承认在停车标准方面没有免费的午餐来做到这一点。

构建选项框架

在这一点上，我们回到第 1 章提出的问题——规划人员应该改革停车标准还是取消它们？实践回顾显示许多改革活动正在进行之中：降低配建下限指标、设定停车上限、停车管控措施和撤销管制规定正在许多地方发生。整个北美地区都在进行改革，作为综合法规修订、主要停车标准改革和特定问题改革的一部分内容。这些工作使停车标准更加支持精明增长目标和当地优先事项。大城市正在取消市中心和公交服务区域的停车配建下限指标的管制，包括特定用地类型以及目标地区如公交服务片区。

解除对路外停车标准的管制，是朝着更基于市场的土地使用和运输系统的方向发展，使不同的交通方式之间的竞争更加公平。在技术上没有理由将开车和停车置于其他交通工具之上。通过撤销管制规定，我们确保能够实现对更紧凑地区的市场偏好。然而，这一观点对地方官员来说并不重要，因为他们受到利益相关者要求更多停车的压力。实际情况是，停车标准改革在司法管辖区间的发展将是不平衡的过程，在那些有循序渐进规划议程的地区，在政府高层的推动下，或在发展环境受到现状停车要求限制的地区，改革速度会更快。这种不均衡的节奏有一个优点，可以产生很多“早期采用者”城市案例，这些城市为后续其他司法管辖区的停车标准改革提供了经验。

正如第 9 章所介绍的，无数的停车标准改革超出了停车配建下限指标的范畴，但下限指标的改革是核心问题。表 11.1 总结了社区在决定停车标准时可能考虑的基本选项。

停车标准改革方法和开发商反应 **表 11.1**

方法	标准	开发商反应
传统的	配建下限 > 利用率	很少超过标准建设
	无配建上限	
适度改革	配建下限 = 利用率	评估项目市场，可能会超过配建下限
	无配建上限	
大城市方法	配建下限 = 期望利用率的比例	根据市场决定是否提供配建下限指标
	有配建上限	或按配建上限建设
部分解除管制	无配建下限	根据市场决定是否建设停车位
	有配建上限	或按配建上限建设
解除管制	无配建下限和上限;	在满足绩效标准的同时，
	停车性能测量等，交通影响	根据市场决定是否建设和建设多少

表中所列的方法覆盖了停车标准改革可用的选项，从传统的超过预期利用率的停车配建下限指标，到完全免除对配建下限和上限的管制，停车规定只是保护公共领域免受不利影响的绩效措施。这些影响可能包括内部车行道对人行道或交通拥堵的影响。在许多城市，正确的答案是这些方法的组合，在中心商务区（CBD）和公共交通导向型区域解除管制，以及在其他领域改革的常规方法。

解除管制似乎是一种激进的做法，实际上这是一种对标准惯例的巨大改变。图 1.1 和图 1.2 所示的空置车位情景在大多数地方同样存在：现状用地上的停车位太多了。在许多社区，“现在”有足够的停车设施来服务未来的增长而不需要额外提供停车位。当然，这需要广泛部署共享停车安排和实施停车管理措施。考虑解除管制的情形改变了思考角度，从条件反射般的配建停车到“不到时候”不建停车位。区划条例应在规定停车配建下限指标时尽可能地注意避免过早建设停车位。

停车标准工具包

第 5 章中描述的 12 步工具包帮助避免从数据自动跳转成为停车标准。现有的停车位利用率是非常重要的信息，尽管有这么多的可变性，但是利用这些信息直接设置配建指标忽略了重要的技术和政策问题。宏观和区域趋势将如何影响未来的停车利用水平？配建指标是基于平均利用率还是百分位数？随着时间的推移，对项目或项目背景环境的变更应该进行哪些调整？停车收费或替代交通方式等项目要求如何影响停车位利用率？使用场地内停车供给的效率是多少？是否可以在路内或其他路外设施内分担一些预期停车位利用率？可以在场地内部实施共享停车吗？最后，有什么机会可以减少每个停车位所需的土地或建筑面积？只有当所有这些问题都得到解答时，才能声称制定了富有经验并关联政策的停车标准。现在，改革者可以自己做了。

该工具包可作为具体研究的一部分，用于为大型混合使用开发项目建立停车标准，或为特定用地类别或地区制定配建指标。它还可以被地区或国家机构使用，为地方政府制定推荐的或强制的停车标准。它可以根据公共交通可达性、混合土地用途和高密度以及其他预测停车位利用率的环境特征进行变化。在这方面，设置区域停车标准的好处是将这一活动与区域建模活动相结合。通过这种方式，当地的规划人员可以采用为他们的背景环境预先设计开发的指标,并对特定的政策优先级进行修改。在这种方法中，地方司法管辖区可能不太倾向于以过量配建指标来“竞争”发展。实施区域指标的一个案例是国王郡（King County），它基于华盛顿州地铁网络和地理信息系统（GIS）工具，不仅提供关于多户住宅停车位利用率的数据，而且允许在成本和影响中测试替代的停车标准（King County Metro，2012）。

最后，一些咨询公司和非营利组织正在开发综合停车规划和管理系统，他们经常提供评估发展决策影响和管理停车资源的自动方法。这些系统通常基于 GIS 平台，在分析中提供方便可信的“按钮”。然而，这些系统的核心是预期停车位利用率的指标，它们可能会使用标准的默认值，如 ITE 的停车位利用率数据。应该使用 12 步工具箱检查这些指标，以确保它们基于本地高质量的数据，并反映司法管辖区的政策偏好。

赞同渐进主义

考虑到市政府的资金限制，筹集足够的政治资本和财政资源来进行全面的区划法规和停车标准改革非常困难。这种努力允许在考虑分区的基本组织和功能的同时重新考虑停车标准。一个全面的法规修订允许重新起草法规，而不是经过多次修改后形成的复杂的旧法规。在过去的十年里，许多城市都这样做了，还有一些城市正在计划这样做，这都表明这是可能的。这些工作可能需要两到五年的时间，在大城市花费数百万美元，在中等和较小的城市花费也不少。一些城市正在设法用开发费而不是一般资金来资助这些改革努力。

在许多情况下没有足够的资源进行全面改革。在这些情况下，采用渐进方法可以产生显著的结果。通常，一次性解决所有停车问题所需的政治资本实在是太大了。一些民选代表可能对改革工作比较热衷，而另一些则不然。在这些情况下，从有支持的地方开始是有意义的，无论是来自民选官员，还是来自社区或地区。通过这种方式，法规改革者可以与当地参与进来的利益相关者和民选官员一起工作，而这种工作可以产生一个停车覆盖区或其他地理区域上特定的改革，而不需要在整个司法管辖范围内对抗可能出现的反对意见。随着结果的实现，来自其他地区的利益相关者可以对改革结果进行评估，而持更加怀疑态度的民选代表也能够加入进来。这些早期的成功常常为更大、更全面的改革努力提供支持。与其认为示范项目或试验不如全面修订停车标准，更应该把它们看作是产生变化和学习的有效方法。它们提供了有关结果和效果的宝贵信息，从而能使随后的改革更加成功。这种方法已经成功地应用于有争议的交通项目中，例如在高占用率收费（High-occupancy Toll，HOT）车道示范项目中的道路收费措施，以及像旧金山的 SF Park 可变路内停车收费项目这样的停车收费试点项目。

小的胜利创造榜样和动力。让改革开始吧！

参考文献

Barter, Paul. 2011. "Parking Requirements in Some Major Asian Cities." *Transportation Research Record: Journal of the Transportation Research Board, no. 2245*. Washington DC: Transportation Research Board of the National Academies, 79–86.

Barton-Aschman Associates. 1983. *Shared Parking: A Study Conducted under the Direction of ULI—The Urban Land Institute*. Washington, DC: Urban Land Institute.

Been, Vicki, CaitlynBrazill, Josiah Madar, and Simon McDonnell. 2012. "Searching for the Right Spot: Minimum Parking Requirements and Housing Affordability in New York City." Policy Brief of the Furman Center for Real Estate & Urban Policy. NewYork: New York University. Accessed March 29, 2012. http://furmancenter.org/files/publications/furman_parking_requirements_policy_brief_3_21_12_final.pdf.

Cervero, Robert, ArlieAdkins, and Cathleen Sullivan. 2010. "Are Suburban TODs Over Parked?" *Journal of Public Transit* 13: 47–70.

Chen-Josephson, YiLing L. 2007. "No Place To Park: The Uneasy Relationship between a City and Its Cars" Student Prize Papers. Paper 22. Accessed April 12, 2012. http://digitalcommons.law.yale.edu/ylsspps_papers/22.

Chester, Michail, Arpad Horvath, and SamerMadanat. 2010. "Parking Infrastructure: Energy, Emissions, and Automobile Life-cycle Environmental Accounting." *Environmental Research Letters* 5: 1–8.

Choo, Sangho, and Patricia Mokhtarian. 2006. "Telecommunications and Travel Demand and Supply: Aggregate Structural Equation Models for the US." *Transportation Research Part A: Policy and Practice* 41: 4–18.

City of Anaheim. 2012. Anaheim Regional Transportation Intermodal Center Information Web Page. Accessed December 14, 2012. http://www.articinfo.com/.

City of Flagstaff. 2011. Flagstaff Zoning Code. Accessed July 12, 2012. http://www.flagstaff.az.gov/index.aspx?nid=1416.

City of New York, Department of City Planning. 2011. "Parking Best Practices: A Review of Zoning Regulations and Policies in Select US and International Cities." Accessed June 13, 2012.http：//www.nyc.gov/html/dcp/html/transportation/td_parking_best_practices.shtml.

City of Ontario. 2003. City of Ontario Development Code, Article 30："Parking and Loading Requirements." Accessed July 26, 2012. http：//www.ci.ontario.ca.us/index.aspx?page=597.

City of Ontario. 2010. "The Ontario Plan–LU-03 Future Buildout." Accessed April 3, 2012. http：//www.ontarioplan.org/index.cfm/31047/29218.

City of Philadelphia. 2011. Zoning Code Commission, Chapter 14–800, "Parking and Loading." Effective August 22, 2012. Accessed April 8, 2012. http：//www.amlegal.com/nxt/gateway.dll/Pennsylvania/philadelphia_pa_zoning/title14zoningandplanningeffective82212?f=templates$fn=default.htm$3.0$vid=amlegal：philadelphia_pa_zoning.

City of Portland. 2011a. "The Portland Plan. Portland, Oregon：City of Portland." Accessed April 2, 2012. http：//www.portlandonline.com/portlandplan/proposed_draft/pplan-draft-summary.pdf.

City of Portland. 2011b. Title 33, Planning and Zoning, chapter 33.266, "Parking and Loading." Accessed on April 8, 2012. http：//www.portlandonline.com/bps/index.cfm?a=53320.

City of Seattle. 2000. "Seattle Comprehensive Neighborhood Parking Study—Final Report." Accessed September 10, 2012. http：//www.seattle.gov/transportation/parking/parkingstudy.htm#ParkingStudyDataUserInfoGuide.

City of Vancouver. 1997a. "City of Vancouver Transportation Plan." Accessed April 9,2011. http：//vancouver.ca/engsvcs/transport/plan/1997report/index.htm.

City of Vancouver. 1997b. "Off-street Bicycle Space Regulations By-law, City of Vancouver." Accessed April 9, 2011. http：//vancouver.ca/commsvcs/bylaws/parking/sec06.pdf.

City of Vancouver. 2009. "Parking By-law, City of Vancouver." Accessed April 8, 2012.

Http：//vancouver.ca/commsvcs/bylaws/parking/Sec04.pdf.

Davidson, Michael, and Fay Dolnick. 2002. Parking Standards. Planning Advisory Service Report Number 510/511. Chicago, IL：American Planning Association.

Economist, The. 2012. "No Parking." March 24.

Elliott, Donald. 2008. *A Better Way to Zone*. Washington, DC：Island Press.

Federal Highway Administration. 2010. Highway Statistics 2008. Distribution of Licensed Drivers—2008 by Sex and Percentage in Each Age Group and Related to Population. Accessed July, 22, 2012. http：//www.fhwa.dot.gov/policyinformation/statistics/2008/dl20.cfm.

Frank, Lawrence, Martin Andresen, and Thomas Schmid. 2004 "Obesity Relationships with Community Design, Physical Activity, and Time Spent in Cars." *American Journal of*

Preventative Medicine 27：87–96.

Gruen, Claude. 2010. “Real Estate in the New Economy：The Market Must Adapt to the Business, Housing and Retail Demands of the Future” . September. Accessed July 3, 2012. http：//www.ggassoc.com/trends/marketperspectives_10.pdf.

Guo, Zhan, and Shuai Ren. 2012. “From Minimum to Maximum：Impact of the LondonParking Reform on Residential Parking Supply from 2004 to 2010？” Paper presented at the 53rd Annual Conference of the Association of Collegiate Schools of Planning, Cincinnati, OH.

Hananouchi, R., and C. Nuworsoo. 2010. “Comparison of Parking Requirements in Zoning and Form-Based Codes.” *Transportation Research Record: Journal of the Transportation Research Board*, no. 2187. Washington, DC：Transportation Research Board of the National Academies, 138–45.

Institute of Transportation Engineers（ITE）. 2010. *Parking Generation*, 4th ed. Washington, DC：Institute of Transportation Engineers.

International Council of Shopping Centers. 2010. “Retail 1-2-3：A Workbook for Local Officials and Community Leaders.” Accessed December 18, 2012. www.icsc.org/srch/government/briefs/201002_retail123.pdf.

Jai, W., and M. Wachs. 1998. “Parking Requirements and Housing Affordability：Case Study of San Francisco.” *Transportation Research Record: Journal of the Transportation Research Board*, no. 168. Washington DC：Transportation Research Board of the National Academies, 156–60.

Jones Lang LaSalle. 2008. “Are the Myths of Space Utilization Costing You More Than You Know?” Accessed June 17, 2012. http：//www.google.com/url? sa=t&rct=j&q=jones%20lang%20lasalle%20office%20employee%20density&source=web&cd=3&ved=0CFQQFjAC&url=http%3A%2F%2Fwww.us.am.joneslanglasalle.com%2FSiteCollectionDocuments%2FUnited%2520States%2FJLL_US_Adv_Are%2520the%2520myths%2520of%2520space%2520utilization%2520costing_8_16.pdf&ei=sEbeT4XjLoS26QGxmuS7Cw&usg=AFQjCNHIfsnB73_JXCgy6fTfvbluofKHtA.

King County Metro. 2012. Right Size Parking website. Accessed December 18, 2012. http：//metro.kingcounty.gov/up/projects/right-size-parking/.

Kodransky, Michael, and Gabrielle Hermann. 2011. *Europe's Parking U-Turn: From Accommodation to Regulation*. Institute for Transportation Development Policy.

Litman, Todd. 2006. *Parking Management Best Practices*. Chicago：American Planning Assocation.

Litman, Todd. 2011. “Parking Requirement Impacts on Housing Affordability.” Victoria

Transport Policy Institute. Accessed June 22, 2011. http：//www.vtpi.org/park-hou.pdf.

Lund, Hollie, Robert Cerveo, and Richard Willson. 2004. *Travel Behavior Impacts of Transit-Oriented Development in California*. Oakland, CA：Bay Area Rapid Transit District, Metropolitan Transportation Commission, and Caltrans.

Lund, Hollie, and Richard Willson. 2005. *The Pasadena Gold Line: Development Strategies, Local Decisions, and Travel Characteristics along a New Rail Line in the Los Angeles Region*. San Jose, CA：Mineta Transportation Institute.

Manville, Michael, and Donald Shoup. 2010. "Parking Requirements as a Barrier to Housing Development：Regulation and Reform in Los Angeles." University of California Transportation Center, University of California. Accessed April 26, 2012. http：//escholarship.org/uc/item/1qr84990.

Martin, David. 2011. "City Council Report. Development Agreement 11 DEV-011 to allow a new five story mixed-use development project consisting of 56 residential units and 4,159 SF of ground floor commercial space." Santa Monica：City of Santa Monica. Accessed March 29, 2012. http：//www01.smgov.net/cityclerk/council/agendas/2011/20111213/s2011121307-G.htm.

Mau, Hilary. 2010. "Shared Public Valet Parking Programs：Best Practices" Unpublished master's thesis, California State Polytechnic University, Pomona.

McGuckin, Nancy, and Nanda Srinivasan. 2003. "Journey to Work in the United States and Its Major Metropolitan Areas 1960–2000" . Washington, DC：US Department of Transportation, FHWA-EP-03-058.

Metropolitan Council. 2010. "2030 Transportation Policy Plan." St. Paul, MN：Metropolitan Council.

Metropolitan Transportation Commission. 2007. "Reforming Parking Policies to Support Smart Growth." Oakland, CA：Metropolitan Transportation Commission.

Nelson, Arthur. 2004. "Toward a New Metropolis：The Opportunity to Rebuild America." Discussion paper prepared for the Brookings Institution Metropolitan Policy Program. Washington, DC：Brookings Institution.

O' Connor, Jennifer. 2004. "Survey on Actual Service Lives for North American Buildings." Presented at Woodframe Housing Durability and Disaster Issues Conference, Las Vegas. Accessed April 13, 2012. http：//www.woodworks.org/files/PDF/keyIssues/SurveyonActualServiceLives.pdf

Patton, Carl, David Sawicki, and Jennifer Clark. 2013. *Basic Methods of Policy Analysis and Planning*, 3rd ed. Upper Saddle River, NJ：Pearson.

PolicyLink. 2008. "Equitable Development Toolkit." Oakland, CA：PolicyLink. Access

December 17, 2012. http：//www.dialogue4health.org/pdfs/wf1/transit-oriented-policylink.pdf.

Roberts, Michael. 2010. “Are New Multifamily Housing Developments Over-Parked？A Case Study of the Inland Empire.” Unpublished master’s thesis. Pomona：California State Polytechnic University, Pomona.

Shoup, Donald. 1999. “The Trouble with Minimum Parking Requirements.” *Transportation Research Part A* 33：549–574.

Shoup, Donald. 2003. “Truth in Transportation Planning.” *Journal of Transportation and Statistics* 6：1–16.

Shoup, Donald. 2005. *Parking Cash Out*. Planning Advisory Service Report no. 532. Chicago, IL：American Planning Association.

Shoup, Donald. 2011. *The High Cost of Free Parking*, Updated Edition. Chicago：American Planning Association.

Shoup, Donald, and Don Pickrell. 1978. “Problems with Parking Requirements in Zoning Ordinances.” *Traffic Quarterly*（October 1978）：545–61.

Shrank, David, Tim Lomax, and Bill Eisele. 2011. “TTI’s Urban Mobility Report.” College Station, TX：Texas Transportation Institute.

Smith, Mary. 2005. *Shared Parking*, 2nd ed. Washington, DC：ULI—The Urban Land Institute and the International Council of Shopping Centers.

Statistics Canada. 2007. Vancouver, British Columbia（Code5915022）（table）. 2006 Community Profiles. 2006 Census. Statistics Canada Catalogue no. 92-591-XWE. Ottawa. Released March 13, 2007. Accessed April 8, 2012. www12.statcan.ca/census-recensement/2006/dp-pd/prof/92-591/details/page.cfm?Lang=E&Geo1=CSD&Code1=5915022&Geo2=PR&Code2=59&Data=Count&SearchText=vancouver&SearchType=Begins&SearchPR=01&B1=All&Custom=.

Statistics Canada. 2012. Vancouver, British Columbia（Code 5915022）and British Columbia（Code 59）（table）. Census Profile. 2011 Census. Statistics Canada Catalogue no. 98316-XWE. Ottawa. Released February 8, 2012. Accessed April 8, 2012. http：//www12.statcan.ca/census-recensement/2011/dp-pd/prof/index.cfm?Lang=E.

Talen, Emily. 2012. *City Rules: How Regulations Affect Urban Form*. Washington, DC：Island Press.

Town of Vienna. Accessed April 27, 2012. http：//www.viennava.gov/DocumentView.aspx?DID=168.

Tracy, Steve. 2003. *Smart Growth Zoning Codes: A Resource Guide*. Sacramento, CA：Local Government Commission.

Transportation Authority of Marin. 2012. "Planning and Land Use Solutions, Tool P-7: Landscape Reserves." Accessed May 9, 2012. http://www.tam.ca.gov/index.aspx?page=298.

Tumlin, Jeffrey. 2012. *Sustainable Transportation Planning: Tools for Creating Vibrant, Healthy, and Resilient Communities*. Hoboken, NJ: Wiley.

United States Access Board. 2004. *Americans with Disabilities Act and Architectural Barriers Act Accessibility Guidelines*. Washington, DC: United States Access Board.

University of California (UC) , Berkeley. 2000. "Campus Honors McFadden at Reception." Campus News>Web Features. Accessed April 10, 2012. http://berkeley.edu/news/features/2000/nobel/recept.html.

US Census Bureau. 2012a. 2007–2011 American Community Survey, DP03 Selected Economic Characteristics, City of Ontario, California. Accessed December 12, 2012. http://factfinder2.census.gov/bkmk/table/1.0/en/ACS/11_5YR/DP03/1600000US0653896.

US Census Bureau. 2012b. 2007–2011 American Community Survey, DP04 Selected Housing Characteristics, State of New York and Selected Counties. Accessed December 12, 2012. http://factfinder2.census.gov/bkmk/table/1.0/en/ACS/11_5YR/DP04/0400000US36.

US Census Bureau. 2012c. "Means of Transportation to Work for the U.S.: 1960–1990." Historical Time Series, "Journey to Work." Accessed April 4, 2012. http://www.census.gov/hhes/commuting/files/1990/mode6790.txt.

US Census Bureau. 2012d. 2011 American Community Survey, DP03 Selected Economic Characteristics, United States. Accessed December 13, 2012. http://factfinder2.census.gov/faces/tableservices/jsf/pages/productview.xhtml?pid=ACS_11_1YR_DP03&prodType=table.

US Census Bureau. 2012e. 2011 American Community Survey. Accessed December 16,2012.》http://factfinder2.census.gov/faces/nav/jsf/pages/index.xhtml.

US Energy Information Administration. 2012a. "Total Energy, Annual Energy Review" . Accessed December 13, 2012. http://www.eia.gov/totalenergy/data/annual/showtext.cfm?t=ptb0524.

US Department of Energy Administration. 2011. Annual Energy Review, table 5.24, "Retail Motor Gasoline and On-Highway Diesel Fuel Prices, 1949–2010." Accessed April 3, 2012. http://www.eia.gov/totalenergy/data/annual/showtext.cfm?t=ptb0524.

US Department of Transportation, Federal Highway Administration. "2009 National Household Travel Survey." Accessed June 24, 2011. http://nhts.ornl.gov/download.shtml.

US Energy Information Administration. 2012b. Annual Energy Outlook 2012 with Projections to 2035. Accessed December 13, 2012. http://www.eia.gov/forecasts/aeo/pdf/0383 (2012) .pdf.

Weant, Robert, and Herbert Levinson. 1990. *Parking*. Westport, CT：Eno Foundation for Transportation.

Wilbur Smith Associates. 2011. *San Diego Affordable Housing Parking Study*. San Diego, CA：City of San Diego.

Willson, Richard. 1992. *Suburban Parking Economics and Policy: Case Studies of Office Worksites in Southern California*, Report DOT-T-93-05. Washington, DC：Federal Transit Administration.

Willson, Richard. 1994. "Suburban Parking Requirements：A Tacit Policy for Automobile Use and Sprawl." *Journal of the American Planning Association* 61：29–42.

Willson, Richard. 1997. "Parking Pricing Without Tears：Trip Reduction Programs." *Transportation Quarterly* 51：79–90.

Willson, Richard. 2000. "Reading between the Regulations：Parking Requirements, Planners' Perspectives and Transit." *Journal of Public Transportation 3:111–28.*

Willson, Richard, Terri O' Connor, and SamirHajjiri. Forthcoming. "Parking Utilization in Affordable Housing：Results from San Diego, California." *Transportation Research Record: Journal of the Transportation Research Board.*

Willson, Richard, and Michael Roberts. 2011. "Parking Demand and Zoning Requirements for Suburban Multifamily Housing." *Transportation Research Record: Journal of the Transportation Research Board*, no. 2245. Planning 2011, vol. 2：49–55.